明解【仏教】入門

城福雅伸

春秋社

はじめに

昨今、東洋の思想が見直されてきています。東洋の思想と言えば、その代表は仏教であると言っても過言ではありません。仏教はキリスト教、イスラム教とともに三つの世界的宗教のうちの一つとして影響力をもってきました。世界的宗教とはその教えが民族や国家を超える普遍性をもち広く人間の心に納得されるものをもっているために世界に広まったものです。

我が国にもすでに古くから仏教が伝来し、文化や思考形態にも仏教思想の大きな影響があります。事実、私たちのまわりには、意識するとしないとにかかわらず、仏教に関係する文化が数多く見られます。私たちの何気ない感覚や発想が仏教的なものであることもしばしば見受けられることです。

ところが、私たちはそれに気がついていないので、自分の発想や考えを外国の人に説明できなかったり、外国の人のはっきりとした考えに対し、自分の考えや感覚は曖昧で間違っているのだと考えたりします。しかしそれは本当に私たちによりどころとしての思想がないとか、ましてや私たちが間違っているというのでもなく、私たち自身がよって立つ思想や哲学と、外国の宗教や哲学との発想や考えの相違にしかすぎない場合が多いのです。

ですから仏教の思想体系をおさえておけば、今まで説明しにくかった自分の考えや発想というものを説明できるようになるかもしれません。しかも仏教は世界的な宗教、考え方と言えます。この仏教の発想や感覚、考え方を知っているということは、私たちが国境や民族を越えて世界に通用する発想や感覚、考え方をもっているということでもあるのです。

さらに、仏教の思想には見直すべき要因がいくつかあります。まず人間の精神的な苦悩やストレスが減るどころか増大する一方の現代、心の平安をめざす実践と哲学をもっている仏教はその意義を増していると考えられます。と同時に、仏教は鋭く人間と社会を見つめてきた哲学と言えるので、価値観も多様になり、またさまざまな欲求や衝動に翻弄される消費・情報化時代にあって、私たちに生き方の指針を与え得る総合的人間学でもあります。

人間だけでなく生きとし生けるものすべてをその視野に収め摂ってきた思想という意味では、仏教は環境の問題に対しても確固とした思想基盤を与えます。そしてそれは日本とアジア諸国に共通のものとして、今もっとも必要とされる国際的な協調と相互尊重の精神的基礎としての役割をも果たし得るものと言えます。

このような仏教のもつ価値を認めて仏教の再認識を指向したり、あるいは奈良や京都などの寺院を訪れたことを縁にして、あるいはふと興味を懐いて、仏教とは何か、仏教の思想や哲学的な体系を通仏教的、全体的に知りたいと思い立つこともあると思います。

私が大学で仏教関係の講義を受け持ち感じたことは、若い世代にも自分の育ってきた東洋、そして日本の文化の一つである仏教を知っておきたいという真摯な志をもつ人が少なくないということです。また若い世代には他の世代にはない優れた感性をもっている人も多数おられ、時にはこちらがたじろぐような優れた指摘があります。

しかしこのような若い人々から一般の方々までが仏教に興味をもち、改めて、では仏教とはどのような宗教なのか、根本的な哲学は何かといったことを体系的に把握し学んでみたいと考えても、どうすればよいのかわからないというのが実状であると思います。日本人が仏教の哲学に依拠した考え方をしているといわれても、それがどのような哲学によるのかは、仏教の思想の全貌や大系がわからないと確認のしようがありません。しかし多忙な現代では、昔のようにみなで繰り返しじっくり僧侶から話を聞くという機会がなかなかありません。

そこで仏教書を手に取ってみようということになりますが、あまりにも種類が多く、難しそうだったり、知りたい点、わからない点に答えてくれるものになかなか巡り会えなかったりします。

特に宗派の違いや細かいことは後にして、全体像のわかるもの、予備知識がなくても、専門的な言葉がわからなくても、一からはじめて仏教の基本的なこと、思想の全体像がわかるというものが、なかなか見つからないのが実情ではないでしょうか。実は私も寺院の出身でないにもかかわらず仏教に関心をもち大学に入ったのですが、なかなか総合的な「仏教の形」「全貌」、つまり思想大系がわかりませんでした。寺院の出身者ははじめから用語などの知識があり、多くの教科書はそれを前提に書かれているようで、私にとっては難解なものでした。やっとのことで木が見えてきても、森の地図はなかなか見つからないのです。そしてそれは私だけでなく、おそらく一般の方にとっても同様であろうと思いました。

こうしたわけで、初心者のために、どの時代のどの地域にもほぼ共通する基礎としての仏教思想、つまり「仏教とは何か」、「仏教の形」が体系的に理解できる本、そして説明の順番や方法自体が初心者を想定しているものがあればと思っていました。

大学で講義をするようになって、このような思いと問題意識をふまえて講義の構成を考えました。幸い受講した学生からは「理解できる」と言われたり、その多大な興味を反映したレポートをもらったりしました。

そこで仏教を知りたいと考える多くの方のために、道徳や法話的な内容でなく、仏教の知識がまったくなくてもその全貌が理解できる仏教書が必要ではないかと考えるようになりました。それが本書です。ですから本書は専門的な問題点、初心者にとって些末な点や細かい議論は捨て、とにもかくにも通仏教的に、大摑みに「仏教の形」「全貌」を把握していただけることを一番の狙いにしました。

本書の章立てや説明の順番はほぼ大学での講義の順になっています。私の講義の受講者は寺院関係者ではなく、まったく仏教を知らない一般の学生であり、その場合にもっとも説明しやすく、かつ、受講する側にとっても理解しやすいように感じられる順序として、このようなものができ上がったのです。つまり本書の最大の特徴はこの説明の順番にありますので、それをふまえて第一章から読んでいただければ幸いです。

本書の説明の順序とその意義、そしておおよその簡単な内容は次のようになっています。

①、仏教のめざすもの、目的　（第一章が対応）

最初に仏教には明確にめざすもの、目的があること、そしてその目的、めざすものとは何であるかを明らかにします。これがわかりますと仏教の教えの全大系がこの目的に向かって組まれているわけであり、僧侶が何を目的に修行しているのかがわかりますから、仏教がずいぶんわかりやすくなります。この「仏教のめざすもの」を知ることが仏教を理解する上で重要なポイントの一つなのです。

なお、仏教のめざすもの、目的は**苦からの解脱、涅槃《ねはん》、悟りの智慧の獲得、苦の解決**です。（大乗仏教では仏と同じ悟りの智慧を獲得し、同じ涅槃の境地に入ることをめざします。）

②、①が仏教のめざすもの、目的である理由　（第一章が対応）

次に、なぜ①のようなことをめざすのかということを説明します。

なお、これは仏教が**「人生は苦である」という人生観・問題意識に立脚する**からです。

③、②の苦の発生の構造（三道）　（第二章が対応）

次に、②の「人生は苦である」というその苦の発生構造を明らかにします。この構造分析の意味は、苦の発生構造を知ればそれに基づいて苦の発生原因を見極めることができ、原因を断てばその結果として生じている苦自体を消滅させ得ると考えるからです。仏教はこのように因果関係でおさえていく発想をします。

なお、この構造は、

惑《わく》→業《ごう》→苦

となっており、苦の消滅、つまり解脱・涅槃を得るためには、この構造から業を、そして根本的には惑を断つ必要があることがわかります。

そうしますと次にこの惑・業を断つツールが必要となることがわかります。これが悟りの智慧といわれるものなのです。

④、③の苦の原因を断つツール（悟りの智慧）の獲得の手順・構造（三学）（第三章が対応）

苦の原因を断つツールは悟りの智慧です。

この悟りの智慧を獲得する構造、つまり修行の構造は、

戒→定《じょう》→慧《え》

となっています。


さて、以上の①〜④で仏教の大系の説明はすべて終わります。以上が「仏教の形」とも言えます。

次に付言として仏教の体系や実践において注意すべき点や実践姿勢を述べます。

⑤、①〜④の大系を実践していく際の仏教の基本姿勢（第四章が対応）

仏教のものの考え方などを実践的な視点から、釈尊《しゃくそん》（お釈迦さまのこと。本文で説明します）の教法を彷彿とさせるエピソードも含めてまとめます。

さて、本書は以上と以後とで大きく二つに分かれます。ここに注意してください。前半から話がそ

のまま流れるのではありません。

次に①~④のすべてを四つのポイントで整理した、

ⓐ、四諦《したい》　**(第五章が対応)**

という教えを見ます。それは①~④の非常に整理された焼き直しともいえるもので、この四諦だけで仏教の全大系、教えを簡明に示せるといっても過言ではありません。

さらに④の三学の実践を大乗仏教の理念から展開するとどのような修行になるかを述べた、

ⓑ、六波羅蜜《ろっぱらみつ》　**(第六章が対応)**

を見ます。

四諦を読むと、ふだん見聞している仏教とは少し雰囲気が違うという印象があるかもしれません。これは正しい感触であると思います。というのは日本に伝来した大乗仏教の発想や修行方法、つまり六波羅蜜は四諦では説明されていないからなのです。私たち一般の在家者がふだん仏教の教えや実践面に対してもっているイメージは六波羅蜜からきているものです。四諦の中では八正道《はっしょうどう》という実践法が示されますが、大乗仏教では六波羅蜜という実践法に重きを置きます。つまり三学の具体的展開の保守版が八正道、大乗仏教の利他の精神によって展開した革新版が六波羅蜜ということです。

そして次に、ここまでに述べてきたすべての基本にある仏教の哲学そのもの、仏教そのものと言え

る、

ⓒ、**縁起と空**　**（第七章が対応）**

を明らかにします。仏教の哲学そのものです。

最後に以上述べてきた仏教全体を俯瞰し、仏教の特徴を三ポイント、もしくは四ポイントでまとめてみると、

ⓓ、**三法印《さんぼういん》（四法印）**　**（第八章が対応）**

となります。ここでは以上述べてきた仏教に一貫する三つ、もしくは四つの特徴を明らかにすることになります。

以上が本書のおおよその構成、説明の順になります。

繰り返すようですが、①～④までで仏教は全部です。この本書の前半部分、第一章から第三章までは順に関連があり、体系的な意味をもっています。それをまとめたり、視点を変えるなどして焼き直すと「四諦」や「六波羅蜜」となります。そして以上のすべてに一貫する仏教の哲学が「縁起と空」として説明され、さらに、以上の全体をひっくるめて仏教の特徴を簡略に示したのが最後の「三法印」です。

つまり後半は各章がいずれも前半全体、あるいは前半の三学を異なった角度から述べているものと言え、それぞれが独立的なものなのです。これらはそれぞれにほかとは違った色彩をもっています。

このように本書は独自の説明の手順を採ります。それは歴史や地域、国々といった区分を越えて、仏教としてのほぼ一貫する基本的内容を知ることができるように、さらに日本に伝わった大乗仏教の思想とその特徴をも把握できるように、考えたものです。ですから、通読していただければ「仏教とは何か」「仏教の全体的な形」、そして仏教の思想を、ほぼ体系的に把握していただけるものと思います。

なお、仏教自体に難解な面がないとは言えません。これについては釈尊でさえ悟ったとき（このことは本文で説明します）、この教えは難解で一般の人には理解しにくいだろうと考えたといいます。その難解なことを私のような凡人が説明するのですから力量に余る点がありますが、その点はご容赦願いたいと思います。

また以上のような趣旨を優先したため、本書では信仰、実践面の事柄は守備範囲外になります。ですから信仰などについては菩提寺や檀那寺のご住職や専門の僧侶の方に指導を受けられたりお尋ねになるとよいでしょう。特に実践修行は心を扱う面があり難しい面がありますから、必ず師家《しけ》や指導者としての資格を認められた専門の僧侶の指導を仰がれるべきもので、十分な注意が必要なものです。

また仏教の書籍を選ばれる場合には、いくつかご注意いただきたいことがあります。

まず、必ず専門家の著した本を選ぶべきということです。と言うのは、これはスポーツでも同じであると思いますが最初の基礎が大切だからです。最初はなるべく客観的なもの、オーソドックスなものに取り組まれることが大切です。

すでに詳しい方はともかく、初心者の方は、必ず仏教学者か、仏教を中心に研究している宗教学者

（宗教学者でも仏教が専門でない方もいるので）の本を選ぶことをお勧めします。ここで仏教学者・宗教学者と称するのは、大学や大学院で専門的に「仏教学」や「インド哲学」を学び研究している大学の先生や研究者をいいます。これは書籍の著者紹介などで確認できます。

またこの意味では各大学の発行している書籍も目安になります。もしわからなければ菩提寺や檀那寺の住職などに相談されるのもよいでしょう。

また書籍はそれぞれに固有の観点、問題意識をもって書かれているので、本書を含めて一冊にかたよらずなるべく多くの書籍を読むことをお勧めします。

なおご参考までに、本書の末尾に主だった書籍を挙げさせていただきました。

目次

明解【仏教】入門

第一章　仏教のめざすもの

第一節　仏教のめざすものは何か

仏教とは何かがわかりにくい原因の一つは、仏教にはめざす目標があるのですが、その目標、言い換えると「仏教とは何をするものなのか」、あるいは「何をめざしているのか」「何を目標にしている教えなのか」ということがあまり説明されてこなかったからだと思われます。したがって、仏教のめざすこと、目標がわかれば、それだけでおおよその仏教の形が浮かび上がってきます。なぜなら仏教はそのめざす目標に向かって教えが説かれ哲学が組まれ、そして僧侶が修行し信仰があると理解してよいからです。このポイントをおさえておけば、仏教は理解しやすくなります。（なお、僧侶のことを出家《しゅっけ》あるいは出家者と言い、これに対し一般の人のことを在家《ざいけ》、在家者と言います。一般の人が僧侶になることを「出家する」と言います。）

本書ではまずこの目標、めざすものを最初に明らかにし、次にそのような目標が設定されなければならなかった理由を明らかにするところからはじめます。

それに先だって本書でよく使う釈尊という言葉について最初に説明しておきたいと思います。仏教を開いた人は誰かといえば、それはお釈迦《しゃか》さまです。本書ではお釈迦さまのことを釈尊《しゃくそん》と呼びます。ですから以降、釈尊と出てくればお釈迦さまのことであると考えてください。この釈尊という呼称は釈迦牟尼世尊《しゃかむにせそん》の略です。このうち釈迦という名は、実は釈迦族という部族の名前です。牟尼は聖者ということ。世尊は尊称になります。つまり釈迦牟尼とは釈迦族出身の聖者という意味になります。これに尊称をつけているのですが、これを略して釈尊と呼んでいるわけです。ですから釈迦もお釈迦さまの本名ではありません。釈尊の本名はゴータマ・シッダールタといい、今から二千五百年ほど前にカピラ城の王子として生まれた実在の人物です。

さて、仏教のめざすもの、目標とは、ずばり幸福です。また、幸せ、あるいは平安な心の獲得といってもいいでしょう。また、それは善をめざすとも、苦の完全な解決（解消）といってもよいのです。私たちは、幸福を求め、あるいは平安な心を求めています。誰も苦難や不幸、不安で苦しい心や日常を求めてはいません。幸せを得るために、私たちは日々努力しているわけです。幸せや平安を求めることは人間にかぎったことではなく生命あるものすべての願いといえましょう。

実は、仏教のめざすものも同じなのです。ただし、幸福、平安な心、苦の解決といいましても一般に言うそれではないことに注意が必要です。仏教は、絶対的な幸福、また、絶対的な幸せ、苦を完全に解消しきって二度と苦が生じないことをめざすのです。一般的な幸福は崩壊したり無くなったり、あるいは完全なものではなく、時には苦をもたらす原因にさえなります。そこで、仏教は一般的な幸福を越えた、誰にも犯されず、崩壊することのない絶対的な幸福、完全な苦の解決、平安をめざすのです。

仏教の専門用語でこれを言いますと解脱《げだつ》、涅槃《ねはん》、あるいは悟《さと》りの智慧《ちえ》の獲得をめざすという言い方になります。この三つは、同じことの言い換えといえます。

㈠　解脱《げだつ》

解脱とは、苦に満ちた輪廻《りんね》（後述）の世界から脱出することであり二度と輪廻しない、つまり二度と苦を受けないということです。苦からの脱出といってもよいでしょう。ですから絶対的な平安の境地に入ることを意味しています。

㈡　涅槃《ねはん》

解脱した絶対平安な境地（境地とは心の状態、世界）のことを涅槃といいます。ですから仏教は解脱をめざすとも涅槃をめざすとも言っていいのです。涅槃とは、インドのサンスクリット語のニルバーナ（nirvāṇa）を漢語に訳したものです。ニルバーナとは吹き消すという意味で、煩悩《ぼんのう》（心身を悩ます精神作用のこと。詳細は後述）を吹き消した絶対平安で安楽な心の境地のことをいいます。

㈢　悟《さと》りの智慧《ちえ》

悟りの智慧とは私たちを解脱・涅槃に至らせるツール（道具・手段）というべきものです。仏教では、真理を除いてはどのようなものにも、それを生じさせたり成立させたりしている直接・間接の原因があると見ます。自然現象も世界もいろいろな問題もそうであり、私たちもそうです。当然、苦も例外ではありません。したがって苦を消滅させるにはその原因を断てばよいわけです。この苦、あるいは輪廻の原因を断つ剣にあたるものが悟りの智慧にほかなりません。ですから、仏教の目的は悟りの智慧の獲得といってもいいわけです。まさしく悟りの智慧によって苦から解脱し涅槃に至るということになります。ですから悟りの智慧なくしては涅槃も解脱もないといえるきわめて重要なものです。

一般的に言う悟りとは悟りの智慧や悟りの智慧の獲得のことを、悟ったとか悟りを開くというのは悟りの智慧を獲得したことを指しているわけです。本書でもわかりやすくするために、一般的に使う悟りとか、悟りを開くという言い方を用いますが、本来はこのような意味のものです。

なお悟りの智慧の「智慧」は知恵とも書きますが、現在の仏教界では、悟りに関するものを智慧と書き、一般的な学問や知識、社会生活に関するものは知恵、または智恵と書いて区別しています。というのは、悟りの智慧というものは、一般的にいう聡明さや学問・知識、あるいは社会生活に関する知恵とはまったく違う、次元の異なるものだからです。

ですからエリートや俗に言う頭のいい人、勉強のできる人、聡明な人が悟りに近いわけでは決してありません。社会的な聡明さと仏教の言う智慧はまったく無関係です。また、智慧を強調すると仏教がエリート主義であるように思われるかもしれませんが、そういうことでもありません。

仏教の言う智慧とは心の清らかさを本質としており、真に純粋で精神性の高いものを言います。後述しますが、仏教的な言葉では「とらわれのない心」「自己中心性のない心」「分け隔てしない心」ということになります。

少し考えてみれば、世の中には聡明であっても不純で精神性の低い人のいることはすぐわかることです。たとえば名誉や権力、高い地位を手に入れたい、頭がよいと思われたい、立派に思われたいと願い、それを獲得するために試験勉強をしたり、他人と競争したりする人があるとします。それで成功すれば、一般には高い評価を得ます。しかし、よく考えてみればその人は、人の上に立って力を行使したい、人からちやほやされたいなどという不純な、自己中心的な心に動かされているのですから、精神性とか人格とかいう面では低い人と言わざるを得ません。またそれとは逆に、人知れずして町に住み、貧しく文字も読めず、まわりからも軽んじられている人が悟りに近く気高いということもいくらでもあり得ることです。

このように社会的な知恵や聡明さと悟りの智慧はまったく関係がありませんので、是非、記憶にとどめておいてください。


以上をまとめてみますと、解脱とは苦より脱出する視点から言うもの、涅槃とは煩悩を滅し苦のない絶対平安な心の状態や世界を言い、悟りの智慧とは私たちを解脱・涅槃に至らせるためのツール（苦の原因を断ち切るツール）を言うわけです。したがって、厳密には三つは相違しますが、結局は同じことを三つの視点から言っているものと理解してよいでしょう。

僧侶が修行をするのは、このような絶対の幸福（解脱・涅槃）をめざしてのことであり、悟りの智慧の獲得のためなのです。

なお、仏教のめざすものについては他にも言い方があります。日本や中国、韓国、チベットなどに伝えられた大乗仏教では特に「仏と同じ悟りを開くこと」「仏と同じ涅槃の境地に入ること」をいいます。言い換えれば「仏になること」すなわち成仏《じょうぶつ》をめざすということになります。なぜ、大乗仏教では「仏になる」等といった言い方がされるのかについては小乗仏教や上座仏教《じょうざぶっきょう》などと大乗仏教との相違が顕著にあらわれている点ですので詳細は後述いたしますが、要するに仏の涅槃の境地が最高であり他の者を救う広大かつ強大なものだからです（小乗仏教は完全な涅槃に入ってからは他者を救済しません）。このため大乗仏教は特に仏と同じ悟りの智慧の獲得、あるいは涅槃をめざそうというのです。しかし、これらも詳細な言い方であり、現段階においては総じて言えば仏教のめざすもの、目的は解脱・涅槃・悟りの智慧の獲得と考えていただいて結構です。そして丁寧にいうなら、ここにさらに「特に大乗仏教では仏と同じ涅槃の境地、悟りの智慧の獲得をめざす」と付加することになるわけです。

第二節　悟るとは何を悟るのか？

〈何を悟るのか〉

では、悟るというのは何を悟るのでしょうか。言い換えれば、悟りの智慧とは何を悟る智慧なのでしょうか。釈尊は悟ったと言いますが、一体何を悟ったのでしょうか。

それは、真理です。法《ほう》（dharma　ダルマ）といわれる普遍的真理を釈尊は悟ったのです。それは法と訳されますが、法律ではありません。釈尊や、ほかの誰かが創ったものでもありません。いわば一種の法則性ともいうべきもので、釈尊が現われようが現われまいが、永遠に存在しているものであり、どこにでも存在しているものです。そしてこの真理を悟る智慧のことを悟りの智慧といい、真理を悟った智慧こそが苦の解決のツールとなり得るのです。

では、この真理とは具体的には何をいっているのでしょうか。

それは、「縁起《えんぎ》の理法《りほう》」、あるいは「縁起」と呼ばれるもので、まさしく仏教の仏教たるゆえんを示す哲学、仏教そのものといってもよいものです。本書では第七章で詳しく説明しますので、現段階では仏教で言う真理とは「縁起の理法」、もしくは「縁起」であると、そのまま覚えておいていただければよいと思います。ちなみにこの縁起ということの意味や理論をまとめ、一言で言いきったのが空《くう》という言葉です。

〈仏とは何か〉

そして、この真理を悟った人のことを仏陀といいます。仏陀とは、古代印度《インド》の言語であるサンスクリット語のブッダ（buddha）という言葉を漢字で音写したものです。ブッダの意味は「真理を悟った人」「真理に目覚めた人」という意味です。これを音写ではなく意味で漢語に訳せば覚者となります。仏という言葉は仏陀の略です。つまり仏（仏陀）とは、真理を悟った人、真理に目覚めた人という意味の言葉なのです。言い換えますと真理を悟れば誰でも仏になることができるということです。極論すれば犬でも猫でも昆虫でも真理を悟れば仏になります。

詳しくは後述しますが、ゴータマ・シッダールタという王子が出家して修行し、真理を悟ったのです。これが釈尊です。

したがって、仏とは、天地や人間を創造したり、裁いたりする神とはまったく異なるものなのです。私たちは仏と神とは同じようなもので名前が違うだけであると考えたりします。あるいは宗教の相違とは礼拝や信仰の対象が何であるかの相違にすぎず神やイエスを礼拝・信仰すればキリスト教になり、仏を礼拝・信仰すれば仏教になると考えられがちです。しかしそうではありません。宗教として発想が根本から相違するのです。多くの宗教の中でむしろ仏教の方が異質であると考えておいた方がよいでしょう。

〈仏と阿羅漢〉

釈尊は悟って後、ほかの人々が悟れるように教えを説きました。そこで仏を、自らも悟り（自覚《じかく》）、他（私たちや生命あるものすべて）をも悟らせ（覚他《かくた》）、そして悟りの働きが窮まり満ちている（覚行窮満《かくぎょうぐうまん》）者と言います。大乗仏教ではこのような「仏」になることをめざします。

しかし上座《じょうざ》仏教（テーラヴァーダ（長老派）ともいい、現在のミャンマー・タイ・スリランカの仏教）や部派仏教（いわゆる小乗仏教のこと、上座仏教もこの流れを汲んでいますが他の部派は現在は衰滅してありません）では、一般人は悟ってもいわば仏よりワンランク下の阿羅漢《あらかん》という聖者までとします。仏も阿羅漢も、悟りの智慧を獲得し真理を悟り、解脱して涅槃に入り絶対の幸福に入っています。ですから、その意味では相違はありません。いずれも目標は達成しています。しかし、阿羅漢は涅槃に入ると目標達成というわけで、そのまま涅槃の絶対平安な境地に安住し、他者への救済活動はしないとされます。先の説明で言えば、阿羅漢には「自分もすでに悟り」（自覚）の悟りはありますが、あとの二つ、「他（私たちや生命あるもの）をも悟らせ（覚他）」と「そして悟りの働きが窮まり満ちている（覚行窮満）」という要因が欠けるのです。

つまり上座仏教や小乗仏教では、仏陀にまでなるには大変な修行の積み重ねが必要で、やはり釈尊のような別格の人でないと無理だと考え、私たち一般人は悟っても阿羅漢までであると考えたのです。

□寄り道①—仏教典籍のルーツと翻訳—

仏教がアジアに広まるについては、二つのルートを辿りました。一つはごく早い時期にスリランカへ伝わり、さらに現在の東南アジアに広まった「南伝仏教」と言われる系統です。この系統では典籍類はパーリ語で伝わっており、総称的にパーリ仏教とも言われます。パーリ語は釈尊の話した言葉に近い俗語の一つです。これに対し、時代が下ってから中国など、北の方へ伝わったルートのものを「北伝仏教」と言います。こちらの典籍類は多くサンスクリット語（梵語）で伝えられました。

なお、中国でサンスクリット語の経典を翻訳するとき、語の意味によって漢字に置き換えた場合と、サンスクリット語の音をそのまま漢字で音表記（音写）した場合とがありました。前者は、今で言う普通の翻訳です。漢字を知っていれば、ある程度意味はわかります。後者は、今の日本語で言えば外国語の音をそのままカタカナで表記するのと同様です。仏陀《ぶつだ》や阿弥陀仏《あみだぶつ》などは後者にあたり、文字を見ても意味は理解できません。この音写という方法を採ったのには、意味を訳すとその深遠な内容が損なわれるとか、原意には多くの意味が含まれるので一語で置き換えられないなどの理由がありました。

お経が難しい理由の一つは、この二つの方法による語が併存していることにあります。

これに対し大乗仏教は理想を高くかかげ、利他の精神を備えた仏をめざすべきである、そして仏になり得ると考えたわけです。

この分け方はあくまで大乗仏教からの見解で、異論もあります。しかし今は形式的ですがこのように理解していただく方が大乗仏教と小乗仏教、上座仏教の相違点がわかりやすいと思います。

第三節　なぜ仏教は「悟り」「解脱」「涅槃」をめざすのか？

では、なぜ、仏教は悟り、解脱、涅槃というものをめざすのでしょうか。

それは、仏教の問題意識、現実認識がこの世界を「苦である」と見ることにあるからです。そのために仏教は苦の解決、あるいは苦からの脱出、つまり悟り、解脱、涅槃をめざすのです。「人生は苦である」、これが仏教の重要な現実認識なのです。

人生は苦であると言い、その苦の解決や解脱や悟りをめざすということは、厭世的であるとか現実逃避という人もいますがそうではありません。たとえば私たちが日々努力するのは、現在の状態について不足感、つまり苦を感じているからにほかなりません。科学技術や医療、そして文明の発展も現状を苦や不足と感じているからこそ、それらの問題点を解決しようとして可能になってきたわけです。もしこういった現実分析をすること自体を暗い、消極的というのであれば、ありとあらゆる問題分析や問題意識は暗い、消極的ということになり、つまるところ現実から目を背けることが明るいということになってしまいます。

仏教は、こういった私たちの懐いてきた問題意識、現実認識を特に精神面で解決しようと展開したものといえます。そして現実が楽に満ちていると考える方が現実から目を背けることだと仏教は考えるのです。つまり仏教は現実に目をつぶることが社会的には不条理をもたらし、生き方の上では逃避になると考えているわけです。そのため現実認識をしっかりともち、人間や現実の分析を的確に行ない、これに基づく具体的な解決方法と理論を導き出し実践することこそが人生への本当の積極姿勢であるというのが仏教の姿勢なのです。

ある学生がレポートで「一般に仏教は『夢見る夢子さん』のような現実離れをしたメルヘンチックなことをいっていると思われがちだが仏教の立場は逆である。苦悩と不条理に満ちた現実そのものから目をそらし現実を楽と見る方がメルヘンチックな『夢見る夢子さん』にほかならないと主張しているのだ」といったことを書いていましたが、仏教の立場を言い当てた見解であると思います。

□寄り道②──如来と菩薩──

仏と同じように如来《にょらい》という呼称が使われることがあります。この如来とは「真如来人」の略で、「真如《しんにょ》（真理）から来た人」の意、悟った後に私たちを救済するために真理の側から私たちの側に来た人という意味です。ですから釈尊は仏陀であり、如来でもあります。そしてこの仏と同じ悟りをめざして修行している修行者のことを菩薩《ぼさつ》と言います。もし私たちが仏の悟りをめざすとすれば、そのときは私たち自身も菩薩です。ですから悟る以前の釈尊（ゴータマ・シッダールタとしての修行時代もそれ以前の「前世」も含む）を指して菩薩という場合もあり、また特に歴史上の高僧を呼ぶときに敬称的な意味合いで使う場合もあります。

また、現実を苦と見ることは死や死後を楽と見るのでもありません。むしろまったく逆です。死というものは人間をはじめ生命あるものにとって避けたい嫌なもの、つまり苦であると明確に述べています。このため仏教では死を甘美、安楽と讃歎したり死を美化したり勧めることは重罪とし、決してしてはならないこととしています。もしその讃歎などにより人が死ねば殺人と同じく殺生戒を犯すことになります。さらに仏教は苦を発生させる原因そのものを断ち切らないかぎり死んでも苦は発生し続けると考えます。ですから死んでも楽にならないのです。生命あるものはこの生涯を終えても、それで終わりになることはなく、また生まれてくると考えます。そして生まれてもまた死ぬ……。生き死にを繰り返すと古代インドでは一般的に考えられていました。これが輪廻《りんね》と呼ばれる考え方です。仏教も基本的にはこの考え方を採用しています。ですから死んで楽になるとは絶対に説かないばかりか、このような輪廻自体を苦であると考えるのです。

ですから、先に述べた苦の解決とは、この生涯だけのことではなく、未来に向かって永遠に苦を根本的に解決すること、未来にも二度と苦が生じないこと、言い換えれば二度と輪廻しないことなのです。この輪廻（苦）からの脱出を解脱といい、その解脱した心の世界が涅槃にほかなりません。そして、輪廻させている根本原因、言い換えれば苦の生じる根本原因を完全にうち砕き、二度と苦を生じないようにし、解脱させ涅槃に至らせるツールというべきものが悟りの智慧ということになります。つまり悟りの智慧という剣で苦の原因を破壊し、苦の発生を根源から根本的に止めるというわけです。悟りの智慧なくして解脱や涅槃に至ることはあり得ません。

このように仏教の現実認識が「人生は苦である」というものであるため、解脱、涅槃、悟りの智慧の獲得といったものが仏教のめざすものになるわけです。

第四節　苦について

第一項　釈尊と苦―釈尊略伝―

仏教の現実認識は「人生は苦である」ということにきわまります。まさしく、釈尊が出家した原因も釈尊自身の「人生は苦である」という悩みにあったのです。

今や超人のように語られる釈尊ですが決して超人ではありません。また神から啓示を受けたりといった特別な宗教的な地位があったり生まれながら特殊な能力があったわけでもありません。あったのは私たちと同じように感じる心と感性です。非常に感性が豊かであった彼は幼い頃から二十九歳で出家するまで苦悩し、ついに苦の解決に王子の位をうち捨て人生のすべてをかけたのです。

つまり仏教は、生まれながらの超人や神の啓示などを受けた指導者や選ばれた聖者が、そうでない我々一般に語った教えなのではありません。私たちと同じ人間であったゴータマ・シッダールタが、私たちと同じ目線で、同じような苦しみを感じ、そこから立ち上がったのが仏教の教えにほかなりません。

ここで釈尊の人生と悟りに至った経緯とを簡単に見てみましょう。

釈尊は釈迦族の小さな国の王子として生まれました。王城をカピラ城といいます。ただし日本でいうお城というより都市国家であり、その中に王族の住む宮殿があったと考えられます。釈尊は、幼い頃実母を無くしたという不幸を除いては（大きな不幸ですが）、実母の妹の愛を受けて何不自由なく育ちました。

彼は少年期から思索を好み、また非常に感受性の鋭い性格であったようです。そのため、人生や世の不条理に想いを馳せ、人生は苦であると認識する傾向が強かったといわれます。たとえば十二歳の頃のことといいます。王や友人とともに城外に遊びに行き農耕を見ていた折のことです。農耕人は疲れてやせ衰え日焼けし土にまみれています。牛に鋤を引かせて田を耕していますが、牛もやせて疲れ果て人も牛も皮の下に骨が浮かび上がっています。さらに牛は重い鋤を引いて皮が破れ血を流しています。牛が耕した後には土中にひそんでいた虫が掘り返され傷ついて動いています。そしてそれを鳥がやってきて競ってついばんでいきました。王子はこのありさまを見たとき、すべての生き物にこのような苦があることに思いを及ぼし「ああ、生き物たちは苦しんでいる」と心を痛めました。そして王とともにある園に入ったとき、一人になりたいと言い、樹の下で静かに瞑想に入ったと伝えられています。これは釈尊が一般の人ならば気にもとめないような出来事にひそむ、生命あるものの苦しみや不幸や闘争に心を傷め憂いと苦を感じたということを示し、彼が優れた感受性をもっていたことを示す伝説といえます。

父である王は、こういった王子の性格や行動を見るにつけ、王子の誕生の折にインドの風習にしたがって仙人から占ってもらった結果を思い出さずにはおれませんでした。それによれば「王子は世俗に生きるならば世界を統一する転輪聖王《てんりんじょうおう》になるであろう。またもし出家の身となるならば悟りを開いて仏陀となるであろう」というものでした。王は王子が転輪聖王となるなら喜ばしいことであるが、この思索好きの性格や感性では出家をしてしまうのではないかと心配したのです。そこで王子の心を王侯の楽しみにつなぎ止めるために、季節に合わせた三種の別荘をこしらえました。さらにさまざまな贅沢をさせ、また美しい妃と結婚させるなどし、王子に出家をする心が起こらないように努めたといわれています。実際、後に釈尊が述懐している中で、自分は最高の衣服などを与えられていたと述べており、王が釈尊に考えられるかぎりの贅沢をさせていたのは事実のようです。彼は結婚して子供ももうけています。子供が生まれたことを聞いたとき、王子は「障害が生まれた」と述べたといわれます。つまり出家するための障害になるということですが、そのため子供の名前は障害を表わすラーフラ（羅睺羅《らごら》）と名づけられたと伝説にあります。後に羅睺羅も釈尊のもとで出家し、偉大な十人の弟子（十大弟子）の一人になります。

しかし王子の憂鬱な心は晴れないままでした。そしてある事件をきっかけに、ついに王子の身分と、未来に約束された王位とそれに付随する権威・権力・名誉・経済力、そして家族をも捨てて出家することになります。

伝説では四門出遊《しもんしゅつゆう》が彼の決定的な出家の動機となったとされます。四門出遊とは、ある日、王子が城外の園に遊びに行こうとした折の話です。

城の東門から園に出かけようとすると、途中杖にすがった老人が歩いていくのと出会いました。王子は老人の苦と、自分もすべての人もやがてあのような老いた姿になることを従者から聞き、いたたまれなくなり出かけるのを止めて王城に引き返しました。

気を取り直して後日、やはり園に遊びに行こうと南門から出ると、今度は病いの人が倒れているのに出会いました。苦しんでいるその痛ましい姿を見、また病いのことや自分もすべての人も病いにかからぬことはないことを従者から聞き、いたたまれなくなり出かけるのを止め王城に引き返しました。

またいく日かたち、気を取り直して今度は西門より出ると葬送の列に出会いました。家族や近親者などが悲しみながら棺を運んでいきます。王子は、それを見るとショックを受けます。死とは何か、そしてその死が自らにもすべての人々にも必ず訪れると聞き、苦悩を感じて王城に引き返しました。

さらにいく日かたち、王子は北門から遊びに外に出ました。すると、そこには一人の出家者が歩いていく姿がありました。何かしら神々しくすがすがしい姿に胸を打たれた王子は「いったい何者であるか？」と彼に尋ねました。出家者は答えました。解脱を求める者であると。これを聞いた王子は、これこそ私が歩む道であると決心したとされています。

むろん、これは伝説です。しかしこれらは王子の心を去らなかった苦悩を伝説の形をとり、まとめて象徴的に表現したものといえます。彼は幼い頃から考えられるかぎりの贅沢と歓楽を尽くすことができました。そしてこれは事実であったようです。さらに名誉と富と権力を自在にできました。また季節に合わせた別荘もあり、美しい女性にかこまれ、さらに結婚もしていました。それでも彼の心をおおった苦悩は去らなかったわけです。どのような権力があっても、享楽と贅沢のかぎりを尽くしても、必ず他者のみならず自分の上にも病気や老い、そして死が起こることを知り、しかもそれは王位であろうとも権力であろうとも富であろうとも贅沢であろうとも、いかなる栄耀栄華であろうとも抑えられないことを彼は鋭敏に見抜いていたことを示しましょう。

月がこうこうと輝くある夜のことです。ついに彼はみなが寝静まったときを見はからい、白毛の愛馬カンタカにうちまたがり密かに王城を出ます。そして豪華な衣服を脱ぎ捨てみすぼらしい衣服にかえ髪を剃り、一介の出家者となりました。このとき、王子はその位と生活と、未来に約束された王位、そして今彼に付随し、未来には王としてさらに巨大になるであろう名誉・権力・富などのすべてをうち捨てたのです。時にゴータマ・シッダールタ王子二十九歳のことでした。

なお、後に彼の父親である浄飯王《じょうぼんのう》（スッドーダナ）は、息子が出家し修行にうち込むことを心配し友人を五人つけたと伝わります。彼らは護衛の役目もありましょうが、坊ちゃん育ちの息子であるから、厳しい修行に耐えられず挫折するかもしれない。そのときは連れて帰ってきて欲しいと依頼されていたのでしょう。（また激しい修行をする釈尊を見てつきしたがった五人という異説もあります。）

釈尊は最初アーラーラ・カーラーマやウッダカ・ラーマプッタという仙人（宗教家）について心の消えるような深い瞑想の修行にうち込みました。しかし悟ることができませんでした。次に誰も今までしたことがないような身をさいなむ激しい苦行にうち込みましたが、やはり悟ることができませんでした。その結果、釈尊は激しい苦行も悟りに至る道ではないと知り苦行を放棄したのです。釈尊は苦行でやせ衰え骨と皮だけのような状態になった体をナイランジャナー川の水で清め、後に菩提樹《ぼだいじゅ》といわれるようになる樹下で静かに瞑想に入りました。村娘がこのような釈尊を見て乳粥を捧げたといわれます。ちなみに、乳粥を捧げた村娘の名はスジャータといわれます。今、乳製品で同名のものがあるのは、ここからきたのかもしれません。

さて、父王から派遣された五人の友人たちも修行者となり釈尊とともに苦行しておりました。ところが、ミイラ取りがミイラになったといいましょうか、五人は釈尊を連れて帰るどころか彼ら自身が主体的に熱心に修行をするようになっていたのです。ですから、断食・減食などを含んだ苦行を行なっていた釈尊がそれをやめて乳粥を取ったのを見て「やや、ゴータマ君は堕落してしまったぞ」と考えたのです。そのため彼らは釈尊のもとを去っていきました。（おいおい護衛の責任はどーなる、というところでしょうか。）

一方、この乳粥によって体力を回復した釈尊は瞑想に入りました。そしてついに悟りの智慧を獲得し仏陀釈尊となりました。つまり苦の解決、言い換えると永遠の幸福・平安の獲得に成功したわけです。実に、王城を出て六年後、明星が天に輝くとき、十二月八日のこととされます。（また二月八日ともいいますが、一般に日本では十二月八日説を採っています。）

悟りを開いた釈尊は自分の悟ったことは人々に説いても理解できないであろうから口外せず、このまま世を去ってしまおうと考えたとされます。伝説では、これを知った梵天《ぼんてん》というインドの神が天上界より釈尊の前に降り立ち、教えを説けば理解する人もいるので、どうか教えを説かれたいと懇請したといいます（これを梵天の勧請《かんじょう》といいます）。そこで釈尊は瞑想の座より立ち上がりました。彼は教えを説くことを決心したのです。

そして先の五人の友人たちを聴き手としての最初の説法（これを初転法輪《しょてんぼうりん》という）以来八十歳で亡くなるまで、文字通り休むことなく弟子と一般の人々に教えを説き続けられることになります。最初に述べましたように、仏陀となったゴータマ・シッダールタは釈迦族の出身であったので、釈迦族出身の聖者という意味で釈迦牟尼世尊と呼ばれるようになり、また略して「釈尊」と呼ばれているわけです。

釈尊が八十歳のとき、チュンダという在家の信者の食事の招待を受けました。出家者は釈尊も含めて自分で商売してお金を稼いで食料を買ったりすることはありません。ただ在家者の捧げる供養のみで生きていくのです。したがって時には食が得られないこともあります。よく僧侶が鉢をもって歩いていますが、あの鉢に在家の人が食料などを捧げ入れるのです。また在家の人は食事の席に釈尊や出家者を招待することもありました。チュンダの場合はこれにあたります。食事に招待された釈尊は、そこに出されたスーカラマッダヴァという料理が悪いもので食べられないことを知り、それを自分のみに出すように言い、残りは埋めるように指示しました。そしてそれ以外の料理は他の出家者に出すように言ったのです。釈尊はただ一人スーカラマッダヴァを食べ、その結果、激しい腹痛に襲われ、やがて亡くなります。スーカラマッダヴァとは豚肉料理ともキノコ料理ともいわれておりますが、名のみ伝わり実際は何かわかりません。むろん、チュンダに悪意があったわけではありません。むしろ最上の料理を出したつもりだったのです。釈尊は知っていたのでしょう。亡くなる前にチュンダに後悔の念を起こさせてはならないと言い、チュンダの供養は自分が悟る直前にスジャータから受けた乳粥の供養と等しい非常に優れたものであり、チュンダの未来に多くの幸福をもたらすものとなる旨を自分が述べていたことを伝えよと弟子に告げたといいます。ここに苦労人といいましょうか、人の心を思いやる優しい釈尊の姿が浮かび上がります。

そして、まもなくして釈尊は亡くなります。つまり輪廻の結果得た肉体もなくなり、二度と輪廻しない完全な涅槃に入ったとされるのです。

□寄り道③——八相成道——

八相成道《はっそうじょうどう》は釈尊の生涯を象徴的な八つの場面を取り上げて語るものです。釈迦八相、八相ともいいます。八つについては諸説ありますが、今その一つを見てみましょう。

①降兜率《ごうとそつ》（従兜率天下《じゅうとそつてんげ》）

　釈尊も悟る前は輪廻していました。直前には兜《と》率天《そってん》という天界に生きており、そこから六つの牙のある白象に乗ってこの世界に下ってきたとされます。六つの牙は釈尊の得ることになる六神通の象徴です。

②托胎《たくたい》

　母となる摩耶夫人《まやぶにん》の右脇から胎に入ったことをいいます。

③出胎《しゅったい》

　出胎とは生まれることです。場所はカピラ城の近くのルンビニーという花園でとされています。当時は実家で出産する風習があり、摩耶夫人は実家の城に向かう途中であったといいます。

　釈尊は生まれるときも右の脇腹から生まれたと伝えられます。というのは、産道を通る苦しみで前世の記憶を失うという俗信が古代インドにあったからです。釈尊はそうではないということを表現したと思われます。

　なお、釈尊の生まれた日は四月八日とされています。この日に釈尊誕生のお祝いの行事である灌《かん》仏会《ぶつえ》（花祭り）が行なわれます。また甘茶を釈尊（幼児）の像にかけるのは、釈尊が生まれたとき、八大龍王が天から甘露の雨を降らせたという伝説にちなんでのことです。

④出家《しゅっけ》

　幼い頃から人生に疑問をもち、人生を苦であると感じた釈尊は、ついに苦の解決に生涯をかけることを決心しました。二十九歳のときです。日は諸説ありますが陰暦の四月十五日、満月の日とされます。

⑤降魔《ごうま》

出家してから六年の苦行の後、苦行では悟りは得られないと見切った釈尊は、後に菩提樹と呼ばれるようになった木の下で瞑想に入りました。すると悪魔が次々に釈尊に襲いかかったといいます。つまり悟りを得そうな釈尊を妨害しにかかったというのです。まず美人、次には四方から悪魔の軍勢が攻め寄せ、釈尊はこれらを毅然として退けたといいます。これらもむろん伝説ですが、釈尊の心の葛藤や最後に残った煩悩《ぼんのう》との戦い、あるいはそれまでの苦しみを表現したと考えてよいでしょう。この悪魔を退けることを降魔と呼びます。

⑥成道《じょうどう》

ついに釈尊は悟りを得ました。悟りを得ることを成道ともいいます。時に十二月八日、釈尊三十五歳のときです。

十二月八日はこの釈尊の悟りをお祝いして成道《じょうどう》会《え》の法要や行事が行なわれます。成道会はその日付から臘八会《ろうはちえ》とも呼ばれます。

⑦転法輪《てんぼうりん》（初転法輪《しょてんぼうりん》）

鹿野苑《ろくやおん》での五人の比丘（本文で述べた五人の友人たち）に対して行なわれた最初の説法です。このとき、教えが教えとして初めて世に出ました。

釈尊は以後、亡くなるまでの四十五年間、教えを説き続けました。

⑧入滅《にゅうめつ》（入涅槃）

釈尊が亡くなったことです。釈尊にとって輪廻の最後となるこの生涯と肉体を捨て、真の涅槃に入ることとです。

釈尊はクシナガラの沙羅双樹《しゃらそうじゅ》の下で最後の説法をした後亡くなりました。時に二月十五日、釈尊八十歳のことでした。紀元前三八三年とされています。

なお、釈尊入滅の日とされる二月十五日には釈尊を偲んで涅槃会（常楽会《じょうらくえ》、仏忌《ぶつき》）という法要が営まれます。

以上の八つの場面です。なお、釈尊生誕を祝う灌仏会、悟りを祝う成道会、入滅の日の法要である涅槃会を釈尊の三大法会といい重んじています。

第二項　苦を見つめる

さて、仏教は幸福をめざしますが、それは一般に言う幸福ではなく、絶対的な幸福、仏教の用語で言うならば涅槃、解脱をめざすということです。このことは釈尊の生涯からも理解されます。なぜならば私たちが一般に想い描く世俗の幸福とは、まさしく釈尊の生まれ育った王子や王族の栄耀栄華などにほかならないにもかかわらず、釈尊はそこにもまぎれもなくさまざまな苦が存在しているのだと見抜き「人生は苦である」と認識したからです。仏教は、この「人生は苦である」ということを実践上の真理とします。（実践上の真理とはあまり聞き慣れない言い方と思いますが、いわゆる客観的真理、知識としての真理ではなく、身をもってそれを納得し、自らの生き方に反映させるべき真理、というような意味合いで使いますので、ご理解ください。）

私たちの一般的な見方からいえば、釈尊は王侯に生まれながら人生は苦であると嘆息するなど、ずいぶんわがままなことを言っているといえましょう。苦労知らずの王侯貴族でありながら、何が不足だということになります。定職があってそこそこ食べていける人が「人生は苦である」などと言えばまわりは「何を贅沢でわがままなことを言っている」と批判するでしょう。大学生なら大学まで通わせてもらって何を贅沢を言っているのだといわれるかもしれません。あるいは健康な人なら、健康であるのに、幸福な家庭がある人は家族にめぐまれているのにと批判を受けるでしょう。ですから考えてみますと、釈尊はずいぶん無茶苦茶なことを言っているとも見えます。

しかし、誰もが正直に自分の心を見て、その内容を言ってみるとどうでしょうか。

たとえば若い人は外から見ると若さと可能性に満ちあふれています。その上まだ働かないでも小遣いもあり、さらに生活もできています。そういった大学生や高校生などでも「人生、あまりおもしろくない」と考えることは実際あるものです。失敗や問題の大小にかぎらず、いろいろと不安に陥ったり、いじめにあったり、人前で恥をかかされ人生が嫌になることもあるでしょう。気にしていることを先生や両親に指摘され反発しつつも落ち込むこともあるかもしれません。恋愛や人間関係で傷ついたりすることは始終あることです。自分の行なった行為について果たして正しかったのか、あのときもう少し……と悩んだり不安をもつこともあります。また、理由なくいらいらしたりすることもあります。

大人は青少年に輝かしい未来・可能性があるようにいいますが、それはとりもなおさず未来が不確定であることを示し、漠然とした不安を感じている人もまた少なくありません。不況の現在、いくら努力しても就職活動がうまくいかず大変に困っているということもあると思います。さらに病いなどの苦悩もあるかもしれません。これらは大変な苦にほかなりません。

また、年輩の方でも、正直なところはこういった感情・不満・不安を多くもつものです。たとえば現在のような不況ではいつ会社がだめになるか、あるいは自分が職を失うかと考え、きわめて大きな不安をもつこともあります。そうなれば家族をかかえ、ローンをかかえ、どうなるのかと深く苦悩することにもなりましょう。あるいはやることなすことうまくいかないということもあります。たとえ地位や名誉、財力があっても、いつどんなことでそれを失うかわかりません。組織において自分の責任ではないことで自分が苦況に立つこともありましょう。健康に疑いが出てきた場合などの恐怖や不安などいかばかりでしょうか。

また若い人、年輩の人といったことにかかわりなく、自分をかわいがってくれた親や親しい人々、愛する人と死別することもあります。それは実に悲しいこと、大きな苦以外の何ものでもないのではないでしょうか。

その他、私たちのまわりには大小さまざまな苦が群がり起こります。お金がない、時間がない、嫌な人と会わないといけない、上司や部下とそりが合わない、年金がなくなる、いつまでたっても出世しない、自分の仕事を人が妨害する、功績を横取りする、事故を起こしてしまった、忙しすぎて休む間もなく家族と過ごせない、医者に行く時間もない、自分の性格や欠点が気になる、マンションの上の階がやかましい、近所づきあいが苦痛、最近体力が衰えてきた、太ってきた、しわが増えた、虫歯になった、花粉症で苦しい、気に入っていた服が虫に食われた、値打ちのあるものを誤って捨てていた、など数えきれない苦痛・不安・不満があるはずです。人から見ればつまらないと見えることも本人にとってはたいそうな苦に感じることはいくらでもあります。こういった苦がない人はおそらく世界に一人もいないでしょう。

そして、やがて自分に直接病いと老いと死が訪れます。最後に、自分も棺桶に入ってこの人生は終わりとなります。非常に嫌で不安なことです。大いなる苦にほかなりません。

仏教で「人生は苦である」というのは高尚なことを言っているのではなく、こういった、身近に起こるこれら一切を含めたもので、若き釈尊の正直な叫びなのです。

よく考えますと、私たちもこれらの不安や苦を薄々感じているのです。が、それを口外せず、涙を忍び、耐えて生きゆくことが社会人であり、大人としての正しい生き方であると考えているから言わないだけです。それはたしかにそうなのです。ただし、それはよく考えてみると、実際に苦がないということではありません。苦を押し殺しているのです。だからこそ現実の社会には押し殺した嘆きの声が満ちていることになります。私たちが口外しないのも、嘆くとまわりに迷惑がかかるという配慮と、かっこが悪いという少々の保身があって口外しないだけです。それがまた精神的に負担となり苦痛になることもあります。

ところが仏教は、それを「心を開いて正直に言ってみるとどうであろうか。人生は苦ではないか？」と突きつけてくるわけです。

このように日々苦悩が存在しているばかりか、結局、私たちの一般的に求める幸せや平安というものも、永遠のものでも完全なものでもないのです。

幸せな家族であっても、必ず親も子供も歳をとり死にます。また家族が病いに倒れることもあります。また、子供は成長し就職、結婚などして家を離れていき、もとの家族の形態は消えます。およそ永遠に幸せな家庭も、家族との死別・離別のない家族もありません。

私たちが世間一般で言う幸福とは、人によって基準は異なりますが、健康であることや富・地位・名誉のあること、あるいは家族や他者からの愛情などに満ちていることなどを言います。しかし、これらが完全に揃うこともなく、たとえすべてを揃えて手に入れたとしても、それは永遠不滅ではなく、必ず変化しやがて滅してしまいます。

いかなる権力をもち栄耀栄華を誇る貴族や富豪でも私たちと同様です。また財産があるからこそ、内部では醜い争いごとがあるかもしれません。これも苦悩にほかなりません。そして老・病・死が等しく訪れます。権力や富がある貴族や富豪であるからといって老いないわけでも、病いにならないわけでも、死なないわけでも、人間関係で苦しまないわけでも、別れがないわけでもありません。

しかしそのように望ましくあった状況が変化し崩壊することはどうしても起こる現実なのです。この現実から逃避しようとしてもそれは不可能であり、この現実を見ないために一人隠者のように山の中に逃げ込み暮らしたとしても、そこにもやはり生活上の苦悩があり、病いも訪れ、やがて老い、必ず死の床につくことになります。いかなる賢者・強者・王侯・大権力者といえども、これらの悲劇からまぬがれない人はありません。

私たちが、一般に幸福であると想い描き、求めている富や名誉や地位、人間関係、社会的な評価というもの、また私たち自身の健康や若さも、両親・兄弟・妻子、恋人、友人との楽しい日々も、また平穏な生活も変化し続け、やがて必ず滅んでいきます。このことは誰にも止められません。私たちは目の前に起こる「望ましい状況や幸福が変化し崩壊していく姿」を目にし、さらに人生の不幸を知り苦悩し心を乱すことになります。

繁栄、幸福、健康、若さなどは、たしかに望ましいことであり否定すべきものではありません。仏教は富の獲得にせよその獲得方法が他者を苦しめたりすることのない正当なものであるかぎり、一般の人々に対しては否定しません。しかし、これら一般に言う幸福は決して永遠なものではなく、永続性もなく、そのために最終的に崩壊し、苦に陥らざるを得ないものです。そのためそれらが真の幸福でも安楽でもないことを釈尊は見抜き嘆き問題視したわけです。

虚心坦懐に、静かに現実を見つめるならば、形態の相違はあるものの以上述べてきたような大小さまざまな苦が私たちの上に群がり起こっているというのが仏教の現実認識であり、現実分析でもあるのです。

ですから、仏教は「人生の真相は苦である」とし、「苦の完全な解決」、言い換えれば永遠の幸福・絶対の安楽・平安、つまり涅槃・解脱をめざすのです。

第三項　苦の分類

このように、人生は苦であるというのが仏教の一大問題意識であり現実認識です。そして実践上の真理でもあるのです。先の伝記で述べたように、釈尊の出家も四門出遊の伝説に象徴される苦の認識からにほかなりません。ですから、仏教は苦の認識と分析を重視します。

苦はドゥッカ（duḥkha）といい、「損悩《そんのう》」「逼迫《ひっぱく》」の意味とされます。つまりいろいろなことが心身に迫って（逼迫）、心身を悩まし損なう（損悩）ということです。仏教ではこの苦をいくつかに分類して説明します。余談ですが、インド人は何でもかんでも分析・分類して考えるのが好きだったようです。覚えやすいからかもしれませんが、苦にかぎらず存在でも、心の働きでも数えて分類していきます。ですから、仏教ではいろいろな重要な概念は、いくつかの数に分類されることが多いのです。この仏教の分析癖・分類癖ともいうべき癖を知っておくと便利です。

さて、仏教は苦をいくつかに分類していきます。視点によって分類が異なりますが、今はもっとも高名な分類である「八苦《はっく》」と、そして「三苦《さんく》」、さらに「勝義苦《しょうぎく》と世俗苦《せぞくく》」という分類で見てみましょう。なお、これらは、人生に起こりきたる苦全体をどのような切り口や視点から分類したかの相違であって、まったく別のものを挙げているわけではありません。

〈八苦〉

(一) 生苦《しょうく》

生苦とは生まれる苦しみです。厳密には母胎に宿った瞬間をいいます。これはどういうことかといえば、先に述べたように仏教は輪廻そのものを苦と考えます。輪廻したということは涅槃に入らず再び苦の世界に生まれたということを意味するわけです。ですから生まれ変わって最低もう一回は生涯を送り、そこでまた無数の苦を受けるという事態になったわけです。つまり「輪廻してしまった」という意味です。ですから生苦といっても生きる苦しみではありません。

(二) 老苦《ろうく》

老苦は文字通り老いる苦しみです。およそ老いない人はありません。高齢の人にかぎらず、三十代、四十代の人でも、時には二十代の人でも、かつて中学生、高校生、大学生だった頃を振り返ると、ずいぶん体力も容姿も衰えてきたと思い嘆くことが少なくありません。精神も衰え、がんばりがきかなくなります。さらに男性の場合、腹が出る、腰や足が痛くなった、歯が悪くなった、髪の毛が薄くなってきた、若い頃はもてたはずが、今や女性から「おじん」と言われるようになった、実際おじん臭くなった、女性の場合もたとえば、化粧のノリが悪くなった、体が分厚くなってきた（服が入らない）、皺やシミができたなどなど、さまざまな問題が老いるにしたがって起こり私たちは嘆きます。さらに老いていくと、まったくよぼよぼになります。昔ならば腰も曲がることになります。髪の毛は抜けおちたり白くなったり、皮膚にはシミが生じ張りが無くなり皺がよります。これらが老苦です。そのとき、いかに若さが輝かしいものであるか初めてわかってきます。最近は老人力とか、美しく老いるなどといいますが、仏教はそれは嘘でごまかしであるというのです。老いが望ましく美しいものであろうはずがなく、美しくないからこそ日々栄養などに配慮し健康や体力づくりに気を使うのであって、老い、つまり衰えがよいとすることはごまかしにほかなりません。釈尊は、老いは醜い、若い方がよい、そう感じて、自分は老いたくない、しかし老いるであろうと深く苦悩したのです。これは決して老人を蔑視したり軽視しているのではありません。誰もが老い、しかもそれは望ましい状態ではないという素直な苦の認識から仏教が立ち上がっていることを示しています。老人を大切にし尊重すべきであるという礼儀や倫理上の考え方と、哲学的な仏教の考え方は分けて認識する必要があります。

㈢　病苦《びょうく》

病苦は文字通り病いの苦しみです。病気のときの苦悩は大変なものです。たとえ小さな腹痛でも大きな苦痛です。ましてや大きな病気や長引く病気など、肉体的にはむろんですが、精神的にも大変な苦痛です。お金は多少無くとも耐えられることもありましょうが、病気であるということほど耐えがたく嫌なものはないといってよいでしょう。しかし不幸なことにまったく病気にならない人もほとんどありません。

㈣　死苦《しく》

死苦も文字通り死の苦しみです。死はこの世で培ってきたすべてのものとの別れと破壊をもたらします。そのため死は人間にかぎらず、生命あるものにとって最大の恐怖であり、不安であり、悲しみであり、苦しみです。しかし、いかなる権力者も富豪も宗教家も死を避けることはできません。

中国をはじめて統一し大権力を掌握した秦《しん》の始皇帝《しこうてい》は権力を握ったまま無限に生きたいと考え、そのため不老不死の薬を求めさせました。不老不死の薬のありかを知っているという徐福《じょふく》という方士《ほうし》（仙術を使う術者）の言葉を信じ、薬を購入するために彼に大量の宝物と少年少女を預けて船を出させました。しかし始皇帝がいくら待ってもついに徐福は戻ってきませんでした。つまり始皇帝は詐欺にあったのです。秦の始皇帝はその墓（始皇帝陵）を生前と同じ生活ができるように作り、さまざまな仕掛けをし生き返ることを期しましたが、一度死ねば一般人と同じで、二度と生き返ることはありませんでした。秦の始皇帝という大権力者が手を尽くしても結局死からは逃れられなかったのです。死の苦しみや悲しみは誰でも大変なものとなります。

ちなみに徐福がたどり着いた先が、日本の熊野であるという伝説があり、日本にさまざまな文化を伝えたともいわれています。

四門出遊の伝説では、以上の生老病死《しょうろうびょうし》の四つの苦のうち、後の三つ、つまり老・病・死が示されていたことがわかります。

(五)　愛別離苦《あいべつりく》

愛別離苦とは愛しいものと別れる苦しみです。親子・兄弟・夫婦・恋人・親友などもいつしか別れるときがきます。たとえペットとの間でも同じことです。別れは事情があって別れなければならないこともありましょうし、死別することもありましょう。これらは大変に悲しいことで激しい苦にほかなりません。

㈥　怨憎会苦《おんぞうえく》

怨憎会苦は字面からして凄まじいですが、怨み憎む者と会わなければならない苦しみです。つまり愛別離苦の正反対の状態をいいます。

私たちが社会で大きく苦しむ中に人間関係の苦しみがあります。これがそれです。近隣や会社、学校、いろいろな組織での人間関係が悪かったり、常に嫌な人、怨み憎む者と顔を合わさなければならないことは多くあります。これは精神的に耐えがたい苦しみをもたらします。子供の世界で最近問題になっているイジメの問題などは、怨憎会苦の著しい例といえましょう。その苦悩の大きさから逃げ場を失いついに自殺に追い込まれる少年さえあります。しかし、大人の社会でもやはりイジメはあります。大人の世界では巧みに強弱関係や法律や政治力を使った合法的な顔をしたイジメが行なわれていることは公然の秘密といえ、子供の世界のイジメを批判する資格など大人にあろうはずがありません。子供は大人を見て行なっているのです。多くの少年が死に追い込まれる現在の少年の怨憎会苦の世界は、現在の大人の怨憎会苦の世界の鏡にほかなりません。

愛別離苦と怨憎会苦はこのような人間関係の苦といえます。気の合う人や愛する人とはいつしか別れてしまい、嫌な人ばかりがまわりに来る、そして嫌な人と顔を合わせて生涯を過ごさなければならないという苦です。これも大変な苦です。言い換えれば悟る前の釈尊も高僧たちもこれらを感じ苦悩していたということになります。私たちは自分に人を恨み憎む嫌な心があるのを認めたくない面があります。それが人情というものです。しかし仏教は誰にでも現実として人を憎む心があり嫌な人はあるものだと事実を容赦なくあばき、それは苦にほかならないのだと私たちに突きつけてきているともいえます。それは嫌な分析でもあり、また憎む心を仏教は決して肯定しているわけでもありませんが、自分だけではなく人間誰にでもそういう心はあるものだと認めてくれていることでもあります。仏教が現実離れした高い次元のことを述べているのではなく、逆に生身の人間そのものの感覚と苦悩、問題意識から立ち上がり、それを正面切って解決しようとしている教えであることがよくわかる分析といえます。

㈦　求不得苦《ぐふとっく》

　求不得苦とは求めても得られない苦しみです。つまり、何ごとも思いどおりにならない苦しみです。これは仕事、学業、恋愛、未来への希望から、若さが欲しい、地位が欲しい、お金や時間やいろいろな物品が欲しいということまで、ありとあらゆる場面で出てくる苦しみです。あれがしたい、これがしたい、あれが欲しい、これが欲しいなど、私たちはいつも思いますが、まず思いどおりになることはほとんどありません。ですから、そこには不満、苦が生じてきます。このような不満や苦悩をそのまま口に出せば大変なわがままに思われます。しかし正直に自分を振り返ると、このような求不得苦に満ちた状態であるといえます。若き日の釈尊もまた何ごとも思いどおりにならないと嘆き、人生は苦であると認識したということになります。

㈧　五盛陰苦《ごじょうおんく》（五取蘊苦《ごしゅうんく》・五蘊盛苦《ごうんじょうく》）

　仏教では五蘊《ごうん》という五つの要素が人間を構成しているといいます。その五つの要素からくる苦しみです。心身を構成している五蘊に執著《しゅうじゃく》すると苦悩が生じるというのです。この五盛陰苦とは前の七つの苦を総括しまとめたものといえます。

なお、五蘊や執著は、仏教で非常によく出てくる言葉です。

五蘊とは色《しき》・受《じゅ》・想《そう》・行《ぎょう》・識《しき》の五つです。

「色」とは物質のことです。難しい定義では変壊質礙《へんねぜつげ》と定義され、変化し壊れ（変壊）、一定の空間を占有する（質礙）ものとされます。

「受」とは、苦楽などの感受作用のことで心の働き（精神の作用）の一つです。

「想」とは、心の中で概念を作る作用であり、これも精神の作用の一つです。たとえば、赤いとか青いとか、これが机であるとか、そういった概念を心に浮かべる心の働きです。

「行」とは、心の働きです。受と想と後の識も心や心の働きですが、それを除いた残りをすべて含むものです。代表的な働きには意志があります。

「識」とは、判断や認識などや知る主体、つまり心のことです。

つまり、五蘊は物質界と精神界のすべて（真理を除く）を指していることになります。これを人間の上で言えば、身体と精神ということになるわけです。

次に執著（執着）とは、物事（思想などをも含む）に（精神的に）固執してそれを離さないことです。つまり、物事に心がとらわれることで、「とらわれ」ともいいます。仏教では物事に執著することが、苦悩の起こる大きな原因とします。お金であれ、地位や名誉であれ、異性であれ、思想であれ、とらわれると苦悩が生じ悪が発生することにさえなります。

〈三苦〉

八苦が人生で起こる苦を具体的に見た切り口であったのに対し、三苦《さんく》は苦を少々抽象的な切り口で見る分類になります。

㈠ 苦苦《くく》

肉体的苦痛です。病気や怪我による痛みや空腹などがこれに入ります。また好ましくないものから受ける苦も入れて考えられるでしょう。

㈡ 壊苦《えく》

好ましいものの破壊や損失によって生じる苦をいいます。財産の損失はむろん、自分が老い衰えること、また近親者の死などによって感じる苦であり、精神的な苦です。

㈢ 行苦《ぎょうく》

変化し移り変わるものは苦であるということです。真理を除くすべてのものは移り変わります。しかし私たちはそれらに執著します。そのため、執著したものの変化を見て私たちは苦を感じます。これが行苦です。行苦はこういった意味で苦苦や壊苦をも含むものといえます。古来、仏教では「変化するものは苦である（苦をもたらす）」ということが定型的に説かれてきました。

八苦は、三苦のいずれかに相当します。生・老・病・死の四苦と怨憎会苦は苦苦に、愛別離苦と求不得苦は壊苦に、五盛陰苦は行苦に相当します。

このように八苦・三苦を見て自分を振り返ってみますと、やはり「人生は苦である」ということにはうなずき得るものがあります。しかし、それでも、私たちはそういった苦を忘れて楽しく過ごし、人生苦あれば楽ありだから苦があってもいいと考えたりしてしまいます。次にこのようなことをもふまえて勝義苦《しょうぎく》と世俗苦《せぞくく》という分類から苦を見てみましょう。

〈勝義苦と世俗苦〉

勝義というのは最高のとか優れたという意味です。また世俗といったときは一般的な、あるいは一般社会（の価値観）でのといった意味になります。

㈠　世俗苦

これは地獄や餓鬼（飢えた者）・畜生（動物）（餓鬼と畜生についてはさらに第二章で説明します）の苦といったきわめて苦の大きな世界の苦であり、要するに私たちの誰にでもわかる苦のことをいいます。

㈡　勝義苦

地獄などの苦は私たちにも理解できます。しかし天界（神々の世界）や人間界（私たち人間の世界）は楽の多い世界なので、ここも苦の世界であるとは知りがたく、私たちはむしろこれを求めたりするのです。しかし道理に基づく優れた見地からは、天界も人間界も苦の世界であると理解できるといいます。この天界や人間界も苦の世界であるということは私たち一般にはなかなか知りがたいのですが、そこに存在する苦を勝義苦といいます。

人生は苦であると言われても、あまりピンとこず、別に苦でも何でもないという人もあるわけです。

これは無理からぬことで、後述するように私たちの人間界は、神々の世界（天界）に次いで楽（幸福）が多いとされるのです。このため天界や人間界といったきわめて楽の多い世界のことを苦であると感じるのはよほど感受性が豊かであるか、聖者でないと難しい面があるのは否定できません。しかし楽（幸福）に満ちた天上界も涅槃の世界ではなく、輪廻の世界のうちなのであり、天界に住む神々でもやがて衰え、そして死を迎えます。神々（天人）は今まで膨大な楽（幸福）を楽しんでいただけに、その崩壊はかえって大変な苦となるといいます。しかし私たちはそれが認識できず、涅槃の楽よりもむしろ即物的な人間界や天上界の繁栄や楽（幸福）を求め、涅槃・解脱を願うことがありません。それは本来、苦（勝義苦）である人間界や天上界の苦を楽と誤認してしまうからとされます。そのために私たちは涅槃を願うことなく輪廻を繰り返し結果的に苦にさいなまれることになるというのです。このように勝義苦とは、きわめて微妙な苦であり、一見楽に満ちている神々や人間の世界に忍び寄っている苦といえましょう。言い換えれば涅槃に入らないうちはいかなるものも苦であるということを意味するものと考えられます。

以上をまとめてみます。まず仏教にはめざすものがあることを述べました。そのめざすものは幸福といえますが、それは絶対的な幸福ともいうべきものであり、涅槃、解脱、あるいは悟りの境地というものです。解脱させ、涅槃に至らせるツールが悟りの智慧であり、したがって、涅槃・解脱・悟りの智慧の獲得は、いずれも仏教のめざすところでした。そしてなぜ仏教が絶対的な幸福である解脱・涅槃をめざすのかといえば、仏教の現実分析と問題意識が「人生は苦である」「輪廻は苦である」ということだからです。すなわち、一般の幸福や平安は完全なものでも絶対的なものでもなく、そこには不幸が介在し、さらに必ず崩壊し苦悩と不幸の発生があるため、そういったことがない完全無欠の絶対的な幸福、平安である解脱・涅槃・悟りをめざすことが最終目標にかかげられているのです。

さてそれでは、問題となるこの苦・輪廻とはどうして起こってくるのでしょうか。次章で見ていくことにしましょう。

第二章　苦の発生の構造、三道―輪廻のメカニズム―

第一節　輪廻とは

輪廻《りんね》（サンサーラ saṃsāra）とは第一章（一四頁）で述べたように、インドでは一般的な考え方で、生命あるものは生まれて死ぬ、そして死んでも死んだきりにならず、また生まれてくる、そしてまた死ぬ、また生まれるという生まれ変わりを延々と繰り返すということでした。

仏教もこの輪廻の思想を取り入れています。そしてどうして輪廻してしまうのか、つまり前章「八苦」などで見たような苦が発生し、この生涯が終わってもまた繰り返すことになるという、その苦の根源、苦そのものの発生の構造を分析しました。この構造は次節で詳しく見ていきますが、まずは輪廻という死生観、世界観がどんなものであったか、もう少し見てみましょう。

輪廻の世界、迷いの苦の世界は三界六道《さんがいろくどう》と言われます。

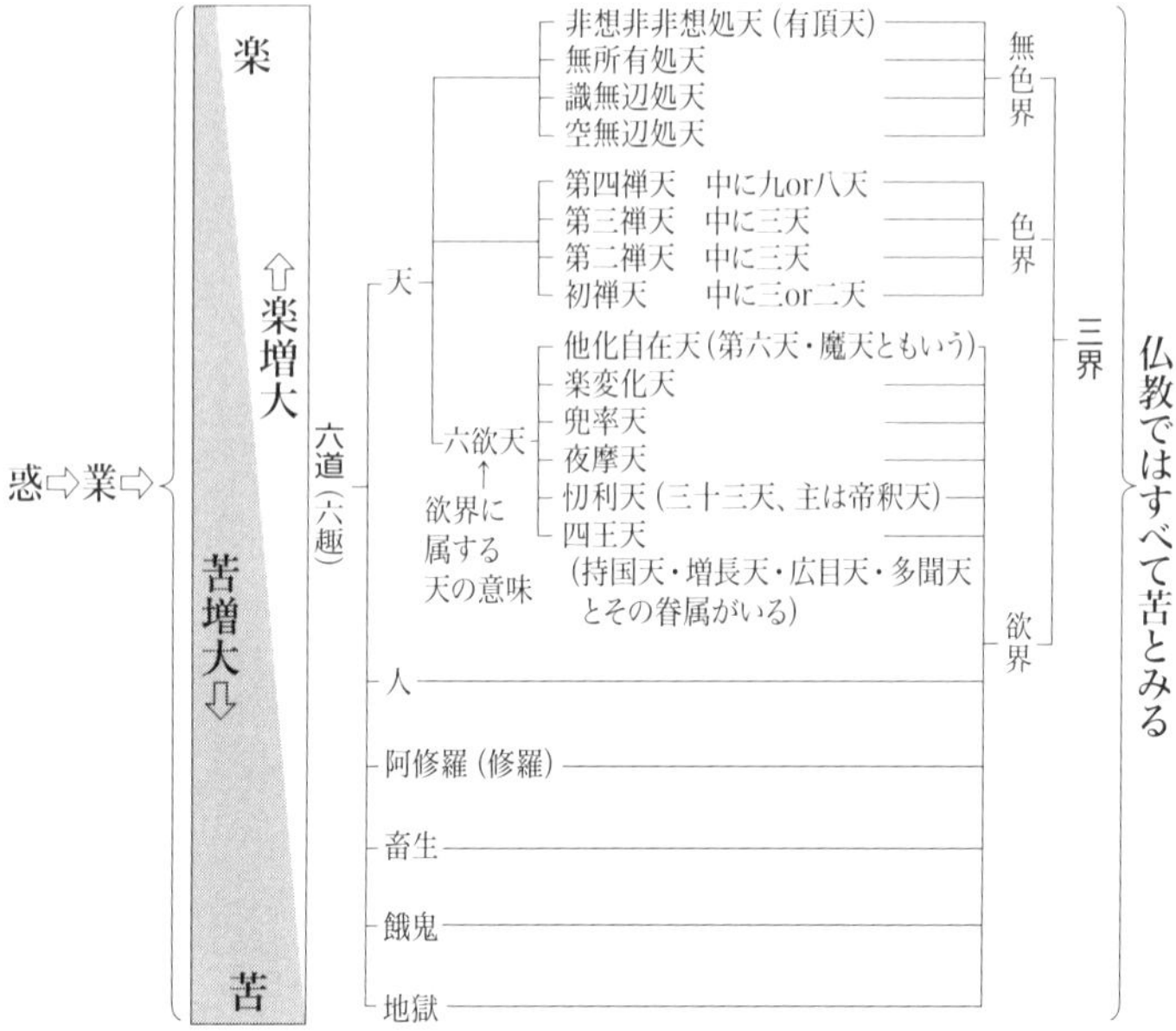

三界六道

三界も六道も同じ輪廻の世界のことです。両者は違うものではありませんし、また違う範囲を指しているのでもありません。なぜ三界と六道という二つの言葉が出てくるのかといえば、同じ輪廻の世界、言い換えれば迷いの苦の世界を分類する視点に相違があるからなのです。三界は輪廻の苦の世界を精神面から大きく三段階に分けたものです。そのため説明がやや抽象的になります。これに対し、輪廻の苦の世界を昔の人にわかりやすいように、具体的な苦や楽のありさまを通して示したのが六道という分け方になります。ですから有名な地獄とか天上界といったことは六道で語られるのです。

さて、三界六道を図で示してみますと上のようになります。

六道などの説は、六道があるというこ

とやそのありさまを示そうとしたのではなく、苦楽の大小を昔の人にわかりやすく具体的に述べようとしたものと考えられます。ですから苦楽でいいますと、図の上方に行くほど楽が増大し苦が減少し、下方に行くほど苦が増大し楽が減少するという形態になっているという程度の理解でよいと思います。つまり天上界は楽がきわめて大きく苦が少なく、逆に地獄は苦がきわめて大きく楽が皆無という状況になります。

一般的に、善の行為により未来に楽の結果を受け、悪の行為により未来に苦の結果を受けるとされます。図で言いますと善の行為により射程が上方へ向かい、悪の行為により下方に射程をとることになります（後述の三道説とあわせて見てください）。ただし色界・無色界は善の行ないより禅定《ぜんじょう》（瞑想）の結果によるとされ、分類方法の違いがわかります。

しかし、天上界であっても無色界であっても輪廻の苦の世界であることに変わりありません。いかなる楽の多い境遇でもやがて楽は消えていくことになります。端的な例は死です。生まれてきたものであるかぎり必ず死があります。天上界でもこれは変わりありません。さらに楽や繁栄というものも、生まれてきたものですから条件の変化によって消滅していきます。このように、人間界のいかなる繁栄や楽の多い生涯も、たとえ天上界の楽も必ず崩壊し消滅していきます。さらに一見楽が多いと見える人間界での生涯中にも八苦で述べられる別離の悲しみや憎悪があります。さらに老いや病いがあり、最終的に自分の死があり楽はたちまち終焉を迎えます。そこには悲嘆、苦悩が満ちることになります。ですから六道で言えば天上界やナンバー2ともいえる人間界はたしかに楽が多いのですが、苦が多数存在していることもまた事実です。そしてその楽も必ず崩壊するあやふやな楽であり、結局消えていきます。したがって天上界や人間界の楽は一見優れた楽に見えますが、本当は苦というべきものです（このような苦が前述の勝義苦です）。このように輪廻のうちは天上界の最高の峰にあっても八苦がついてまわることになります。

㈠　三界

三界は、輪廻の苦の世界を精神的境地の視点から欲界《よっかい》・色界《しきかい》・無色界《むしきかい》の三つに区分して考えたものです。境地の低い順から欲界・色界・無色界となります。欲界とは感覚的な欲望の盛んな世界で私たちの世界がここに含まれます。神の世界（天上界）の一部もここに含まれます。色界とは、感覚的な欲望はなくなりますが、物質的なものは残存している世界です。無色界とは物質的なものもなくなり、純粋に精神だけの世界です。

三界は、また禅定（瞑想）の境地（心の深まりの状態）を示す区分として用いられることが多くあります。むろん、三界は最高の無色界であっても輪廻のうちにほかなりません。

㈡　六道

六道とは、輪廻の苦の世界を天《てん》・人《にん》・阿修羅《あしゅら》（修羅《しゅら》とも略す）・畜生《ちくしょう》・餓鬼《がき》・地獄《じごく》の具体的な六つの世界、つまり生存の状態に区分したものです（ただし阿修羅を天の中に含め五道説《ごどうせつ》を立てる場合もあります）。これを六趣《ろくしゅ》ということもあります。

苦楽の位置づけでは地獄が一番苦の多い世界になり、順に餓鬼・畜生・阿修羅（修羅）・人・天と楽が多くなります。これは地位などの上下関係ではありません。図でいいますと下方に行けば行くほど苦が質・量・時間ともに増大し、上方に行けば行くほど苦は減少し、楽が質・量・時間ともに増大するという形態になっているわけです。天人（神）という楽が多く優れた力をもったものは明るい天空に、また苦に満ちた地獄は暗い地底にあるという人間が何となくもつイメージと結びついてこのような縦の順になったと思われます。

この中で地獄の世界とは、苦が質・量・時間ともに膨大です。時間と空間ともに常に苦に満ち、見るもの触れるものがすべて苦であり苦の訪れは休む間もなく激しいものとなります。昔からの話にありますように鬼に追い回されたり、血の池や針の山があったりと描かれるのは逃げることも隠れることも休むこともできず、絶えずひたすら激しい苦に追い回されるありさまを示したものといえましょう。楽がまったくない世界ということになります。

餓鬼の世界は地獄より苦が少なくなります。地獄のようにいつも鬼に追いかけ回され、血の池に落とされるといった見るものも触れるものもすべてが激しい苦であるということはありません。しかしそうでありながらも、いつも空腹や渇きといった苦が連続する世界といえます。したがってこれは地獄に次いで苦が大きいわけです。しかしながら地獄よりはいくぶん楽があることになります。

畜生の世界とは、地獄や餓鬼にいる生物や私たち人間と天人（神々）を除いた生物すべての生存状態を指します。つまりそこでの生命あるものとは動物や鳥、虫、魚たちのことです。今で言うなら微生物も含まれるでしょう。彼らは餓鬼の世界のようにいつも飢えているわけでもありません。またいつも鬼に追いかけ回されていることもありません。比較的自由に行動できます。しかし食料が採れず空腹に悩まされることも少なくありません。仲間同士で闘諍し殺し合い傷つけ合い食い合うことさえあります。また人間に使役されて苦しむこともあります。また病気になったりすると医者に治してもらうこともほとんどなく容易に命を落としてしまいます。敵に襲われて命を落とすなど常に不安と恐怖におびえる日々を送っています。ですから餓鬼や地獄に比べると楽が多いのですが、しかし苦もいまだに大きいということになります。

阿修羅とは神の一種です。神であるのになぜ人間より苦が大きい位置にあるのかといえば、阿修羅が戦いの神だからです。阿修羅はいつも帝釈天《たいしゃくてん》（インドの神の一人）に敵意と憎悪をたぎらせて戦争をしかけるといいます。敵を想定し争い続けることは心に安らぎが無く苦にほかなりません。要するに戦争や紛争はきわめて大きな苦をもたらすということです。そのため阿修羅は神でありながらも人間より苦が大きいとしてランクされているわけです。

人間とは言うまでもなく私たちの世界のことです。私たち人類は輪廻の苦の世界の中でも実は天上界に次いで楽が大きく多い生存の状態にあるわけです。ですから、古来「人天の楽果」といわれ、人間界は天上界とともに楽の多い優れた世界であるとされてきました。仏教の問題意識や大前提が「人生は苦である」ということだといわれても、「苦もあるだろうが、結構楽もあるのじゃないか」「人生苦があるからこそ楽があるんだ。仏教は妙なことをいうものだ」と思われた方も少なくないと思います。これは、まさしく私たち人間には天上界に次いで楽が多いからこそ生まれる認識といえましょう。したがってこのような優れた世界である人間界に生まれてくることは大変に希《まれ》であって難しいことであるとされます。

つまり私たちは確率的に非常な難関をくぐって人間に生まれてきたことにもなります。しかしながら、仏教から言えば、そのまま手放しで喜び、無批判に優れた楽の世界であるとしては大いなる錯誤であるということはすでに述べたとおりです。人間の世界の楽は一見優れた楽に見えるのですがそれはむしろ誤解であって、優れた感性で感じるなら、あるいはよく観察するなら本当は苦というべきものなのです。そしてもし人間の楽にまどい、傲慢不遜に暮らしその行動や言動で他者を傷つけ続けるなら、未来には人間界でなく地獄などのより苦の増大した世界に生を得るというのが六道の輪廻の考え方です。

天上界は六道の最高です。天上界とは天（あるいは天人、神々のこと）の世界であり、苦は少なく寿命も長く莫大な楽に満ちた世界とされます。天上界の住人で高名なものは「寅さんシリーズ」で有名な葛飾柴又の帝釈天《たいしゃくてん》です。帝釈天はインドの神の一人です。その他、毘沙門天《びしゃもんてん》・弁財天《べんざいてん》というように天がつくのはすべて天上界の住人であるインドの神のことです。第一章で述べた「梵天《ぼんてん》の勧請《かんじょう》」の梵天も天上界の天、つまり神の一人です。

たしかに彼らは六道の中では最高に楽が多く寿命も長い、優れた世界である天上界の住人です。しかし天にあるということは、すなわち解脱していない身だということです。天上界は単に輪廻の世界である六道の中での最高峰というにすぎません。決して悟りに近いわけでも涅槃に入っているわけでもなく、苦を受けいまだ迷っている存在なのです。いろいろな点で私たちより優れているとはいえ、根本的には他の六道にいる私たちや動物などと変わりがないのです。

ここで、諸天と仏陀の関係を確認しておきましょう。偉い偉くないという言い方は語弊がありますが、わかりやすくするためにあえて精神的な側面からこれを使いますと、解脱し涅槃に入っている仏陀の方が輪廻の世界にいる天（神）より偉いのです。ですから仏陀の異名（仏の徳を表わし讃えるさまざまな尊称として十以上のものがある）に天人師《てんにんし》というものがあります。神々（天）と人々（人）の師であるというのです。インドの神である梵天が釈尊に教えを説くことを懇請したのもこのゆえです。

なお仏教では、このようにインドの神々を仏教の守護神として取り入れてきました。というのも、輪廻より解脱する道、苦の解決という優れた教えを説き明かす仏教を諸天は喜び讃え守護すると考えたからです。

六道のうち、地獄・餓鬼・畜生の三つの世界は苦がきわめて大きいので総称して三悪趣《さんあくしゅ》、もしくは三悪道《さんあくどう》といわれ、また三途《さんず》ともいいます。「三途の川」というのはここからきた名前です。これに対し阿修羅・人間・天を総称して三善趣《さんぜんしゅ》・三善道《さんぜんどう》といいます。

以上が三界・六道のおおよそです。

そして輪廻とは、この三界六道のうちで生まれることと死ぬこと、つまり生まれ変わりを延々と繰り返すことをいいます。輪廻というとその字面から、同じ所をぐるぐる回るとか、死後も前の世も同じ世界にいて同じように行為をしていることととらえられがちですが、そうではなく、このように以前の生涯での善悪の行為によって六道のうちのいずれかに生まれ変わりを繰り返すことをいうのです。

生まれ変わりを繰り返すということは、つまるところさまざまな苦の繰り返しにほかなりません。したがって仏教では、三界六道のいずれに生を受けようと、苦の繰り返しである輪廻自体が望ましいものではないとし、輪廻自体を苦と考えます。
そのため輪廻のサイクルそのものよりの脱出、つまり解脱をめざすという発想が出てくることになるのです。輪廻から解脱し涅槃に入った仏陀や阿羅漢は二度と生まれてきません。生まれないのですから死ぬこともありません。老苦や病苦などの八苦もすべてありません。苦を消滅させきった絶対平

□寄り道④―盲亀浮木の譬え―

人間世界に生を受けることの希なことについて、経典に盲亀浮木《もうきふぼく》の譬え話があります。その内容は次のようなものです。

海の上に穴が一つ開いた板きれが一枚、波と風にまかせて、あてもなく東へ西へと漂っているとします。その海の底に、目の見えない亀が住んでおり、百年に一度海上に上がってきます。目が見えないのでどこに上がってくるかはわからないのですが、偶然板きれに出くわし、しかも亀の首が板の穴に「あれ？」とたまたま入ってしまう。それほどわずかな確率でしか人間に生まれないのだとされます。

これを聞くと多くの方ははなはだしい誇張であるとお笑いになるかもしれません。しかし、よく考えてみると決して誇張ではありません。犬や猫、牛などといった動物たちはむろん、鳥や魚、また蚊・蝿・ゴキブリなどの膨大な虫たち、さらには、地中に住む虫や微生物、空気中に漂う生命体、海に漂うプランクトンなどなど……。実に気が遠くなるような数の生命体がこの地球の地中と水中と空中に充満して存在し、食べ合い、力尽きて死に、また生まれと怒濤のように生死を繰り返しているのです。

これらの数と比較すると人間の数が何百億あっても、それは地球上の全生命体の数からすれば実にわずかなものであることがわかります。つまりこの譬えは決して誇張ではないのです。

安で安楽、幸福な状況、つまり涅槃が訪れることになります。

なお、天上界の楽や地獄の苦に言及しましたが、気をつけるべきことは、それがそのまま善であったり悪ではないということです。仏教の哲学書に次のように説かれています。

人間や天上界の楽の多い生涯は、その生涯を利益《りやく》するが、未来の生涯を利益するのではないので善ではない。地獄などの苦の世界は、その生涯を害するが、未来の生涯を害するのではないので悪ではない。

つまり「天上界にいること自体は楽が多いけれど未来に何らかの利益になるのでもない。だから天上界が善の世界であるわけでもその住人が善人というわけでもない。同様に地獄に落ちて苦しみを受けても、それは未来に何らかの不利益を与えるわけではない。したがって、地獄など苦の多い世界が悪の世界であったり、その住人が悪人であったりするのではない」という意味です。天上界に次ぐ人間界が善の世界でもなく、善人に満ちあふれているのでもないということから、このことは容易に理解できるでしょう。

ここでいう利や利益とは仏教の用語であり、現在一般的に言う損得勘定の利や利益ではありません。現在でいう経済的なものも含まれないとは言いきれませんが、それよりも格段に範囲が広く、高度でもあります。つまり人生全般とその諸問題に対して苦の解消と本当の幸福をもたらすことであり、その典型は悟りです。つまり、仏教の言う利益とは、精神面の救済の意味合いが強く、人を仏教の目的とするもの、解脱に近づけてくれるものといえます。そして、自分の幸福や悟りのための修行や行為を自利《じり》といい、他者の利益や幸福、悟りのためにすることを利他《りた》といいます。

また輪廻の思想から理解されますように、輪廻説からは人間の他の生物に対する優越性や上位性、あるいは支配権という思想が出てこないことも確認しておく必要があるでしょう。神々でさえ基本的には私たちと同じです。すべて輪廻している生き物なのです。長い輪廻の時間と複雑な構造の中で、たまたま現在は、神であったり、人間であったり、魚であったりしているというにすぎず、固定したものではありません。ですから神や人間に特権があるのではなく、ただ少々他の生物に比べて「有力」で「得」（楽が多い）という程度にしかすぎません。むしろ「得」であるからこそ、その境遇に感謝し、いよいよ心と行ないを慎むべきであるという思想は出てきても、他の生物を支配するというような思想など出てこないのです。同様に一方的に自然を支配し、破壊したりする権限などもあろうはずがありません。神であれ、人間であれ、犬であれ、虫であれ、鳥や魚であれ、ともに煩悩にさいなまれ、苦の濁流に翻弄され続け、生まれ変わり死に変わっている仲間なのです。生命あるものはすべて延々と輪廻し続け生まれ変わり続けているのですから、ある世では互いに友であったかもしれません。また親であり子であったかもしれません。ですから相手が他人でも、あるいは人間ではない他の生き物でも、これを苦しめたり傷めることはかつての、あるいは未来の肉親や友人を苦しめることになる可能性があると説かれるわけです。つまり人間も他の生物も生命あるものとして平等であること、そしてその尊厳と尊重が説かれるのです。そこには人間中心主義はありません。

なお、仏教ではこの生きとし生けるもの、生命あるすべてのものを指して、衆生《しゅじょう》、もしくは有情《うじょう》といいます。本書で衆生や有情と出てきたら、それは生きとし生けるもの、生命あるもの全体を指していると考えてください。

輪廻説はこのように具体的な生まれ変わりのさまを説くのですが、生々しく露骨な話を好まない日本人の感性にはなじまなかったようです。古来より現在に至るまで仏教の熱心な信者にも、六道の輪廻説はあまり信じられていないように思われます。そもそも肉親はむろんのこと他人であれ、天人や人間に生まれ変わるならともかく、人さまが犬や豚などの動物や昆虫に生まれ変わるなどという発想は考えるだけで失礼なことと感じるのではないでしょうか。またすでに整った仏教の信仰の浸透により、亡くなった人は速やかに悟っていると考えたり、極楽浄土に往生して悟っていると考えたのかもしれません。他方では亡くなった人や先祖がそのままの人格をたもち、あるいは「ご先祖さま」として、どこかで生きているものを見守っているという考え方（仏教の思想ではありません）も混在しています。そのため日本人の死生観、世界観は実に一筋縄でいかない独自の複雑な様相を呈しているようです。

また私たちは憎い人やひどいことをした人のことを「地獄に落ちてしまえ」と思ったりそう表現したりすることもありますが、それでさえも本当に地獄があると認めているとか、相手が地獄に生まれ変わるという輪廻説の受容であるというよりは、ひどい行為をした人には相応する苦の報いがあるべきだと考える範囲のことのように思われます。

さて、以上のことから、仏教の最終的にめざすものが輪廻の中の幸福ではなく、むしろ輪廻そのものよりの解脱であり涅槃である理由がわかると思います。なぜ解脱や涅槃という発想が出てくるのか、また死んでも楽にならないというのはなぜなのかなどを知るには、こういった輪廻の思想が前提にあることを知っておく方がわかりやすくなります。実際、輪廻説が仏教の苦の解決、解脱、涅槃などの発想の前提となっていることは確かなことです。

□寄り道⑤——天上天下唯我独尊と六道——

釈尊が生まれたとき、すぐに四方に七歩ずつ歩いたという伝説があります。四方に七歩ずつ歩いた後、天と地を指さして「天上天下唯我独尊《てんじょうてんげゆいがどくそん》」と述べたとされます。この伝説にはどういう意味が込められているのでしょうか。

「天上天下唯我独尊」とは、直訳的に読めば、天上界であろうと、また天上界の下の世界であろうと私（釈尊）がもっとも尊いということです。ずいぶん傲慢な感じがしますが、尊いということの意味が普通とは異なります。楽が大きいとはいえ輪廻の世界の中である天上界の天人たち、その下の世界のすべての生命あるものたちの中にあって、私は必ず解脱するということなのです。

四方に七歩とは、輪廻の世界である六道の六を越えたということの象徴です。

文献によって若干の相違がありますが、「天上天下唯我独尊」の後に、たとえば「要度衆生生老病死」と「必ず生きとし生けるものの生老病死の苦を救う」といった釈尊の誓いともいうべき言葉が入り、自分だけが解脱しようとするのではなく、他者をも安らかにしようとする釈尊の心が表現されています。

第二節　苦の発生構造―三道―

さて、輪廻のメカニズム、つまり苦はどのような構造により発生してくるのかと言えば、仏教はそれを、

惑《わく》↓業《ごう》↓苦《く》（輪廻）

と分析しました。

この惑・業・苦の三つを合わせて三道《さんどう》といいます。そして、「惑↓業↓苦」がさらに「……惑↓業↓苦↓惑↓業↓苦↓惑↓業↓苦……」と延々と繰り返されるというのです。仏教ではこのようにして生命あるものは惑、つまり煩悩《ぼんのう》（惑と煩悩とは同じものです）とそれに基づく行為である業《ごう》とによって三界六道《さんがいろくどう》の迷いの苦の世界を延々と生まれ変わり輪廻し続けるとするわけです。つまり、私たちは煩悩によって、業を起こし、輪廻し苦の報いを受けているのです。

さて、このように苦の分析のもつ意味は何かといえば、苦の発生構造を分析すれば苦の発生原因を見つけることができるということです。仏教は苦の発生原因を断てば、これによって発生している苦も無くなる、つまり苦を解決することができると考えるのです。

そこで三道の構造を見てみましょう。苦に対し業が直接原因、惑（煩悩）が間接原因になっていることがわかります。そうすると苦を解決するためには、根本的には惑（煩悩）を断てばよいことがわかります。惑（煩悩）が消えると続いて業が消え、そして苦が消えることになります。このとき、惑

（煩悩）を攻撃し消滅させる武器、ツールが悟りの智慧にほかなりません。

原因を断てば結果もなくなるというのは当たり前のようですが、実はここには画期的な思想が入っています。それ以前のインドでは、輪廻や苦は宿命によって起こっているとか、ランダムに起こっているとか、あるいは神の決定であると考えられていました。苦がランダムに起こっていたり宿命であれば解決のしようもありません。苦が神の意志ですと、神を祭祀したり、神に従うことでしか対応できません。しかし仏教はそうではないと宣言したわけです。煙は火という原因があって発生するように、また自然現象がすべてそうであるように、苦もさまざまな原因があって起こっているのだと看破したのです。それはすなわち、苦はその発生原因を断つ人間の叡智（悟りの智慧）によって解決することが可能であると宣言したことになるのです。

第三節　三道各論

第一項　煩悩（惑）

惑とは煩悩《ぼんのう》の異名です。一般的に煩悩という名の方がよく使われています。ですから以降、煩悩という名を使うことにします。

煩悩というのは、クレーシャ（kleśa）の訳で、私たちの心身をかき乱し、煩わせ、悩ませ、あるいは惑わせる心の働き、精神作用をいいます。

惑→業→苦の構造から理解できますように、私たちは、煩悩によって業を起こし苦を受けるわけです。ですから、煩悩が苦の発生について根元的な働きをもつ存在であると言えます。そこで仏教では、その分析や分類も詳細に行ない、煩悩の数も多数を数え上げています。煩悩に百八を数えるというのは、その典型的な例でしょう。煩悩は学派によって挙げる数が相違します。しかし、根本的なものとしては次の三つになります。

それは貪欲《とんよく》・瞋恚《しんに》・愚痴《ぐち》（愚癡《ぐち》）の三つです。それぞれ貪・瞋・痴（癡）とも略し、また続けて貪《とん》瞋痴《じんち》と言う場合も少なくありません。この三つを総称して三毒《さんどく》の煩悩といいます。

（一）　貪（貪欲）

貪とは、自分の好む対象に対し貪り求める心の働き、貪《むさぼ》りの心です。つまり自分の心にかなう対象に対し起こる心の働きや反応です。私たちは、自分にとって都合のよいもの、メリットになるものについては必死に自分の方へ引き寄せようとします。物品にかぎらず地位でも名誉でも富でも異性でもそうです。これが貪です。

（二）　瞋（瞋恚）

瞋とは、自分の心にかなわない対象に対し怒ることをいいます。また瞋は私たちの心身を熱悩させ、さらに悪い行為をさせる原因になるとされます。前の貪が「自分の心にかなう」対象に対しての心の働きや反応であったのに対し、瞋は「自分の心にかなわない」対象に対して起こる心の働きや反応ということになります。自分にとって都合が悪いものや心にかなわないものは貪とは逆に遠ざけようとし、また怒ります。これが瞋です。

このことから、煩悩の根底には、私たちに無意識に存在する自己中心性があるということがわかります。仏教は実はここを非常に問題視します。ちなみに、この自己中心性というべき心の働きを仏教用語で我執《がしゅう》といいます。

なお、怒りや貪りという心があると考えるよりは、私たちが必ずもつ自己中心性によって心が対象に対して無意識に反応する姿と考える方が、より真実をとらえていると言えるでしょう。

㈢ 痴（愚痴）

痴とは、おろかさです。仏教の説く真理や、ものごとの真実のありようやいろいろな現象に対しておろかなこと、また迷うことです。無明《むみょう》という煩悩も痴と同じです。仏教の説く真理がわからないため、自己中心的な判断や誤った行動を採るわけですから、いわば無明はすべての煩悩の根元的なものといえましょう。

第一章でも述べましたが、仏教で智慧やおろかさ、賢や愚などといっても、それは一般社会で言うような意味ではありません。明晰な頭脳をもった学者であれ、天才や秀才であれ、悟らないうちは三毒の煩悩に翻弄される単なる凡人にしかすぎません。科学者とか、聡明な法律家、理知的な学者は愚痴が少ないということもありません。仏教の説く真理に理解がなければすべて等しく愚痴の人なのです。

もし「善いこと」をすることも、それによって尊敬や善人という評価を得たいためであったらどうでしょう。私たちは地位や名誉、お金はそれほど求めないにしても（あればあるほどいいというのが本音ですが）、むしろ「よい人」と言われたい、「優しい人」と思われたい、人に好かれたいと思い続けて生きているということは否定できない事実なのではないでしょうか。地位や名誉、お金を得たいということも、つまるところ、これらによって自分が評価されたり、尊敬・尊重されたり、人が集まってきたり（擬似的に好かれていると思える）という効果を期待するからです。そのような貪りの心が根本にあっては、どんな善も本当の善であるとは言えません。

ですから、人助けをし善をしても、それが認められたり評価されたり、あるいは感謝されないと、思わず「怒る」ことになります。怒らないまでも「おもしろくない」と私たちは思ってしまいます。もし正義や善の実現に邁進しても、それによって自分の身に不都合がふりかかるなら今までの言動を翻して裸足で遁走してしまうかもしれません（自己中心性による自己保身です）。つまりその人にとって正義や善が大切なのではなく、善や正義をかつぐことによって「よい人」と評価されることが大切なのです（貪りの心です）。そしてそれがかなわないとき、瞋というこれもまた自己中心の心が現われるのです。

私たちには、そういった「心」がどうしてもあるわけです。しかしそういったあまりよろしくない心が自分の内面に抜きがたくあるということを知っていること自体が大切なのです。現代の社会で抜

□寄り道⑥―自己中心性と唯識思想―

私の師匠で唯識学の大家であった故山崎慶輝師が、唯識思想の講義でこのような譬え話をされました。

「失恋して、もう生きていても仕方がない、自殺しよう、と思ったとしよう。山で首でもつろうと枝振りのいい松など探して山道を登っていったとする。そのとき、どうしたはずみか道の上から直径二メートルぐらいの岩が自分をめがけて転がってきた。さて、そのとき、その人はどうするだろうか。『お、これは好都合だ。うまく死ねるぞ』と嬉しそうに転がってきた岩に飛び込むだろうか。どうだね？」

「そう。思わず身をかわして『危なかった。死ぬところだった』と汗を拭いてほっとする。これが仏教の言う自己中心性、我執、唯識で言う末那識《まなしき》の心の働きなんだ。」

つまり表面の心ではたしかに死にたいと思っているわけですが、内面の深みでは生きたいと常に自己保身をはかっているのです。どのように意志が強く、また理性で判断しても、心の最深部では頭と違って、結局自己中心的に保身しか考えていないわけです。

末那識は、本当は自分の心のもっとも深い心である阿頼耶識《あらやしき》というものを自分であると固執し続けます。そして寝てもさめても「これが自分である」「自分が」「自分の」「自分を」「自分こそ」「自分だけが」などと思っているのです。そして、この阿頼耶識と末那識の固執関係の上に、理性・知性を含めた今一般にいう心が立ち上がっていると唯識は分析します。

したがって、理性や知性はすでに自己中心性に汚されていると見ます。何を見ても聞いても感じても、客観的に見聞きしたり感じたりしているのではなく、必ず自分というフィルターをかけてしまっているというのです。考え方も、善を行なおうという意志も同様です。ですから善を行なっても、そこに「自分が」（よいことをしたぞ）という自己中心性の影がかかってしまうのです。

ちなみに、唯識思想というのは心の哲学というべき仏教の思想で、後述する空の思想をもっぱらに説く中観派《ちゅうがんは》の思想とともに、インドの大乗仏教を支える二本柱と言えるものです。

けているものの一つは、こういった自分を含めた人間の心への正直な分析でしょう。私たちはみな、自分は欠陥なく善を行ない生きていると、心からそう思ってしまいがちです。そう思いたいのです。正直に自分の心を見つめることはあまり気持ちのよいものではありません。しかし私たちの誰でもその内面には強固な自己中心性があり、それに基づいて行動していることはまぎれもない事実であって、その事実から目をそらしていることも広くいえば痴といえましょう。そのままでは、傲慢な偽善者である自分の心にさえ気がつかないで生涯を終えることになります。このため信仰ということさえも、ややもすれば自分は信仰しているから偉いという傲慢さになりかねません。

このように、煩悩こそが、私たちの行為を誤らせ、苦を招くもとであり、社会的には不条理と問題を作り出す根源となっていることが理解されます。まさに「毒」なのです。

第二項　業

一　業とは―表業と無表業―

業《ごう》というと、その響きなどから、何やらあやしげな妖怪とか、祟《たた》りとかのように思われるかもしれませんが、そうではありません（仏教では祟りなどを説きません）。

業とは、サンスクリット語のカルマン（karman）の訳です。業には行為、行動、作用、働き、行なう力、生活などいろいろな意味があります。ここで主に使うのは行為の意味です。

ただし、仏教で業といった場合、①行為と、②その行為の残存勢力、潜勢力、という二つの意味を含めて述べています。行為はその瞬間で終わってしまうのではなく、善や悪といった行為はその力がきわめて強く、心にその残存勢力、潜勢力（いわば潜在的エネルギーのようなもの）を残し未来に苦楽の結果を及ぼすと考えられているのです。未来に結果をもたらすのは①の行為そのものではなく、②の残存勢力の方です。①の行為そのものを表業《ひょうごう》といい、②の行為の残存勢力・潜勢力を無表業《むひょうごう》といいます。業と言えば、厳密には、行為とその残存勢力・潜勢力の両方を含めていると考えなければなりません。そして詳しくは後述しますが、善業は未来に望ましい結果（楽果）を招き、悪業は苦の結果を招くとされます。惑→業→苦の関係でいえば、次の苦を招く働きをもつものが無表業なのです。

また無表業には未来に結果を招く働きの他に、もう一つ留意すべき働きがあります。それは善の無表業は悪の無表業を妨げ善業を助け、悪の無表業は善の無表業を妨げ悪業を助長する働きをもつということです。そして、その人の後天的性格を形成していくといいます。これは無表業には習慣という要素もあるからです。また仏教では良心というべきものを、善の無表業ととらえるといってよいでしょう。

たとえばもののはずみで小さな嘘をついて、自分を責め心が苦しくなり悩んだりします。それは善の無表業があるからです。電車の中で席を譲るべきかと思うのも、譲らないでいると苦痛に感じるのも、善の無表業があるからです。

しかし小さな嘘を繰り返せばやがて心苦しさがなくなり、中ぐらいの嘘をつくようになり、さらには大きな嘘をつくことも平気になっていきます。いつの間にか「みんなこれくらいのことはしている」

などと自己弁護し、「これくらい」の枠が膨らんで、人を騙したり迷惑をかけることが平気になってしまうかもしれません。ついには殺人や犯罪に至ることもあり得るわけで、嘘つきはどろぼうのはじまりというのはあり得るのです。

これは悪を重ねていくうちに悪の無表業の勢力が盛んになり、善の無表業を妨害し悪をしやすくしているからです。善の無表業の場合は、これと逆になります。

電車の中で席を譲るにも、はじめは一大決心をして勇気を奮って席を立ったとしましょう。顔は恥ずかしさで赤くなったり、まわりの人から「いいかっこうをしている」と思われているように感じていたたまれなかったりするかもしれません。しかし、二度目は一度目より恥ずかしさが少なくなり、そんなに力を込めなくても席を立つ決心ができることに気がつきます。だんだんとさりげなく、普通のこととしてできるようになります。そして同時に、それまでは「これぐらいいいだろう」と思ってしていたいい加減な行為や悪が重大に思われ、避けるようになっていきます。

このように善を行なうと善の無表業がさらに善を行ないやすくし、それればかりではなく悪の考えや行動を妨害し抑止していくのです。

言い換えると、それまで悪を重ねてきたとしても、ひとたび決心して以後悪を慎もう、善を行なおうと心がければ当然善の実践も可能なのであり、実践すればさらに善が行ないやすくなり悪を抑止し、やがて人格も未来もすべて変わっていくということになります。

また無表業はこのように習慣的な力と考えるので、善悪にかぎらず、さまざまな技能やスポーツなどの熟達にも働いている力といえます。

さて次に、業の性格を知るために業思想の出現背景を見、それらから改めて業について詳しく見ていくことにしましょう。

二　業思想の出現と仏教

輪廻の説と同様に、業思想も仏教のオリジナルの思想ではありません。仏教出現当時のインドで一般的な思想であったのを仏教が一応妥当な考えであるとし取り入れたのです。ただし、だからといって無批判的に取り入れたのではなく、仏教の哲学から理解してのことです。

紀元前一五〇〇年頃、インドにアーリア人が侵入し定住します。そして、彼らは高度な宗教・哲学の文明を作り上げていきました。ヴェーダの時代（紀元前一五〇〇～一〇〇〇年）からブラーフマナの時代（紀元前一〇〇〇年～八〇〇年）には神々の祭祀が重視されました。いわゆるバラモン教です。神々の恩寵によって豊饒がもたらされ、また人間の幸福も招かれるという宗教です。バラモンという司祭階級が神々を祭祀し豊穣や人間の幸福などを神に祈りましたので、当然に司祭職であるバラモンの権威が高く、ここにバラモンをトップとするカースト制度が成立していきます。

しかし、いくら祭祀を繰り返しても問題が解決されないことが出てきました。そこでインドの人々は、神への願い事が聞かれないのは、もしかすると神が世界や人間の吉凶禍福を支配しているわけではないからではないかと考え、新しい原理を考えるようになりました。

つまり、神への祭祀をしても物事がうまくいかないのは神がすべてを統括・支配しているのではなく、人間の未来は人間の行為に左右されるのではないかという考えが出現したわけです。これが業の思想の出現です。このようなわけで紀元前八〇〇年から六〇〇年頃のウパニシャッドの時代に業説は成立したといわれています。この業思想が生まれ変わりを説く輪廻説と結びつきました。輪廻説もこの時期に出現した思想といわれています。

ウパニシャッドの哲学では、人間の内面には我《が》（アートマン）というものがあり永遠不滅であるとします。また宇宙にはその根源の原理である梵《ぼん》（ブラフマン）があり、我はそれと本質的には同じであるとします。ところが、人間はそれを知らないで迷っており苦を受けているというのです。そこで梵と我の一致、つまり梵我一如《ぼんがいちにょ》をめざすべきであり、梵我一如の境地を解脱としたのです。そしてインドの行者は梵我一如をめざしてさまざまな修行を試みることになります。

しかし、かといって以前からの神への信仰を否定したり神への祭祀を止めたわけではなく、こういった哲学と神への祭祀とが併存していきました。

その後、紀元前五〇〇年から三〇〇年頃になりますと、釈尊をはじめ多くの自由思想家たちが出現します。釈尊当時、インドではすでに業・輪廻・解脱・涅槃等は一般的に受容されている観念であり、またワンセットで語られるものとなっていました。そしてこれらは後世に影響を与え続けました。仏教も、当時、インドで一般的で常識として信じられていた業説をやはり常識的で穏健な説であるとし、これに仏教の哲学から批判も加え、採用しました。同様にして業説とワンセットといえる輪廻・解脱・涅槃の説も採用したのです。

□寄り道⑦―勇気と努力、精進―

よいことをしようと思っても他人の視線が気になったり、いろいろ消極的になる条件が重なって躊躇し、そうするうちにできなくなってしまったというのが私たちの実状ではないでしょうか。だからこそ、仏教は善を勧めますが、それには勇敢さ、勇気が必要なことを説いています。「いいことは、いいことに違いないから、実行できるはずです。みなさん、できますね」などという無責任なことを言っているわけではありません。そして仏教の修行でも同様に、心を奮い立たせる勇気・勇敢さが必要とされています。

何も化け物退治に出かけるときに奮うのが勇敢さや勇気ではありません。日々の生活の中で、ちょっと親切にする、声をかける、また怠け心やよからぬ心を抑える、ここにも最初は勇敢さ、勇気がいります。その勇気こそ、努力（仏教用語で精《しょう》進《じん》）の本質であると『成唯識論《じょうゆいしきろん》』という唯識の哲学書には明確に説かれています。

つまり精進（努力）は善を行ない悪を断つことについて勇悍（勇敢）であることをその本性とするというのです。努力というと地味に思われますが、その本質は目標（悪を退け善を行なう）に対しての勇気・勇敢さだというのです。

なお、席を譲る、譲られるの話で言えば、譲る方だけに勇気が必要なのではなく、譲られる方にも勇気が必要かもしれません。遠慮もありましょうし、自分はまだ若いという気持ちもあるかもしれませんし、譲られる方もそれなりに視線を浴びますから恥ずかしいということもあるでしょう。

しかし、そのようなときには、譲られる方も勇気を奮って、席を譲られたら喜んで、その行為をたたえつつ座ってほしいものです。それが人を育てることになると思います。

また自分の行動に煩悩が多く、善をしようと思っても欲と二人連れではないかと意気消沈するようなときも、そう意識しつつさらにチャレンジする勇気がやはり大切なのです。

自由思想家たちの中には正当派バラモン思想に反対し、業説を認めない思想家もありました。人間は死ぬと無に帰すと説く思想や、悪行をしても善行をしてもその報いはないとの主張、すべては偶然に起こっていると説く思想もあれば、道徳的な行為を認めない思想家も出ました。これらは業説を認めず、人間が努力をしたり、自分の生き方を考えたり是正することを無意義としたわけです。

このような中にあって仏教は、その教えの入門編として当時一般的であった業説を採用し、善を勧め悪を退け、人間の努力を推奨したのです。つまり現在の努力によって未来をよいものとすることができる、解脱に至ることができる、と説いたのです。それはあくまでも入門段階のこととしてですが（その理由は後述します）、当時の人々に受け入れられていた業説の採用は、仏教へのいざないとして有効性をもっていたはずです。

なお、業説にはさまざまあって、一様ではありません。当時の業説の中には過去の業によって現世のすべてが決まってくるという宿命論的な業説もありました。しかしそれではやはり人間の努力は無意味なことになってしまい、人間は自由でないことになってしまいます。

また釈尊は、運命論的・決定論的な思想をもっとも危険で低級な思想であると批判しました。このことからも仏教の業説は運命論的・決定論的な業説ではないことがわかります。

ちなみにバラモン教は、以後土着の非アーリア人の思想などをも融合し、これらを取り入れて展開していきます。そして今見るヒンドゥー教になりました。このためヒンドゥー教は高度な哲学思想、業や輪廻説、また神々の祭祀から、さまざまな土着的信仰に至るまでを含むきわめて複雑な形態を示すようになったのです。

三　業の分類による理解

仏教はいろいろなものを分類してより適切に理解しようとします。業についても、古来さまざまな分類法、アプローチによってその理解が試みられてきました。ここではそれにしたがって、業というものがどのように理解されてきたのかを見てみることにしましょう。

〈価値からの分類〉

(一)　善・悪・無記《むき》（三性《さんしょう》）

私たちは善い行為をしなさいなどとよく勧められますが、このように行為には善い行為や悪い行為があることは知られています。仏教では行為について、その価値から善、悪、無記の三つに分類します。

善とは、現在と未来にわたって、自分と他者に利益を与える原因となる性格をいいます。

悪とは、物事の道理に背き、自分と他者を傷つけ、現在と未来にわたって、苦を招く原因となる性格をいいます。また不善とも言う場合があります。善の逆です。

善悪ともに現在と未来という時間面と、自分と他者という空間面の二側面から定義されています。無記とは善でも悪でもない性格のものです。私たちの一般的な生活はほぼすべて無記になります。たとえば朝起きて食事をして、歯を磨いてテレビを見て……といったことです。

さらに無記を二つに分けることができます。有覆無記《うふくむき》と無覆無記《むふくむき》です。

有覆無記というのは、善でも悪でもないのですが修行を妨げる働きのある性格です。つまり悪ではないにせよ、少々悪的な要素、自己中心性が潜んでいるものです。私たちの行動の多くは無記ですが、いずれかといえばこの有覆無記になります。つまり心の奥底には自己中心性が潜んでいるということです。色なら真っ白の画用紙のようなものとなります。しかし白という色がついており、何かことが起こると、太陽にかざしたように「自己」という暗い影を作ります。よく赤ちゃんのような真っ白な心といい一般的には純粋さの譬えとされますが、赤ちゃんには悪心とは言えないにせよ自己中心性がありますｓ。仏教はそういった点をも鋭く見すえるのです。

これに対し無覆無記というのは、聖道を妨げない性格のもので本当の無記といえるものです。色なら透明になります。光も他の色もすべて通し、それ自体には何の色もありません。

ちなみに、私たちの存在そのものは善・悪・無記のいずれかと言えば、実は、人間にかぎらず生命あるものすべて、その存在は無記なのです（厳密に言えば無覆無記になります）。

以上の分類法を三性といいます（なお、唯識思想に三性説というものがありますが、これとは違います）。

善・悪・無記を業に当てはめると善業・悪業・無記業となります。

このうち善と悪の行為（表業）はきわめて勢力が強いので、善悪に応じた無表業を残すとされます。つまり善・悪業は未来に苦や楽の結果を招くということになります。これに対し、無記の業は力が弱く、苦や楽を招く無表業をつくりません。つまり無記は未来に苦楽の結果を生じないということになります。

殺人や窃盗は言うに及ばず、人を殴ったとか、人の悪口を言いふらしたとかは悪であり、逆に人助けをしたとか、悲しむ友人を励まして勇気づけたとか、いじめられている亀を助けたとか、老人に座席を譲ったといったことはことごとく善になります。溺れる人を助けたというような物理的なものばかりではなく精神的に励ましたり、いつも笑顔や丁寧な言葉づかいで人々を安心させなごませること も十分に善の行為なのです。

悪業の例ですが人を殴るという行為で見てみましょう。殴るという行為自体は表業として、瞬間的に完結します。このときの殴るという行為（表業）は悪業で力が強く、行為を行なった人（殴った人）に殴ったという行為（表業）の影響力・残存勢力・潜勢力が心に生じます。これが無表業です。この無表業が殴った人の未来に殴ったという行為（悪業）の結果を引き起こすのです。つまり人を殴るなどすると、その瞬間、無表業という魚雷が未来へ向けてうち出され、白い航跡を引きながら進んでいくようなものです。もし未来のいつかの時点で何ごとかあり、爆発すべき条件が揃えば、そのときは轟音をあげて無表業の魚雷は爆発します。つまり未来に結果を生じさせることになります。しかし無表業は単独では結果を生じることはありません。条件が揃わなければそのままです。また悟りの智慧は、煩悩を破壊するとともに、このような無表業をも破壊するとされています。

ここでは殴るという悪の行為で喩えましたが、むろん善の行為についても同じです。そして悪の行為の結果は未来に何らかの苦を招き、善の行為の結果は未来に何らかの楽を招くとされます。

また、私たちの存在自体は悪でも善でもない無記とされていますが、それはつまり、悪いことをしたら悪の存在になり、よいことをしたら善い存在になるというものではないということです。善悪の行為は無表業となって心に蓄積されるわけですが、それは私たち自身が善の存在や悪の存在になることを意味していません。（もし人間自体が悪の存在であったり善の存在であったりするなら、努力も意志も無意義になってしまいます。）

善を行なおうと悪を行なおうとその人の存在自体は無記なのです。これはたとえ悪を行ない続けても、今、この一瞬から悪を退けようと決心し善を行なうこと、あるいは悟りへの道を歩むことを決心したらそれが可能である、未来を変え得るのだということを意味します。逆に善をしているからといって、安心なのではなく一瞬をゆるがせにできないということでもあります。

(二) 有漏《うろ》・無漏《むろ》

また、業を善・悪・無記に分ける分け方の他に、煩悩の有無から分ける見方があります。仏教では煩悩のともなうことを有漏といい、煩悩のともなわないことを無漏といいます。この場合の漏とは煩悩を指します。そのため煩悩のともなった業を有漏業といい、煩悩のともなわない業を無漏業といいます。

智慧についても、悟りの智慧は当然に煩悩をともないませんから無漏の智慧（無漏智）、社会一般の知恵は有漏の知恵ということになります。

さらに有漏と無漏という区分に善悪をかけ合わせますと、悪は有漏しかありませんが、善は有漏の善と無漏の善があります。つまり煩悩をともなった善と煩悩をともなわない善があるということなのです。煩悩のある善を有漏善といい、煩悩のともなわない善を無漏善といいます。たとえば涅槃は無漏善になります。

有漏善の行為というのは善行には違いないのですが、前項で見た貪瞋痴の煩悩（自己中心性や下心）がある善行です。よい評価や楽の報いを期待して善いことを行なうような善行です。何の下心もなく善い行為をしたとしても「今日は善いことをした」と思ったりすれば、それも有漏善になります。なぜなら、すでに「自分が善いことをした」という自分の行為へのとらわれが生じているからです。「自分が……」という意識は「他者は善いことをしていない」という他の人に対する優越感を生みます。それは意識されない程度としても、他の人を見下す差別的な心にほかなりません。さらにこれが無批判的に強くなれば独善的になり傲慢不遜となり、自分が善であるとか正しいと信じて疑わなくなり人を踏みにじっても平気になります。つまりはっきりとした悪に変わるのです。

もちろん有漏善自体は悪ではありませんし、あながち否定すべきものでもありません。たしかに善なのですが、しかし完全なものではなく、手放しで評価できないことを知っていなくてはなりません。私たちの心の奥底では煩悩が働いていますから、善を行なってもほぼすべて有漏の善ということになります。

これに対し無漏善というのは、煩悩がともないませんから自己中心性もない完全な善ということができます。このため無漏善は悟りの獲得に直接関与する善になります。

なお私たちは、悪をしようと思っていなくても結果的に悪をしてしまうことがあります。出会い頭に車が衝突して人を傷つけたり、自分の言動が知らないうちに人を傷つけていたり、また知らないうちに事件に巻き込まれたりするような場合です。それが私たち人間の現実であり、悲しい限界性なのです。さまざまな要素がからみあって問題が起こり、一概に人を責めることもできないケースが現実には多々あります。そのような点をもふまえて物事を考えなければ、人の現実を考えることにはなりません。そしてこういった視点を確保しているのが有漏と無漏の視点でもあります。

〈業の作用の視点による分類〉

(一) 思業《しごう》と思已業《しいごう》(二業説)

仏教では物事を思うことや意志といった心の働きも行為と考えます。そのためまず業を物事を思うといった心の働きと、その思ったことが実際行動に移されたものの二つに、大きく二分して考えます。この心に思うこと、意志決定、あるいは心・精神の働きを思業《しごう》といいます。そして心に思ったことや意志が外部に表現されたり現われたもの、つまり実際の行為を思已業《しいごう》といいます。むろん思ったことが実際行為に現われないで心の中の思いだけで終わるものもありますが、そのようなものも含めて心の中の思いや意志といった心の行為をすべて思業とします。

たとえば、あの人を殴ろうと考えて殴ります。このときの殴ろうという意志や考えが思業、実際に殴ったというのが思已業です。今は殴るという悪い行為(悪業)で喩えて述べましたが善業でも同じです。

(二) 身口意《しんくい》の三業(三業説)

また、私たちの行為は、大きく分けて身体的行為(歩いたり、走ったり、食べたり、人を助けたり、殴ったりなど)と、言語活動(言葉による行為)、そして心にいろいろ思う心の働きの三種に分類されます。

私たちの実際の行為はこの三つ以外にありません。この身体的行為を身業《しんごう》といいます。言語活動を口《く》業《ごう》、または語業《ごごう》といいます。そして心の働きを意業《いごう》といいます。これら身業・口業（語業）・意業の三つを総称して三業《さんごう》といい、身口意《しんくい》の三業といいます。

思業と思已業の分類から言えば、身業と口業は心で思ったことや意志が身体的行為や言語活動として外部に表現されているものですから思已業になります。意業は思業と同じです。

悪の例ばかりで恐縮ですが、たとえば人を憎みそのため悪口を言い殴るという場合、心（意業）と言語（口業）と身体（身業）の三つによる悪の行為、つまり業になるわけです。

もちろん善でも同じことです。身口意の三業で善の行為が実践できればそれに越したことはありません。しかしそうでなくとも悩み落ち込んでいる人を励ましたり優しい声をかけるだけで善業（意業＋口業の善）になるわけです。

思業でも述べたとおり、心の働きは行為として考えます。心の中は人に見えませんから、私たちはあまり気にとめないで日々を送っています。表面上はニコニコして相手とつきあっていても、心では相手を憎んだりしていることがないとも言えません。極端な場合、憎しみのあまり「死ねばいいのに」などと思っているかもしれません。それはまさしく悪の行為にほかなりません。逆に言いますと、心の中で心から人の幸せを願うなどの行為は善を行なっていることになります。

病気で寝たきりであって、人のために行動したくとも実際に人助けには行けない人もあります。しかし心が清らかで（清らかという意味は第六章の「布施波羅蜜」等を参照してください）、善いことを思い続けるのは善の行為を行なっているにほかなりません。

心が大切であるというのは、いわれのないことではなく、こういったことからも言えることなのです。しかも仏教では三業の中で意業、つまり心の働きがもっとも重いと考えます。それは先の思業と思已業で見たようにまず心の思いや意志決定（思業、意業）があって、それからそれが実際に表現される身業や口業が起こる（思已業）という見方からも理解できます。これはまた仏教が結果より動機を重んじるということでもあります。ちなみにジャイナ教では身業がもっとも重いとします。

なお表業・無表業という分類もこの作用による業の分類に入れて考えることができるでしょう。

〈社会的視点と個人的視点による分類〉

また業には、多くの人々また生物に共通するものと、個人的なものがあります。多くの人々また生物に共通するものを共業《ぐうごう》といい、個人的なものを不共業《ふぐうごう》といいます。これは人が社会で、また自然環境の中で生きていることをふまえ、業にも個人的な側面と他者と共通した側面があることを見ていく視点です。

〈業の報いの時期による分類〉

業（行為）とその業の結果（行為の結果）の起こる時期についてですが、仏教は現在に行なった行為（業）から、報いが生じる時期について大きく三つの時期に分けています。

第一は、この世の行為の結果をこの世で受ける業、これを順現業《じゅんげんごう》（または順現法受業《じゅんげんほうじゅごう》）といいます。

第二は、この世での行為の結果を次に生まれ変わって受ける業、つまり死んでから次の世で受ける業、これが順生業《じゅんしょうごう》（または順次生受業《じゅんじしょうじゅごう》）といいます。第三は、この世での行為の結果を次の次の世、つまり第三回目の生まれか、それ以後で受ける業、これを順後業《じゅんごごう》（または順後次受業《じゅんごじじゅごう》）といいます。

以上を合わせて三時業といいます。三時業は報いを受ける時期が定まっている業ですので、定業《じょうごう》といいます。

これに対し、いつ報いを受けるか時期が定まらない業があり、これを不定業といいます。そして定業の三時業と不定業を合わせて四業といいます。

四　業の働き方

業の働き方は、原則として「因果応報《いんがおうほう》・自業自得《じごうじとく》」と言うことができます。と同時に、一つのケースでだけ、例外的な働き方があります。それが「廻向《えこう》」という思想です。では順にこれを詳しく見ていきましょう。

㈠　因果応報・自業自得

因果応報とか自業自得といえば、何やら暗い響きがありますが、これは実際にはどのような意味のことを言っているのでしょうか。

因果応報とは、善悪の行為に対応する結果があるということです。原則は善因楽果、悪因苦果です。つまり、善の行為の結果（報い）は楽であり、悪の行為の結果（報い）は苦であるという法則性のことを言っているわけです。善い行為をして苦の結果（報い）を招いたり、悪い行為をして楽の結果（報い）を招くことはないということです。

なお、善因善果、悪因悪果ともいわれますが、厳密には善因楽果、悪因苦果です。善の行為の結果が善に、悪の行為の結果が悪になるわけではありません。悪行をするとその人の存在自体が悪になるのではなく、その人の存在自体は悪を行なっても無記です。そのため意志や決心によって次からは悪を止め善を行なうこともできるわけです。また善を行なってもその人はやはり無記です。このように因果応報とは善を行なえば楽の結果を、悪を行なえば苦の結果を招くという意味です。

次に自業自得とは、自分の行為の結果は原則として自分の上に現われるということです。自分がよいことをした結果（報い）としての楽は自分の上に出現し、他人の上には出現しないということです。同様に自分が悪行をした結果（報い）としての苦は自分の上に出現し、他人の上に出現することはないという意味です。

ただし、自業自得という場合は、あくまで現在の時点から未来を見てのこと、楽や幸福の獲得のために悪を止めることと善の努力とを推奨する言葉であって、現在の時点の自分の苦や楽などや問題のすべてを自分が作ったという意味で言っているのではありません。もし苦楽をすべて自分が作ったものとすると、たとえば他人に殴られた苦も自分が作ったというおかしなことになってしまいます。それでは殴った人に責任がないことになってしまいます。そのような趣旨ではありません。

経典に「苦楽は自分が作ったものであるのか、それとも他者の作ったものであるのか、あるいは自分と他者が作ったものであるのか、はたまた原因がなくて生じるものであるのか」という問いが出されています。自業自得を自分の苦楽はすべて自分が作ったものだという意味に理解しますと、この回

答は「苦楽は自分が作ったもの」となるはずです。ところが釈尊はいずれも誤りであると否定し、

苦楽は縁生《えんしょう》である。

と述べています。これは苦や楽もさまざまな条件によって成立しているものだという意味です。これは、業説を縁起という仏教独自の哲学によってとらえているのですが、それは後にゆずりましょう。

ここでは、仏教が業説を説き自業自得と言う眼目はまず善を勧め悪を止め、さらに精進努力を勧めるところにあるということを確認しておきましょう。それはとりもなおさず、人間の未来は神の手に支配されているのでも、ランダムであるのでもなく、人間自らの意志と意志に基づく行為によって必ず切り開けるのだ、だから努力せよ、善を行なえと促しているということであるのです。

(二) 廻向《えこう》の思想

ただし、因果応報・自業自得には例外があります。自業自得は行為主体者がその行為の結果(報い)を受けるということでしたが、善業のみは行為主体者でないものにその楽果を振り向けることができるとされます。さらにまた因果応報は善因楽果でしたが、善因(善業)の楽果の報いを楽果ではなく、悟りの完成のために振り向ける、あるいは変えることもできるとされるのです。

これを廻向と言います。また回向とも書きます。たとえば、自分の行なった善業の報い、つまり楽果を他の人や他の生物の楽や幸福のために、振り向ける、つまり廻向することができるというのです。また同様に自分の行なった善業の報いを楽果としてではなく仏道の完成、つまり悟りの智慧の獲得に変える、つまり廻向することができるともいうのです。

善業を振り向けることのできる対象は、むろん自分を含めてすべての他者であり、三界六道の迷いの世界のすべての生きとし生けるものです。ちなみに三界六道のすべての生きとし生けるものを衆生《しゅじょう》といいますが、自分の善（功徳）を他の衆生の楽や幸福のために振り向けることを衆生廻向《しゅじょうえこう》といいます。

なお、廻向は善業のみにかぎることで、悪業は他人に振り向けることも形を変えることもむろんできません。

また、善業の招く楽果の内容を悟りの智慧の獲得のために振り向ける廻向を菩提廻向《ぼだいえこう》といいます。菩提とは悟りの智慧のことです。普通は善因楽果が原則であり、楽果とは人間界や天上界での幸福のことで涅槃や解脱とは無関係です。しかし自分の行なった善をそういったいつかは崩壊していく俗的な幸福や楽にすることなく、悟りの智慧の獲得のために振り向けるのがこの菩提廻向です。そして真理・涅槃の完成に廻向するのを実際廻向《じっさいえこう》といい、合わせて三種廻向といいます。

では、自分の行なった善を廻向するにはどうしたらよいのでしょうか。これはこれこれに廻向すると心に誓ったり言えばそれでよいのです。「今、この私の善をすべての生命あるものの幸いのために廻向する」という具合に心に誓い言うなどすればそれでいいのです。

このように廻向には「結果（報い）の受容者を変える」「結果（報い）の内容を変える」の二つの意味があるといえますが、両方を合わせて自分の善を他者の悟りの智慧の獲得のために廻向することもなされるわけです。この意味では、直接に人や他の生物を救済することができなくとも、廻向によって自分の善を振り向け、救済できるということになります。

このような意味から、亡くなった方への廻向なども言われ、我が国では盛んに行なわれてきました。これを追善《ついぜん》とも言います。

第三項　仏教における業説の位置づけ―次第説法―

すでに述べましたように業説は仏教のオリジナルでも、仏教思想の核心でもありません。いわば仏教理解のための入門編というものです。

釈尊は、まだ仏教も倫理もよく知らない人のためにはじめに業説を説き、それが理解されると次の段階、そしてその次というように次第に教えを高みに上げ、最後に本当の意味での仏教を説くという順をとりました。このような教え方を次第説法《しだいせっぽう》といいます。次第説法では業説は最初の入門準備編という位置づけにあります。

㈠　第一段階

まず第一段階では施論《せろん》・戒論《かいろん》・生天論《しょうてんろん》という三論《さんろん》が説かれました。（中国・日本の宗派に三論宗《さんろんしゅう》というものがありますがこれとは別です。）

①施論

施論とは宗教家や貧しい人などのために施しを勧める話です。広く言えば善いことをしなさいという話といえましょう。

②戒論

戒論とは、身を慎み殺生や盗みや嘘、乱れた性関係などの悪行や不道徳的な行為を退けるべきであるという話です。

③生天論

生天論とは、施論や戒論で述べられた善行を行なうならば死後は天上界に生まれ幸福が訪れるであろうという話です。

つまりこの段階は倫理道徳の話で、善の実践は望ましい結果、つまり幸福を招くという話です。これは善因楽果による善の勧めです。つまり業の話です。

人の考えはさまざまですが、なかには人を騙しても、傷つけても、どんな悪を行なっても報いなどないと考える人がいるかもしれません。未来など考える必要はなく、今をおもしろおかしく暮らせればよいと考える人もいるかもしれません。自分の欲しいもの、幸福を得るには直接的に奪い取ればよいのだという発想しかない人もあるかもしれませんし、また人を騙してうまく利益を得ることが頭の良いことなのだと思っている人もいるかもしれません。

仏教は、そういった考え方や生き方は間違っていると明確に宣言します。まずよき行為によれば望ましい結果が得られ、誤った行為や悪しき行為は結局は望ましくない苦の結果を招くことを説き、その道理を弁え、幸福を得たい者はむしろ善を促進し悪を退けよ、と、よき行為への努力を強調したわけです。自分が幸福を得たい者は他者に幸福を与えねばならない。そうすれば自分も幸福になる。自ら幸福を願う者は他者の幸福を妨害するようなことをしてはならない。他者を不幸にすればその他者

□寄り道⑧―廻向と先祖供養―

亡くなった方が悟りを得られるように、楽の結果が得られるように、あるいは浄土に往生できるようにと、廻向の意味で法要を催すことが日本では盛んに行なわれてきました。これを追善《ついぜん》とも言います。一般的に言う先祖供養がこれにあたるといってよいでしょう。

インドの仏教では人が亡くなると最長四十九日の中陰《ちゅういん》（中有《ちゅうう》）という期間を設け、そのうちの七日ごとの区切りのいずれかで生まれ変わると信じられていました。そこで、これに基づき、また廻向の思想によって、我が国では四十九日の法要が真摯に勤められてきました。読経をしたり僧侶を招いて布施をしたり法話を聞いたりする優れた善を亡き人に廻向するわけです。

しかし日本では、四十九日が済んだ後も亡くなった方に廻向し続けます。大きな法事になりますと亡くなってから一年後（一周忌）二年後（三回忌）……五十年後（五十回忌）など数々勤められます。これは四十九日で輪廻するという輪廻説がそのまま受け入れられていないことによるものと考えられます。とは言え、これら法事は亡き人を偲ぶとともに僧侶の法話を聞き仏教に親しむ機会でもあるので、意味がないことではありません。自分や親族、そして故人も含めた三界六道の衆生に法要を通して功徳を廻向することは本来大変意義のあることです（解脱していないかぎりは故人も先祖もそのどこかにいるのですから）。

ただ、これらがもし儀礼的な側面でのみ見られ、法要やそこでの読経や焼香自体が仏教そのものであると理解されるとすれば問題があります。仏教は儀礼ではありません。自ら生きる上で仏教の哲学や思想の趣旨を理解し実践していくことが本来と言えましょう。

なお、宗派によっては、人間の側からの廻向ではなく、仏の側からの廻向を説く宗派もあります。詳細は各寺院の住職にお尋ねになるとよいでしょう。

のみならずかえって自らをも傷つけてしまうことになる。そしてこれらはまぎれもない事実であると説いたのです。これが業説になります。

もしこういった業説が受け入れられない場合や否定するときは、その人は仏教そのものに入れないとされます。業説を疑ったり否定することを邪見といい、邪見は仏教ではもっともよくない見解とされます。これは人間の向上や努力を否定するとともに、盗みや殺人をしてもかまわない、何の不都合があろうかという悪を自在にして平気な思想につながりかねないからです。

現代社会でも、いじめをしたり、人を傷つけたり、法に触れないのであれば人を苦しめても許されることだと考えたり、人を騙しても騙される方が悪いと考える人があります。また善をしても悪をしても報いなどないから、何をしようがかまわないし善をしても無駄だという人もいるかもしれません。これらがすべて邪見です。邪見があっては正しい仏教信仰に入れないとされます。

とは言え、入門段階の入門段階たるゆえんとも言うべき問題があります。つまり、以上の三論は倫理や道徳を心得ない人には基本的な生き方を推奨する意味で有効なのですが、この次元にとどまったり、あるいは運命論的なきめつけに陥ったり、また功利主義的になると問題が出てきます。

楽の報いを期待して行動したり、幸福を得たいから善行や施しを行なうというのは、功利主義的な発想にほかなりません。功利主義に陥ると、利益が無ければ善い行為もしないということになります。これでは利害打算で善行をすることになり、あたかも商取引のようなものになってしまいます。それは自発的というより他律的な行為であり、本当の倫理ではないことにもなります。

このような意味で、業説は入門編としての有効性とそれ以上のものではあり得ない限界とを併せもっているのです。
そこで釈尊は、さらに教えを高みに上げていきます。

(二) 第二段階

三論が理解、納得できると第二段階に誘います。

この段階では、第一段階で肯定していた感覚的な欲望追求への誡めがなされます。つまり、第一段階は幸福を得たいなら悪を退け善を行なえという話だったのですが、第二段階では、よく考えると幸福を得たいと思うその欲望自体が、実は自分を苦に追い込んでいるものであるという話になるわけです。

欲望こそが災いをもたらすのであり、欲望を抑制し慎むことこそ、むしろ心の平安、幸福をもたらす近道であるということになります。私たちはいつも何かを得たい、ああしたい、こうしたいと欲望を追求しています。しかし、冷静に考えてみると、その欲望追求の心自体がむしろ自分が獲得したいと思っている幸福を遠ざけ、避けたいと思っている苦や災い、争いごとを招く原因になっているということがわかります。

このように第一段階が欲望を肯定した上での悪の抑止と善の推奨を勧めていたことに比べますと格段に高度な話になります。ここまでくれば、倫理・道徳をふまえつつもその境地は倫理や道徳を越えているといえます。つまり仏教の受け入れ態勢が整ってきたわけで、これはあたかも布を白くしていくようなものであると譬えられます。

(三) 第三段階

ここではじめて釈尊は仏教そのものの話を説きました。たとえば縁起(第七章参照)や四諦(第五章参照)などといった仏教独自の話です。そこでは先の二段階のような何かをすると善いことがある、悪がある、苦が生じるとか生じないとか、そのようなことを越えた思想が語られていくことになります。

このように釈尊は、仏教の修行者にはプロフェッショナルの立場から悟りへの道を、在家の信者には悟りへの道と世俗の社会においての正しい生活、幸福を、あるいは初心の人には身近でわかりやすい問題から説明し、仏教信者でない人や他宗教の人には普遍的に認められ勧めるべき善き行為を勧め、注意すべきは注意を与えるなど、その相手に応じ、順を追って教えを自在に説いたのです。それは、あたかもよき教師が最初はやさしい内容から次第に高度な内容へと生徒の理解に則して教えていくのと同じです。

ですから、釈尊のもとには、王侯貴族から庶民、さらにはバラモン教の修行者などもしばしば質問に訪れ、みな釈尊の教えに満足して帰っていきました。釈尊の教えを受けた人々は、みな満足し歓喜したと経典にしばしば説かれています。そういった柔軟で巧みな説き方と寛容性、包容性、そして宗教を越えてなるほどと人々を納得させる合理性が釈尊の教えにはあったのです。

しかし同時に、このような仏教の説き方に、仏教の難解さの一因が隠れているとも言えます。と言うのは、仏教の難解な点の一つは、高度な段階に達するとその高度な思想で今まで述べてきたものを再度俯瞰し、包括的に理解し直すという点にあると思われるからです。業思想や自業自得は次第説法の第一段階で、悪や懈怠を誡め、精進、努力を推奨するものです。この因果を信じないと邪見になってしまいますが、これがいきすぎて固定的にとらえられるようになると、苦であれ楽であれ、原因と結果の単純な運命論、決定論に陥りかねません。そこで第二段階、第三段階への進展が必要になるのです。

第四項　苦

三道の最後は苦ですが、これはすでに第一章第四節で述べたとおりです。

□寄り道⑨―釈尊の教え導き方―

本文で見ましたが、釈尊は教え導き方が非常に巧みであったようです。このため釈尊はよき教師であったとも言われています。その導き方の典型的な例が次第説法です。次第説法は、段階を追って次第に高度な理解を促すようにするものです。

また、釈尊は誰にでも最初から頭ごなしに仏教の哲学を説くことはせず、その人の性格や能力、状況に合わせ、教えを説きました。

そのように相手の性格や能力に合わせ、相手にもっともわかりやすい方法をとって教えを説くことを対機説法《たいきせっぽう》と言います。またこの対機説法を病いに応じて効果のある薬を調合して与えることになぞらえて、応病与薬《おうびょうよやく》とも言います。

第四節　三道のまとめ

この三道という考え方によって苦の発生の構造、輪廻のメカニズムを見極めると、苦の消滅はどうしたらよいかが確認されます。惑（煩悩）と業を断つことです。根本的には惑（煩悩）を断つべきことが理解されます。この惑と業を断つツールこそ悟りの智慧にほかなりません。悟りの智慧が惑と業を断ち切り、苦を消滅させ、二度と苦が生じないようにします。これが解脱であり、この境地が涅槃の境地です。

このように惑（煩悩）や業を断つツールでもある悟りの智慧の獲得のために仏教は修行の方法を体系的に組み上げています。そこで次に、その方法や順番を体系にしたがって見ていくことにしましょう。

第三章　智慧の獲得構造、三学―悟りへのシステム―

第一節　三学

苦の発生の構造が「惑→業→苦」であることは前章で述べたとおりです。この構造から苦を消滅させ、輪廻から解脱するには惑と業を断ち切ること、特に惑を断つ必要性が理解されました。ではこの惑や業を断つのはどのように、何をもって断つのかということになりますが、これが悟りの智慧にほかなりません。つまり涅槃・解脱にはこの悟りの智慧の獲得が必ず必要なのです。仏教は信とともに智慧が必要なのです。

では、この悟りの智慧を得るにはどうすればいいのでしょうか。悟りの智慧の獲得の構造は、

戒《かい》→定《じょう》→慧《え》

となります。

戒とはいわゆる戒律のことです。定とは禅定、つまり現代的に言えば瞑想のことです。慧とは智慧のことです。つまり簡単に言いますと「戒によって心身や生活を整え」→「瞑想に入り」→「悟りの智慧を獲得する」という構造になります。この戒と定と慧を総称して三学といいます。つまり戒学・定学・慧学です。ただし、三学の学は、学といいましても学問研究の学ではなく実践という意味です。

惑・業・苦の三道が「苦の発生のメカニズム」であるのに対し、戒・定・慧の三学が「悟りへのシステム」「悟りの智慧の獲得のメカニズム」ということになります。

ですから、三学は仏教の目標に到達するために必ず実践しなければならない基本的な行です。悟りの智慧を獲得するための実践のことを仏教では修行といいますから、三学は仏教の修行大綱といえます。

仏教の修行はさまざまあるように見えますが、実はすべてこの三学に分類、統括されます。言い換えれば三学の範囲外に仏教の実践修行はないということになります。

三学は理論的には先に述べましたように「戒→定→慧」と進む順になっているのですが、実践的には並んで修行され、相互に補完し合うものとして緊密な連環のうちにあります。

では、次に三学の個々について見てみましょう。

第二節　戒学

第一項　戒とは

三学で言う戒学とは、戒の実践という意味です。

戒学の目的は、先に述べたように戒によって心身を整え、次の定に入りやすくすることです。もし放逸で散漫な生活を送っているならば、とうてい定学（禅定・瞑想修行）など行なえないからです。古来「戒は定の因（原因）」、あるいは「持戒清浄《じかいしょうじょう》（戒を守り欠陥がないこと）は禅定のための故なり」といわれてきました。

戒とは、サンスクリット語のシーラ（śīla）の訳です。これには習慣とか習性の意味があります。ですから、習慣的なものであるならば善でも悪でも戒ということができますが、通常一般に戒と言った場合、善の方面のみをいいます。

つまり、戒とは、心身に善を行なう習慣をつけるという考え方で、それゆえ自発的なものと考えられ、罰則はありませんでした。ですから、今普通に戒めという言葉で連想する禁止とか規則とかとは少し違います。自発的という点で考えれば、戒とは現代で言う倫理や道徳など、自分で自分を律する内面的なものに相当するといえます。

一般的には宗教上の誡めや規則を戒律と言っていますが、仏教では厳密には戒と律の概念は相違します。先述の戒に対し律はサンスクリット語のヴィナヤ（vinaya）の訳で、出家者の生活規範、規則といえるものです。また律には罰則の規定があり他律的なものです。私たちが現在戒律として思い浮かべるものは、この律の方に近いと思われます。

律は問題が起こるたびに釈尊が定められました。このように問題が起こるたびに律を定める定め方のことを随犯随制《ずいぼんずいせい》、または随縁制戒《ずいえんせいかい》といいます（戒は随犯随制ではありません）。

戒と律は本来このように相違するものだったのですが、後に混同され同じ意味でも用いられるようになりました。また、戒は律の中に説かれているともされます。さらに戒と使われる場合、律をも含めて戒といっていることも少なくありません。そして比丘《びく》（成人男性の正式出家者）の守るべき二百五十戒や比丘尼《びくに》（成人女性の正式出家者）の守るべき三百四十八戒は戒とも律とも称されます。そのため中国で戒律という言葉ができたと言われています。そこで本書も両者を区別せず使うことにし戒、もしくは一般的に戒律と呼ぶことにします。

ちなみに、釈尊が悟ってから十二年間ほどは、戒律（律）がなかったといいます。ところが、あるとき、ある比丘が性行為を行なったので、そのとき不淫戒《ふいんかい》（性行為を禁じる戒）が定められたといいます。ただし、この比丘は自ら望んで性行為をしたというわけではありませんでした。当時この国では家が絶えると財産が没収されたのです。その比丘は一人息子で、結婚はしていましたが子供がなかったのです。そのためその比丘の母が嘆きました。そして残された彼の妻に子孫を得させるため、妻を正装させ、村にやってきた息子である比丘のもとに行かせ性行為をさせた、といういきさつがあったようです。

さて以後、修行者が問題を起こすたびに戒律が定められ、ついに比丘では二百五十、比丘尼では三百四十八（数字は『四分律《しぶんりつ》』による）という膨大な条項数の戒律になったといいます。なお、南伝仏教（上座仏教《じょうざぶっきょう》）では比丘は二百二十七戒、比丘尼は三百十一戒となっており条項数は相違しますが、戒としては先の二百五十戒、三百四十八戒と同じものです。これらは正式の出家者たちの戒律で最高の条項数をもつ戒律であり、またもっとも整った戒律ということで具足戒《ぐそくかい》といいます。後述しますが、未成年の出家者の守るべき戒には十戒があり、また出家者ではない一般の信者の守る戒に五戒があるというように仏教信者の別によって守るべき戒が相違します。しかしこれらの戒はいずれもこの具足戒から抽出されたものです。

なお釈尊は入滅の前に、もしも欲するならば、瑣細な、小さな戒律箇条は廃止してもよいと述べています。随犯随制という決め方にしてもそうですが、釈尊の意図がこまごました戒律を定めることにはなかったこと、戒律を絶対的な、固定的なものとしてではなく、フレキシブルなものとして考えていたことが理解されます。

第二項　戒の基本的な性格

戒には二つの基本的な性格があります。

まず第一の戒の性格は悪を防ぐことです。これを防非止悪《ぼうひしあく》といい、戒律のそもそもの意味と言えます。戒のもつこの悪を防ぐ性格あるいは側面を取り上げて、特に止持戒《しじかい》、あるいは止悪戒《しあくかい》といいます。

具体的には、比丘《びく》の二百五十戒、比丘尼《びくに》の三百四十八戒といった条項が相当します。

　また第二の性格は、善を行ない促進する側面です。この働きを行善《ぎょうぜん》といい、戒のこの側面を特に作《さ》持戒《じかい》、作善戒《さぜんかい》といいます。ただし、作善とは善を行なうという意味ですが、この場合の作善とはいわゆる善行、一般的な意味での善いことをするというのではなく、後述する受戒《じゅかい》や懺悔《さんげ》など仏教教団内の行為や儀礼を行なうことを言います。これには、儀礼や行事の規定、礼儀にかなった生活の規定などを定めた二十犍度《にじゅうけんど》といわれるものが相当します。

戒律
- 悪を防ぐ側面（防非止悪）……止悪戒・止持戒
- 善を進める側面（作善・行善）……作善戒・作持戒

　また性格とは言えないのですが、戒の存在意義というような、もう一つ別の役割も考えられます。つまり、戒律と言えば守るべきものと私たちは考えますが、守る守らないという言わば結果論ではなくて、戒があるということ自体に意味があるのです。これについては後述しますが、ここでも少し言及しておきましょう。

　少し引用しますが、ミャンマーの仏教（上座仏教）においては、出家も在家も「仏教の戒律を授けてもらい、それらの条項を自分自身が固く守ることによって、清浄性を保とうとする。彼らは、戒律を破らない、などというのではない。戒律を犯すからこそ、彼らは布薩《ふさつ》（半月ごとに僧侶が集まって過

□寄り道⑩―戒律の例、特に言動に関して―

戒律には現代にも通じるいろいろな戒がありま す。日本では戒律があまり重視されず、仏教が言動に対してもさまざまな角度から誡め、人間相互の尊重を説いていることがあまり顧みられずにきました。

ここでは言動に関するものを二つほど取り上げてみましょう。

㈠　罵戒《めかい》（毀呰語戒《きしごかい》）

人を侮辱したり傷つけることを言ってはならないという戒律です。たとえば人を見下す言動や現代で言う差別的な言動をしたり、またその人の行動や能力、技術、病気などを侮辱しののしり、また身体的特徴などをあげつらうようなことを言ってはならないというものです。皮肉を言うなどもこれに含まれます。

釈尊は次のような話を引いています。バラモンと長者がそれぞれに飼っている牛を競わせ、賭をしました。バラモンは試合のとき、自分の牛に向かって侮辱的な言葉をかけてしまったので、牛は恥じて力が出ず、負けてしまいました。次の試合のときは牛を賛嘆する言葉をかけ、賭に勝つことができました。釈尊はこの話を語り終わって比丘たちに次のように述べます。およそ人がものを語ろうというときは、善語（愛語、奮い立たせるような賞賛などの言葉）を説き、侮辱するような悪語（不愛語）を述べてはならぬ。動物ですらこの話のように恥じ前に進む力を失う。ましてや人間を侮辱して恥をかかせてはならぬ、と。

㈡　両舌戒《りょうぜつ》

人々の仲を裂き争わせるようなことを述べてはならないという戒律です。このような言葉を離間語《りけんご》ともいいます。

あるとき、悪い比丘たちが、こちらの比丘の悪口、告げ口をあちらの比丘にし、あちらではこちらの比丘の悪口、告げ口をしました。そのため、争いがなかったところに争いが起きて紛糾してしまいました。

このような両舌・離間語は現代社会でも多く見られ、喧嘩や紛争のもとになっていることがわかります。それは個人間のみならず民族間、国家間などでもあり得ることです。

失などを懺悔する会合）の機会など一か月に何度も何度も改めて長老比丘から戒を授けてもらい、反省して決意しなおす。戒律を犯しても犯しても、つねにまた再び『戒（sīla）』の精神に立ち帰って来る。少なくともそこに帰るべく努めている」ということです（池田正隆『ビルマ仏教』法蔵館、二一八頁）。なお「戒律を授けてもらう」という言い方については重要な意味がありますので次項で詳しく説明します。

ここで見ておきたいのは、言わば「初心に帰る」というような、生き方の基盤、立脚点としての戒律のあり方です。戒律といえば守ってこそと考え、また戒律などどうせ凡夫には守れないから意味がないと考えたりもしますが、どちらもこのあり方からすれば誤りであることがわかります。自分が至らない凡夫であるという認識自体が戒律の示す理想像と自分を見比べてのことであるわけで、戒律はそのように自己を省みる機会を与えてくれるものでもあるのです。

第三項　受戒と戒体

私たちは戒律と聞くと、規則や法律のように考えます。たしかに仏教の戒律には教団での生活規範など規則的な意味がありますから、表面的に見ると単なる規則に見えます。しかしそれを単に覚えたり守ったりすればよいというだけではない、特別な意味が仏教の戒にはあるのです。

それが、今引用した文中にある「戒律を授けてもらう」という言い方に現われている「授けられる」、あるいは「戒を受ける」ということの意味です。ここに仏教の戒の著しい特徴があります。

実は、仏教の戒は、原則として資格のある師から正しい条件のもとで授けられなくてはならないものなのです。言い換えれば、新しい出家者は戒を受けなければならないということです。この意味について以下で説明します。

〈授戒と受戒〉

仏教の戒は授けられてはじめて戒といえます。戒を授けることを授戒《じゅかい》といい、戒を授けられる側からは受戒《じゅかい》といいます。そして一定の授戒の儀式によって具足戒を受けたものだけが、正式の出家者となります。頭を剃って衣をまとい、戒をすべて覚えていても、また守っていても、授戒の儀式を経て戒を受けないうちは正式の出家者にはなりません。

□寄り道⑪——釈尊滅後の経と律——

釈尊が入滅《にゅうめつ》（亡くなること）の後の比較的早い時期に、教えや戒律の散逸を防ぐために弟子たちが集まり、今で言う聖典の編纂会議が開かれました。これを結集《けつじゅう》といいます。ただし当時は紙に記して編集したのではありません。代表者が自分が聞き伝えた釈尊の教えや戒律を口頭で述べ、それをみなで確認し間違いがなければ正しい戒律や教えとされました。そしてそれを暗記し口伝えで伝えていきました。こういった聖典の編纂会議は以後、いく度か繰り返されました。

最初の結集は、王舎城《おうしゃじょう》（ラージャグリハ）の近くで、長老の迦葉《かしょう》が議長となり、教え（経典）を阿難《あなん》が、律を優婆離《うばり》が述べました。

阿難は釈尊の従兄弟ともいわれ、常に釈尊の側に仕えていましたのでもっとも教えをよく聞いていたといわれます。そのため釈尊の弟子の中で多聞第一《たもんだいいち》といわれます。ですから結集では教え（経典）を述べる役となったわけです。

ちなみに、戒を守ることを持戒《じかい》、あるいは「戒をたもつ」といい、戒を破ることを破戒《はかい》、あるいは犯戒《ぼんかい》といいます。

授戒の儀式はおおよそ次のとおりの方法で進められます。まず具足戒の場合には、戒を授けるには、正式には戒和尚《かいわじょう》という新しい受戒者を教育する師と、授戒を主導する羯磨阿闍梨《こんまあじゃり》（羯磨師《こんまし》）、さらに受戒志願者が受戒するにふさわしい条件にかなっているかを調べる教授阿闍梨《きょうじゅあじゃり》（教授師《きょうじゅし》）という三人の師と七人の証人（三師七証《さんししちしょう》）が必要となります。

七人の証人とは、新しい受戒者が正しく受戒したということの証人です。比丘や比丘尼の教団（僧伽《そうぎゃ》）では俗世界での身分や年齢、名誉の有無、財産の多寡など一切意味をもちません。ただ一秒でも先に受戒し出家した人が後から受戒、出家した人の先輩になるのです。したがって、年長の王族出身者が年若い奴隷階級出身の比丘の後に出家したならば、年長の王族出身者は年若い奴隷階級出身の比丘を先輩として仰がねばなりません。具足戒を受け出家してからの年月の長短のみが教団での席次となります。この具足戒を受けてからの年月を法臘《ほうろう》、あるいは夏臘《げろう》、戒臘《かいろう》といいます。このため、いつ受戒したかという年月日、時間は重要な意味をもちます。そのために七人の証人が彼がいつ正式に出家したのかと記憶しておき、証人となるわけです。

戒を授けられる場は、授戒のたびに結界《けっかい》して一定の範囲を区切ります。このようにして区切られた戒を授ける場を戒場《かいじょう》、あるいは戒壇《かいだん》といいます。ちなみに時代が下りますと授戒のたびに区切るのではなく固定したものとなりました。たとえば日本では東大寺の戒壇院が有名です。

場所を区切るという理由は、参加者の自治と議決によって授戒の儀式が進められるため、自治と議決の及ぶ範囲を区切る必要があるからです。そうでないと場所は無限に広がることになり、その場にいない比丘の賛同も得ないと授戒ができないということになるからです。つまり、便宜的に十人の自治区域というべき範囲を結界して区切るわけです。そして授戒は三師七証の十人の自治と議決によって結界内、つまり戒場（戒壇）において進められるのです。

まず、羯磨阿闍梨が戒壇に居並んだ僧にこの受戒志願者に具足戒を授けようと思うがどうであろうかという動議を出します。そして、教授阿闍梨が彼に受戒できる条件が備わっているか調査します。調査できれば、さらに羯磨阿闍梨がそれを志願者自身に間違いないか確認します。確認がとれれば居並ぶ比丘たちに、この者に具足戒を授けていいか、異議が無ければ黙し、異議があれば述べよと三回尋ねます。この三回の問いに全員が黙っていれば異議がないことになり、正式に具足戒が授けられたことになります。この、動議を一つ出し、これに対し三回賛否を問うことを白四羯磨《びゃくしこんま》、あるいは一白三《いちびゃくさん》羯磨《こんま》といいます。

その後、多くの戒律のうちでもっとも重罪である四波羅夷《しはらい》（性行為、窃盗、殺人、悟っていないのに自分は悟ったなどと言う妄語《もうご》の四つの罪）について説き聞かせ、これらをもし犯せば仏弟子ではないと説明します。ちなみに「波羅夷」とは教団追放に値する罪という意味です。このようにして授戒を経たもののみが正式の出家者となります。実際には上に述べた他にもさまざまな作法や決まりが定められ、厳格に進行されます。

なお、大乗仏教の菩薩《ぼさつ》戒などで、特殊な場合には自誓受戒《じせいじゅかい》という形態があり、三師七証を備えないでも自ら懺悔し誓うなどすれば、受戒が可能とされるものもあります。

戒律は遵守（持戒）することも重要な要素であることは言うまでもありませんが、それのみならず、こういった授戒（受戒）という行為がまたきわめて重要なのです。受戒がなくては仏教の戒は成立しないといってよいほどです。では、なぜ受戒が重要なのでしょうか。

〈受戒のもつ意味と戒体〉

受戒が仏教の戒律において重要であるというわけは、受戒すると、身に悪を防ぐ働きのある「もの」が生じるからなのです。この「もの」が悪をしようとする心を妨害・抑止するのです。この「もの」を戒体《かいたい》といいます。

つまり、仏教の戒は規則・規範という側面もありますが、受戒によって得ることのできる戒体による悪の心を抑止、妨害する働きを重視し期待する面があるのです。一般においてはこの側面が見逃されがちで戒を単なる規則とか、人を型にはめるもの、入門儀礼と理解し、釈尊の説いた戒の軽視につながることがあるのは残念なことです。

さて、戒体の本性は、先に業の所で述べた善の無表業です。無表業とは、実際の身体や言語の行為（表業）が心に残した潜勢力・余勢・残存勢力のことです。善の無表業は、悪の無表業や悪の行為を阻止、妨害、制圧し、善を行ないやすくすることはすでに述べたとおりです。そして、無表業はその人の後天的性格を形成していくわけです。

つまり、授戒の儀式（受戒作法）のときのその受戒者の行為や言葉（表業）、あるいは必ず戒律を守ろうという誓いが、その受戒者の身に善の無表業を形成するのです。これが戒体です。このようにして生まれた戒体は、受戒以降受戒者の中で働き続け、悪をしようとする心を妨害・抑止します。これが仏教の戒の大きな特色といえましょう。受戒により戒体を得ることを戒体発得《かいたいほっとく》といいます。

このようなわけで、授戒、もしくは受戒は単なる儀式を越えた大変重要なものなのです。たとえ自分で誓って戒を受ける自誓受戒《じせいじゅかい》という方式であっても受戒のない仏教の戒はないといってよいのです。

受戒により戒体が生じるのは出家者の具足戒のみではありません。一般の在家の人も五戒などを受ければ、その戒体を生じます。ですから、古来、在家の人が五戒などを受戒することだけでも、大変よいこととされてきました。

また、しばしば破戒すると戒体の勢力は弱まります（これを戒羸《かいるい》といいます）が、先の引用のように何度も受戒すれば戒体の勢力は回復し強まる（これを肥戒《ひかい》といいます）といわれます。たとえ破戒しても戒を捨てないかぎり戒体は失われません（戒を捨てることを捨戒《しゃかい》といいます）。何も考えていないときも、たとえ悪をしようとしている心があっても戒体は善であり続け存在し続けます。そして私たちの内面で悪行や悪心の妨害や抑止に働き続けるわけです。言わば受戒は倫理や規則、善の内面化と言うべきものでしょう。

上座仏教や小乗仏教は戒体は一度受けると生涯働き続けるとします。大乗仏教は一度受戒すると失われることなく輪廻しつつも悟るまで働き続けるとします。

私たちは、ともすれば誘惑に負け、悪いことを思ったり、また過ちを行なってしまいがちです。それを内面で戒めてくれ、悪い行為を行なおうとすることを妨害してくれるものが戒体なのです。悪へ走りそうな心を引き留める錨のようなものとも言えましょう。また過失を通してさえ自らを省みる機縁を与えてくれます。前章で良心という言葉で善の無表業を説明しましたが、これがそのまま、三学という体系の中では戒体ととらえ直されていると考えると理解しやすいと思います。

このように、仏教の戒は実践的な意味、生きた力のあるものです。戒学、つまり戒の実践とは、ただ戒を守ろうとすることではなく、むしろ戒を自分の心の中に置き、戒と対話しつつ生きていくことと言えましょう。それは他の宗教の戒律やタブー、守ることにのみ意味があるという単なる規則や法律とは性格や位置づけを異にするものです。

第四項　仏教信者と戒

戒は仏教信者によって遵守すべきものが異なります。では、まず何をもって仏教信者とするのでしょうか。それは仏と法と僧の三宝《さんぼう》に帰依《きえ》することです。三宝に帰依した人はすべて仏教信者、つまり仏教徒になります。帰依とは、敬い信じ、信を捧げ、生きる上の指針、よりどころとすること、依り頼むことをいいます。帰依はまた帰命《きみょう》ともいいます。

〈三宝〉

三宝とは仏と法と僧の三つをいいます。つまり仏宝、法宝、僧宝ということになります（三宝をひとくくりに並べて言う場合、仏法僧《ぶっぽうそう》という言い方になります）。三宝については、複雑な解釈や説明が古来ありますが、簡単にいえば次のようになります。

㈠ 仏（ブッダ buddha）

教主のことで、仏陀です。

㈡ 法（ダルマ dharma）

仏の説かれた教えのことです。法という言葉には複数の意味がありますが、ここでは教えをいいます。また仏教の説く真理ともいえましょう（寄り道⑲参照）。

㈢ 僧（サンガ saṃgha）

仏の教えを護持し、悟りをめざして修行する出家者の集団のことです。これは正式の男性出家者で

□寄り道⑫―戒名―

戒名《かいみょう》というのは、現代では死者につける名前のように思われていますが、そうではありません。本来、戒名は受戒をしていただく名前であり、法名ともいいます。ですから仏教に帰依すると決めたら戒を受け名をいただくことができます。

戒を用いる宗派では、在家の方向けの授戒（受戒）会が行なわれているところもあります。その場合、希望すれば戒を授けていただくことができます。そして戒名をいただくこともできましょう。

また戒を用いない宗派では、在家の人のためにその宗派の教えに帰依する帰敬式《ききょうしき》というものがあり、法名をいただきます。

本来は生前に仏教に帰依し、こういった授戒会や帰敬式で戒名や法名を授かるわけですが、現代では、葬儀のときにこれを一緒に行ない戒名（法名）をいただくことが多いので、戒名や法名があたかも死者につける名前のように見えるわけです。

ある比丘《びく》と同じく正式の女性出家者である比丘尼《びくに》の集団です。サンガを漢字に音写して僧伽《そうぎゃ》と書きます。三宝の僧とはこの僧伽の略です。ですから僧宝とは特定の一人の僧侶を指すのではなく国家、宗派、南伝仏教、大乗仏教などの別を問わず、すべての僧侶の集団を指していると考えてよいのです。また僧侶の僧という語自体が、この僧伽からきたもので本来は多人数の集団を指したものなのです。

なお、先ほど授戒の際の白四羯磨に触れましたが、これにかぎらず僧伽は動議を出して賛否を問う民主主義的な運営がなされていました。

このように、三宝に帰依するということは、「仏陀」と「仏陀の説かれた教え（仏教）」と、「その教えを護持し、修行する出家者の集団」の三つに帰依するということです。三宝に帰依することを三帰《さんき》依《え》、あるいは三帰《さんき》といいます。そして三宝に帰依するという文言を三回繰り返し唱えますと仏教への入信となります。むろん出家者も三宝に帰依することはいうまでもありません。

三宝への帰依は仏教の最初の第一歩ということになります。そして三宝自体が信仰の対象としても敬われ三宝の位置づけはきわめて重要です。聖徳太子が『十七条憲法』で「篤く三宝を敬え、三宝とは仏・法・僧なり」と書いている三宝がこれです。

〈仏教信者の分類と守るべき戒〉

さて、仏教信者を大別しますと出家者《しゅっけしゃ》（僧侶）と在家者《ざいけしゃ》（一般の人々）に大きく二分できます。

出家者とはいわゆる僧侶のことです。ひたすら悟りをめざし修行に邁進する仏教のプロフェッショナルです。ですから家庭も財産も職業ももちません。また出家者は仏教の教えを護持し、一般の人々に対しては教えの上の指導者でもあります。

在家者とは、これに対し一般の社会生活を営みながら仏教の信仰生活を送る人々のことです。つまり一般の仏教信者のことを指します。出家者が仏教のプロフェッショナルとすれば在家者は仏教のアマチュアということになるでしょうか。当然に出家者と一般の人々とでは遵守すべき戒律の条項数も内容も異なってきます。

出家者や在家者のそれぞれは、さらに細分できます。それぞれの詳細は以下に述べますが、最終的

□寄り道⑬―日本の出家者―

戒律には出家者が男女間の性関係を結んではならないとありますが、日本では、僧職が結婚し妻や家族をもっていることが珍しくありません。日本での僧侶の妻帯の起因には大きく分けて二つのケースがあります。

一つは宗派として古来より妻帯し家族の形成を許されているものです。鎌倉時代の名僧の一人、親《しん》鸞聖人《らんしょうにん》は苦悩の末に妻帯をともなう非僧非俗という新しい生き方を示しました。このため親鸞聖人の流れを汲む各宗派の僧侶は古来より妻帯しています。

もう一つのケースは明治になった折、政府が仏教界に「肉食妻帯勝手たるべし」という布告を出したために、それまで戒律を遵守し妻帯しなかった各宗派の僧侶も妻帯して今に及んでいるものです。江戸時代以前は親鸞聖人の流れを汲む宗派以外は、原則として妻帯をしてはいませんでした。

ただし、今でも日本以外の仏教では、出家者であるかぎり出家者の戒に基づき行動しますので、妻帯はおろか異性に触れたり、たとえ何もなくとも異性と二人きりでいることさえしていません。

には出家者は年齢と性別等によって、比丘《びく》（成人の正式の男性出家者。僧侶）・比丘尼《びくに》（成人の正式の女性出家者。尼僧）・沙弥《しゃみ》（少年の出家者、もしくは正式ではない成人男性出家者）・沙弥尼《しゃみに》（少女の出家者）・式叉摩那《しきしゃまな》（正式の女性出家者になる前の見習い期間）の五種に分かれます。在家者は性別で区分されるのみで男性信者の優婆塞《うばそく》と女性信者の優婆夷《うばい》の二種になります。

このようにして仏教信者は合計七種に区分でき、これを七衆といいます。また、比丘・比丘尼・優婆塞・優婆夷の四者を四衆といいます（比丘・比丘尼・沙弥・沙弥尼を四衆という場合もあります）。

そして、出家者と在家者のそれぞれでは守るべき戒が相違します。

では、次に七衆の説明とそれぞれで守るべき戒を見てみましょう。

㈠　比丘《びく》・比丘尼《びくに》（正式の出家者）

比丘とは男性の正式の出家者、つまり日本でいう僧侶のことです。比丘尼とは女性の正式の出家者、日本でいう尼僧のことです。正式の出家者とは、もっとも条項が多く整った最高の戒である具足戒《ぐそくかい》を受けた者（受戒した者）のことをいいます。この具足戒を受けた者のみが正式の出家者と認められることは先の〈授戒と受戒〉の所で述べたとおりです。具足戒を受けることが許されるのは男女とも二十歳ですから、正式の出家者とは、男性も女性も二十歳以上の成人であるということになります。（なお、インドでは年少の結婚があり、既婚の場合、女性は十二歳でも比丘尼になれるという規定が『四分律』にあります。これは年少にして結婚したため行き場所のなくなった少女の救済の意味もあると思われます。）

具足戒は、伝承の相違により、条項数などに若干の相違があります。具足戒は日本や中国、韓国では主として『四分律《しぶんりつ》』という戒律の書物により比丘は二百五十戒、比丘尼は三百四十八戒の条項を数えるものを用いてきました。これに対し現在のスリランカ・タイ・ミャンマーなどの仏教である上座仏教（長老派、テーラヴァーダ）では、比丘は二百二十七戒、比丘尼は三百十一戒になります。しかし、これは戒としては同じものといってよいでしょう。

㈡　沙弥《しゃみ》・沙弥尼《しゃみに》（出家者）

未成年は具足戒を受けることができません。ですから具足戒を受けることのできない未成年（事情によっては七歳以上、一般的には十四歳以上から二十歳未満）の少年出家者と、成人男性の出家者ですが、いまだ具足戒を受けていない人を沙弥といいます。同じく未成年の少女の出家者が沙弥尼です。

沙弥・沙弥尼は十戒を守ります。十戒とは、

①不殺生戒《ふせっしょうかい》（生き物を殺さない）・②不偸盗戒《ふちゅうとうかい》（盗みをしない）・③不淫戒《ふいんかい》（性関係をもたない）・④不妄語戒《ふもうごかい》（嘘をつかない）・⑤不飲酒戒《ふおんじゅかい》（酒を飲まない）・⑥不塗飾香鬘戒《ふずじきこうまんかい》（化粧や身を飾る装身具をつけない）・⑦不歌舞観聴戒《ふかぶかんちょうかい》（音楽や舞や劇などを聴いたり観たりしない）・⑧不坐高広大牀戒《ふざこうこうだいしょうかい》（贅沢な座席や寝床を使わない）・⑨不非時食戒《ふひじじきかい》（午後からの食事をしない）・⑩不蓄金銀宝戒《ふちくこんごんほうかい》（金銀など財を蓄えない、あるいは不受金銀戒として金銀を受けとらない）。

となり、これに男女の別はありません。

㈢　式叉摩那《しきしゃまな》（比丘尼になる前の女性の見習い出家者）

出家をしている女性ですが、正式に出家する前の二年間の見習い期間の人を式叉摩那（正学女《しょうがくにょ》ともいう）といいます。これは既婚女性や離婚した女性の場合、もし妊娠していればその確認が必要であり、もし出産すれば母としての育児期間が必要となるからです。

式叉摩那の戒律は、不淫・不偸盗・不殺生・不妄語・不飲酒・不非時食の六つ（六法戒《ろくほうかい》）になり、胎児や育児・出産を考慮して穏やかな戒律となります。（なお、既婚のため十二歳で比丘尼になる者は逆算すれば十歳で式叉摩那になるわけです。一般的には沙弥尼から十八歳で式叉摩那になり二十歳で比丘尼になります。）

以上が出家者です。このうち正式の出家者といえば比丘と比丘尼になります。彼らは、仏教の教えと修行の専門家であり、また教えの上の指導者であり、教えの継承者でもあるわけです。比丘と比丘尼は僧伽（サンガ）を形成します。

㈣　優婆塞《うばそく》・優婆夷《うばい》

優婆塞・優婆夷とは、職業をもち一般の生活を送りながら、仏教を信仰し、仏の教えを生きていく上の指針にする一般の信者のことです。こういった一般の仏教信者を在家、在家者、また在家の信者といいます。つまり私たち一般は在家者になります。これは出家、出家者に対応する言葉です。在家の男性信者を優婆塞といい、女性信者を優婆夷と称します。在家者にはこの性別以外の区分はありません。戒は男性・女性とも共通する五戒を守ります。五戒とは、

①不殺生《ふせっしょう》……生き物を殺さない。
②不偸盗《ふちゅうとう》……盗みをしない。
③不邪淫《ふじゃいん》……夫婦間以外の性関係をもたない。
④不妄語《ふもうご》……嘘をいわない。
⑤不飲酒《ふおんじゅ》……酒を飲まない。

の五つです。このうち在家者の不邪淫戒と出家者の用いる不淫戒との相違ですが、出家者は性関係を一切断つ不淫戒を守ります。これに対し在家信者は当然のことながら結婚し家族を形成し夫婦生活を送ることはさしつかえないですから、不淫戒ではなく、不邪淫戒を守ることになるのです。つまり、夫婦以外の者との性交渉をもつなど乱れた性関係は戒められるわけです。それは単に不道徳というばかりではなく、人間関係を破壊し、また性的な問題は人間の本能であり、また強い欲望がらみの問題であるためにこじれますと容易に殺人・傷害・ストーカー行為などに発展する危険性をはらむためだと思われます。

また、在家信者には、一日一夜の期限をかぎって出家的な戒律を守り、出家者をしのび、近づこうという戒律があります。この戒律を八斎戒《はっさいかい》といいます。これは先に述べました沙弥・沙弥尼の十戒から、金銀などを蓄えない戒を除き（在家であるから不可能）、不塗飾香鬘戒と不歌舞観聴戒を一つの戒としてまとめ、その日ばかりは夫婦間であっても性交渉を慎むという意味で不邪淫戒を不淫戒とした八つの戒となります。この八つの戒を月のうちの八日・十四日・十五日・二十三日・二十九日・三十日の六日（これを六斎日といいます。また一日・八日・十四日・十五日・二十三日・三十日とする説もあります。また四斎日もあります）に守ります。

なお、在家の信者の要件は、三帰依の他に五戒を受ける必要があるという説もありますが、通常、三宝に帰依した一般の人は、すべて在家の仏教信者と見なされています。

以上を図示しますと次のようになります。

七衆

比丘（正式の男性出家者）	具足戒（二百五十戒）条項数は『四分律』による	四衆
比丘尼（正式の女性出家者）	具足戒（三百四十八戒）条項数は『四分律』による	四衆
式叉摩那（女性出家者。正式出家前の見習い期間）	六法戒	
沙弥（少年の出家者及び正式ではない成人男性出家者）	十戒	
沙弥尼（少女の出家者）	十戒	
優婆塞（男性在家信者）	五戒（時には八斎戒）	四衆
優婆夷（女性在家信者）	五戒（時には八斎戒）	四衆

四衆（なお比丘・比丘尼・沙弥・沙弥尼を四衆という場合もある）

このように戒は守る人の立場、状況によって相違があります。これら五戒・八斎戒・十戒・六法戒などは、いずれも具足戒より抽出したものといえます。このうち五戒・八斎戒・十戒・具足戒をまとめて「五八十具《ごはちじゅうぐ》」の戒と称します。

こういった戒に、さらに大乗仏教の解釈や大乗仏教独自の戒が加わり、戒は非常に複雑なものになります。また、三宝に帰依する三帰依自体が三帰戒という戒の一つと見なされ、全仏教を通じて非常に重視されています。

第五項　大乗仏教の戒―三聚浄戒―

また、大乗仏教を代表する戒に三聚浄戒《さんじゅじょうかい》という戒があります。先述の五戒・六法戒・八斎戒・十戒・具足戒は、大乗仏教・部派仏教・上座仏教にほぼ共通するものですが、三聚浄戒は大乗仏教のみがもつ戒です。なお、詳しくは後に触れますが、部派仏教とは俗に言う小乗仏教のことです。釈尊亡き後、百年ほど後に仏教教団は二つに分かれ、やがてさらに多数の分派に分かれました。この分派の総称を部派仏教といいます（第六章第一節参照）。

三聚浄戒は、大乗仏教の修行者である菩薩《ぼさつ》（仏と同じ悟りをめざす修行者）のたもつべき戒であり、大乗菩薩戒として知られています。これは他の人々や生命あるものを慈しみ利益《りやく》する利他《りた》の側面を強調した戒の見方、実践の仕方と言えるものです。

さて、三聚浄戒とは、摂律儀戒《しょうりつぎかい》・摂善法戒《しょうぜんぼうかい》・摂衆生戒《しょうしゅじょうかい》（饒益有情戒《にょうやくうじょうかい》）の三つで成り立っています。

しかし三つしか戒の条項がないのではありません。この三つは大乗仏教の戒の理念というべきものです。つまり、三聚浄戒とは、戒の条項というよりも、むしろ大乗仏教の心意気を示したスローガン的なものといえましょう。つまりこの心意気で従来の戒も遵守するということになります。

㈠　摂律儀戒

止悪の戒です。具体的には、先に触れたような在家なら在家の五戒・八斎戒、出家者である沙弥・沙弥尼の十戒、式叉摩那の六法戒、比丘や比丘尼の具足戒が配当されます。つまり従来の戒律がこれに相当します（以上は『瑜伽師地論《ゆがしじろん》』の説によります）。

なお、大乗仏教は、こういった五戒や具足戒などといった原始仏教や上座仏教・部派仏教と共通の戒の他に、大乗仏教独自の戒として十善戒《じゅうぜんかい》や十重禁《じゅうじゅうきん》（戒《かい》）、四十八軽戒《しじゅうはちきょうかい》をたてています。

そこで、摂律儀戒には具足戒や五戒ではなく、大乗独自の十善戒や十重禁四十八軽戒の止悪の面を配当する説があります。また、大乗仏教独自の十善戒の条項自体に、すでに三聚浄戒の徳性が備わっているとする説などもあり、同じ大乗仏教でも解釈や編成に諸説あるところです。

とは言え、内容から言えば、これは悪を防ぐ止悪の戒を指しているにほかなりません。つまり、戒のもつ止悪の性格を摂律儀戒としているということになります。

㈡　摂善法戒

これは行善の戒になります。つまり進んでさまざまな善を行なうこと、善を促進することです。また仏教の教えすべてであるともいいます。

摂善法戒は、具体的な戒の条項があるのではなく、「善を行なう」という理念を戒としたものといえましょう。これは出家・在家ともに共通する戒になります。『瑜伽師地論』では行為（身業）と言葉（語業）、そして心（意業）によって諸々の善を行なうこととされ、合掌や礼拝、あるいは病気の人を看病することなどさまざまな具体例が挙げられています。また十善戒などの行善の面であるという説もあります。

これも説によって説き方はさまざまですが、行善を強調した理念という点では一致しています。

㈢　摂衆生戒（饒益有情戒）

これは利他の戒になります。利他というのは先に触れましたように他者（人間のみではなく生命あるものすべて）の利益や幸福、悟りのためになることをする、あるいは他者のためにつくす、救済するということです。ですから摂衆生戒というのはすべての生きとし生けるもののためにつくすという戒です。これも具体的な条項があるのではなく、こういった利他の行ないの理念自体を戒としたものです。これも出家と在家とに共通します。

具体的には、四《し》無量心《むりょうしん》（無量の衆生に対して、楽を与え（慈）、苦を除き（悲）、他人が楽を与えるのを見て喜び（喜）、他人に対して愛憎の心や怨むとか親しいという観念さえ懐かず平等な心であること（捨））が配当されたり、あるいは十善戒の利他の面が配当されたりします。また『瑜伽師地論』では、恐怖を懐く者を救済することや病気の看病や財宝や親族を失って悲嘆する者を教え導くなどの十一種の活動が配当されるなどしています。

これも、説き方はさまざまですが、利他の理念を戒としたものにほかなりません。

戒律には止悪・行善の二面の性格があることはすでに述べたとおりです。しかし大乗以前の戒の理解では、行善は善を促進するものとはいっても受戒等の儀式・作法などについてであり、社会的・道徳的な実践を行なおうというものではありませんでした。これに対し大乗仏教の三聚浄戒は、戒の行善面の理解を従来より進展させ、具体的な善行や救済をも射程に入れています。これが摂善法戒ということになります。

さらに、行善の最拡大化とも言える利他の精神を付加し、戒の性格を二面から三面に拡張しています。この第三の側面が摂衆生戒です。

従来の具足戒や五戒も大乗仏教では自利のみならず利他の大乗の心意気で受け取り実践していくのです。これが三聚浄戒です。自分の悟りのため（自利）だけではなくむしろ利他に重点を置く大乗仏教自体の特徴がこれらの点から明瞭に浮かび上がってくると言えます。

三聚浄戒	摂律儀戒	止悪	五・六・八・十・具足のそれぞれの戒 また大乗仏教独自の戒（十善戒など）の止悪の面
	摂善法戒	作善	善を行なうこと また大乗仏教独自の戒（十善戒など）の作善の面
	摂衆生戒 （饒益有情戒）	利他	他者を救済・導くこと。四無量心・十一種の活動など また大乗仏教独自の戒（十善戒など）の利他の面

以上のように戒は、大乗仏教と部派仏教や上座仏教との間で相違があったり、あるいは同じ大乗仏教でも異説があったり、条項数が違ったりするなど複雑な展開を示しています。しかし、つまるところ、その目的は同じです。つまり心身を調え、よい習慣を身につけ、善を行ない、次の定を行ないやすくすることです。悪を抑止し、生活態度を正しくたもてば、心も自ずから澄み、その偏りのない澄んだ心から、真理を映し出す瞑想、そして、そこから悟りの智慧が生じやすくなるということになります。大乗仏教はここにさらに具体的な善の推奨、そして利他の精神をも含めたのです。また第六章で詳しく述べますが、大乗仏教ではこういった善行や利他の行為、そして持戒も悟りの智慧の獲得につながると考えました。

第三節　定学

第一項　定とは

戒により心身が整えられますと、次に定《じょう》、つまり現代で言う瞑想が実践されます。定とは深い瞑想のことで、心の散乱を静め止める修行のことです。また、その修行によってもたらされた深い精神状態、心の働きも含めて定といいます。なお、こういった心が静まった状態である定に対し、心が散り動く状態を仏教では散《さん》といいます。

定とはサマーディ（samādhi）を訳した言葉です。音写して三摩地《さんまじ》とか三昧《さんまい》と書かれます。意味によって翻訳しますと等持《とうじ》という語になります。また定は心が一点に集中して散乱しない状態ですから、心《しん》一境性《いっきょうしょう》ともいわれ、あるいは禅定とも呼ばれます。

なお、定を示す言葉は多数あります。『成唯識論了義燈《じょうゆいしきろんりょうぎとう》』という書物によれば、先に挙げたサマーディのほかに六つの異名が挙げられています。

㈠ 三摩呬多《さんまきた》（samāhita サマーヒタ）
㈡ 三摩鉢底《さんまばってい》（samāpatti サマーパッティ）
㈢ 禅那《ぜんな》（駄那演那《だなえんな》）（dhyāna ディヤーナ）
㈣ 質多翳迦阿羯羅多《しったえいかあからた》（cittaikāgratā チッタイカーグラター）
㈤ 奢摩他《しゃまた》（śamatha シャマタ）
㈥ 現法楽住《げんぼうらくじゅう》

さらにヨーガ（yoga）という名もあります。ヨーガとは仏教以前、バラモン教の時代からある瞑想のことですが、言葉としては仏教でも使います。漢字で瑜伽《ゆが》と書き、定・三昧などとほぼ同じ意味で使っています。むろん内容の点ではバラモン教などインドの他の宗教のヨーガとは異なりますので注意しなければなりません。

これら多数の異名は、定の性格や種類、あるいは定の境地の深さ、範囲などによるものと考えることができます。

では、三学でいう定とはどれなのでしょうか。三学でいう定は、通常、はじめに挙げたサマーディ、三昧・三摩地と書かれる定です。この三昧・三摩地と書かれる定は、その指し示す境地や性格などの範囲がもっとも広いものです。ですから、他の名称の瞑想のほぼすべてをフォローしていると考えて間違いありません。なおここではこのサマーディの意味で、定、瞑想、禅定といった名称を使うことにします。

第二項　定の目的

では、なぜ定の修行を行なうのでしょうか。それは「禅定は、智慧のための故なり」（定を実践するのは智慧の〔獲得の〕ためである）といわれるように、悟りの智慧を獲得するためです。

つまり戒律を遵守し、これによって定を実践しやすくし、そして定を実践して悟りの智慧を獲得するということなのです。そしてこの悟りの智慧によって煩悩を断ち、残存している無表業をも滅し、苦を完全に消滅させ二度と起こらないようにする、つまり解脱する（涅槃に入る）というわけです。

しかし、智慧を獲得するにはなぜ定が必要なのでしょうか。これについて次のような喩えで説かれています。

涅槃は悟りの智慧より生じ、悟りの智慧は禅定より生まれる。たとえば、灯火をともせば、すべてを照らし出すのと同じである。しかし大風の中にあっては灯火はその働きをまっとうすることができない。ところがもし灯火を風の入らない部屋の中に置けばその働きをまっとうすることができる。悟りの智慧も、もし禅定という部屋がなければ智慧があってもその働きをまっとうすることができないのである。

と。つまり悟りの智慧を灯火であるとすれば、それを守る部屋にあたるのが定ということになります。定はランプの火屋にあたるものでしょう。

このように定とは悟りの智慧を獲得するものであり、またこの智慧を守るものであるため、悟りの智慧の獲得には必ず必要な修行であるということなのです。

もともと定はインドでは仏教以前からあった一般的な実践法です。釈尊が最初に師匠としてついたアーラーラ仙人やウッダカ仙人も瞑想の修行者であったわけです。ですから瞑想を用いるのは仏教だけではありません。この辺りの事情は先に触れました輪廻や業・解脱といったもとからインドにあった思想の受容と似ています。そして輪廻や業・解脱の思想の受容と同じく、仏教は定・瞑想を受容し独自のものへと発展させます。

仏教以外のインドの宗教や思想では深い定の境地（心の状態、世界のこと）を涅槃とするものもあります。これに対し仏教では定はあくまで悟りの智慧の獲得のためと位置づけます。定によって悟りの智慧を獲得し、その智慧の力をもって苦の原因である煩悩や残存している無表業を断ち苦の完全な解決をはかるというのが仏教です。ですから定の境地がいくら深くとも、そのまま悟りの世界（涅槃《ねはん》）でも解脱《げだつ》でもないということです。というのも定を行なっているうちはたしかに心が安楽でも瞑想を終えるともとに戻ってしまうからです。また定の境地が深くなって心が停止したり無くなってしまっては、獲得すべき智慧の発生もなくなってしまうからです。

このように仏教では、あくまで悟りの智慧の獲得が定の目的なのであり、定の完成そのものを涅槃としたり目的とするインドの他の思想や宗教と一線を画します。

第三項　仏教の定の特徴―止観均等―

さて、仏教の定の実践には、止の定と観の定の両方を用いるのが通例です。止の定と観の定とを合わせて止観《しかん》といいます。

止の定というのは、先の定の異名に挙げました奢摩他（シャマタ）のことです。これはその字の「止」が示すように、心を沈静、静止させていく瞑想のことです。

これに対し観の定は、先の『成唯識論了義燈』には名が出ておりませんが、毘鉢舎那《びばしゃな》（vipaśyanā ビパシャナー）といい智慧をもって対象を観察するものです。あたかも止の定によって静まった心の水面に、対象を正しく映し出す智慧の働きといえましょう。

これはまた「観《かん》じる」ともいい、心の中で智慧の力で見ること、つまり観察、瞑想することです。また観想ともいいます。つまり今まで瞑想すると言ってきたことを専門的な言い回しで言うと「観じる」という言い方になります。

また止は煩悩を遮断し、観は煩悩を断滅させるといわれます。古来、止は草をとらえるのと同じであり、観は鎌をもってその草を刈るのと同じであるともいわれます。

仏教の定の実践はこの止の定と観の定の両方を用います。これを止観双運《しかんそううん》といいます。

そして仏教が説く理想的な定は、止と観がバランスがとれて存在している状態であり、この状態を止観均等《しかんきんとう》、あるいは止観均行《しかんきんぎょう》といいます。悟りの智慧が獲得できるのは瞑想がこの止観均等の状態にあるときです。というのも、瞑想中、観の瞑想が勝ちすぎますと心が浮動、散乱します。しかし止の瞑想が勝ちすぎますと心が停止したり消滅するような状態となり、気絶状態と同じことになってしまいます。これでは智慧の獲得ができません。そのため止と観が均等に存在する止観均等の瞑想が理想的とされるのです。

　では止観均等はどれくらいの深さの瞑想（定）なのかということになりますが、これは三界で言いますと色界の瞑想の境地が相当します。この色界の瞑想には初禅から最高の第四禅までの四段階あり、これを総称して四禅《しぜん》または四静慮《しじょうりょ》といいます。この四段階の中でも第四禅がもっとも優れた止観均等の状態にあるといいます。

　釈尊が出家して最初に師事した二人の師（仙人）は、ともに止に属する深い瞑想を行なう修行者でした。釈尊はこの深ければ深いほどよいといった瞑想では悟りが得られないと知り、師のもとを去ったのです。そして、最終的に止観双運といった止と観を等分に用いる独自の瞑想を用いて悟りに達したわけです。

　釈尊が悟りを得たのも色界の第四禅の定、また入滅の前に入った瞑想も色界の第四禅の定なのです。また神通力というようなものもこの境地で得られるとされます。

　なお、仏教の目的は悟りであって神秘体験や超能力を得ることなどではありません。しかし、超能力的なものを頭から否定しているわけでもなく、定に熟達した仏や菩薩などには現代的に言えば超能力とも言える神通力があることを認めています。これに六つあり六神通といいます。そのうちで仏教に重要なものは漏尽通《ろじんつう》といい、煩悩を断つ力、つまり悟りの智慧の力を言います。それ以外の五つに関しては、とりたてて価値があるとはされません。

第四項　定の階梯

では、止と観のいずれの定が深いのかといいますと、止の定は三界でいいますと無色界に属し（無色界定）、観の定は色界に属すもの（色界定）ですから止の定の方が深いものです。

修行は当然ながら浅い所から深い所へと進みますから観の定から止の定へと進むことになります。三界で言いますと欲界という欲望を介してものごとを見る私たちの心の状態から、欲望を排してものごとをそのまま認識する色界という世界の定（色界定）に入ります。

先述しましたように色界の定（瞑想）は四段階に分けられ、浅い方から順に初禅・第二禅・第三禅・第四禅になります。この色界の四段階の定のことを四禅（四静慮）ということは先に述べたとおりです。これらは観の定に属するものです。

この四禅（四静慮）が止観均等の定です。色界の四禅ともに止観均等の定なのですが、その最高である第四禅がもっとも優れたものとされます。この第四禅では、瞑想を妨げる八つの心の働き（これを八災患《はっさいげん》といいます）を離れることができるといいます（そのためこの第四禅を不動定ともいい、それ以前を有動定といいます）。

さて、第四禅よりさらに瞑想が深くなりますと次は無色界の定に入ります。これは止の定の状態です。無色界の定も四段階に分けられます。この四つを総称して四無色定《しむしきじょう》といいます。四無色定のもっとも深い定の非想非非想処《ひそうひひそうじょ》の境地はほとんど無念無想に近いものとなります。

無色界よりさらに進みますと滅尽定《めつじんじょう》という定に入ります。これが定の中でもっとも深い瞑想です。「滅し尽《つ》くす」という字が表わしているように、心が完全に停止し消える状態の定であり真の無念無想の境地といえましょう。

以上の四禅（四段階）と四無色定（四段階）と滅尽定（一段階）を合わせて九段階あり、順次修得していくので、総称して九次第定《くしだいじょう》といいます。修行者は浅い境地から順次修行していくわけです。なお、阿羅漢《あらかん》の中でも優れたもの（不時解脱《ふじげだつ》の阿羅漢といいます）は九次第定の順を経ずに一段階飛ばして深い定に入ることができるとされます。また菩薩は一段階どころではなく、二段階でも八段階でも飛ばし自由自在にどの段階の定にも入ることができるとされます。

この九段階の定では、どの瞑想が最高によいのかといえば、もっとも深い滅尽定がよいのではなく、止観均等である色界の四禅定、特に第四禅が理想的な定であるということは言うまでもありません。無色界定は心が停止し、滅尽定に至りますと心が消えてしまいますから、いずれも智慧が出現しないのです。このように仏教では瞑想が深ければ深いほどよいという考えを採らないのです。

なお、輪廻の説明で六道説とともに出てきた欲界・色界・無色界の三界説は、こういった定の精神的境地から区分された分け方といえます。

第五項　定の修行方法

定の修行方法にはさまざまなものがあり一様ではありません。

たとえば、高名なものに、五停心観《ごじょうしんかん》という定があり五種の瞑想方法が説かれています。

一つ目は不浄観《ふじょうかん》です。人間の肉体が汚れたものと観《かん》じて、貪欲《とんよく》の煩悩を取り去ります。ですから貪の多い人に適します。

二つ目は慈悲観《じひかん》です。生きとし生けるものに対し自分がその苦を取り去り楽を与えるさまを観じる定です。これによって瞋恚《しんに》の煩悩を滅ぼします。ですから怒りの心の盛んな人に適します。

三つ目は縁起観《えんぎかん》（因縁観《いんねんかん》）です。十二縁起《じゅうにえんぎ》を順の方向、逆の方向に観じて愚痴の煩悩を滅ぼします。このため縁起観は愚痴の人に適します。なお、十二縁起については第七章で詳述しますが、ここで簡単に言えば、十二縁起とは苦の発生構造である三道を詳しく見たものです。順の方向に観じるというのは苦の原因から結果（苦）へと辿る方向へ観じること、逆の方向に観じるとは苦の原因の止滅が結果（苦）の止滅となる方向（または結果から原因へ遡る方向）に観じることを言います。

さて、以上の三つの瞑想は貪瞋痴の三毒の煩悩に対応していることが理解されましょう。

四つ目は界分別観《かいふんべつかん》（界差別観《かいしゃべつかん》）です。世界のすべては実体としてあるのではなく、さまざまな構成要素によって成り立っていると観じます。これによって我見《がけん》を取り去ります。ですから我見の人に適する瞑想です。我というのは現代で言う「われ」「私」という意味ではなく、ウパニシャッド哲学がうち立てた永遠不滅で絶対的な主体をいいます。そのようなものは本来無いにもかかわらず自分に我《が》があると執著する誤った見解のことを我見といいます。これも詳しくは第七章で述べますが、私たちは実は五蘊《ごうん》の集合体であり、そこには我はなく、五蘊のそれぞれも我ではないというのが仏教の立場です。

五つ目は数息観《すそくかん》（安那般那観《あなはなかん》（念《ねん》））です。これは自分に出入りする呼吸を観じるものです。これは散乱した心を止めるもので、心を沈静化させていくものといえましょう。ですからこの定は心が散乱する人に適します。また各定に入る段階などでも用いられます。

このうち不浄観と数息観を初心者の入門の定とします。

また、四つ目の界分別観を念仏観に代えると五門禅《ごもんぜん》というものになります。念仏観とは仏を観じるものです。

五停心観においてのみにかぎらず、貪欲を断つには不浄観、瞋恚を断つには慈悲観、愚痴を断つには縁起観ということはしばしば説かれています。

また南伝仏教（上座仏教）では、定について、その方法のみならず実践する場所や注意点に至るまで詳細に説かれています。南伝仏教では定における観想の対象（瞑想する対象）を業処《ごつしょ》といい四十種が説かれます。この四十種の業処から修行者の性格に合わせて適切な業処を選び、上位の修行の足がかりとします。こういった性格などに合わせて選定する業処を応用業処といいます。これに対しすべての比丘たちに共通して用いられる一切業処というものがあり、二種または三種が挙げられます。三種の場合、慈と死念と不浄の各瞑想です。

慈の瞑想では、修行者は最初慈しみの想いを及ぼす一定の範囲を区切り、その範囲内にいる修行者が幸福で悩みがないようにあれと瞑想し、この範囲を順次広げ最終的にすべての衆生にまで慈しみの範囲を広げていきます。この瞑想にはさまざまな功徳があると説かれています。死念とは、死を瞑想して執著を断つものです。不浄とは、不浄を瞑想してあらゆるものに心が引きずられないことを期するものです。

また、大乗仏教では、非常に多くのバリエーションに富んだ瞑想が説かれています。たとえば、『首楞厳三昧経《しゅりょうごんざんまいきょう》』に説かれる首楞厳三昧。『般舟三昧経《はんじゅさんまいきょう》』に説かれる般舟三昧。『法華《ほけ》経《きょう》』（フルネームでは『妙法蓮華経《みょうほうれんげきょう》』）に説かれる無量義処三昧《むりょうぎしょざんまい》。『華厳経《けごんきょう》』に説かれる海印三昧《かいいんざんまい》。真言宗で説かれる五相成身観《ごそうじょうしんかん》。天台宗で用いられる観法で、『摩訶止観《まかしかん》』に説かれる四種三昧《ししゅざんまい》（常座《じょうざ》、常《じょう》行《ぎょう》、半行半座《はんぎょうはんざ》、非行非座《ひぎょうひざ》の四種。ちなみにこの中の常行三昧は『般舟三昧経』の説に基づくものです）。『観《かん》無量寿経《むりょうじゅきょう》』には日輪を観想する日想観《にっそうかん》をはじめとする十六の観法が説かれています（十六観といいま

□寄り道⑭――念仏と定――

念仏という言葉をよく耳にします。今では「南《な》無阿弥陀仏《むあみだぶつ》」と仏の名を口で称えることをいいます。「仏を念じる」という字を書きながらどうして口で仏の名を称えることになるのかと疑問に思われた方もいらっしゃることでしょう。実はその疑問は当たっているのです。というのは、念仏とは本来は、その字の示すとおり仏を念じること、つまり仏を瞑想する定のことだったからです。そして、その方法の一つに口称《くしょう》（称名《しょうみょう》）という仏の名を称える方法がありました。しかし仏の名を称えることはあくまで瞑想修行の中の一方法で、しかも本筋のものではありませんでした。

ところが時代が下り、誰でも行ないやすい口称の念仏が念仏の主流になっていきました。そして、一般的には、いつしか念仏といえば仏の名を口で称える称名念仏（口称念仏）のことと考えられるようになりました。これが現在の念仏で、瞑想をともなうものではありません。そしてこれとは別に、もともとの仏を瞑想する定の方も、そのまま現在も本来のかたちで行なわれています。

す)。唯識思想の唯識三性観《ゆいしきさんしょうかん》など。また一つの宗派は一つの瞑想のみを使うというわけではありませんから、実に多数の瞑想があります。

ちなみに般舟三昧とは諸仏現前三昧・仏立三昧《ぶつりゅうざんまい》ともいい諸仏の姿を瞑想するものです。

このように大乗仏教では多種多様、膨大といっていいほどの数の定・三昧・観が説かれました。

いずれにしても、これらの定の実践はどれも悟りの智慧の獲得のために修められるわけです。

第六項　実践上の注意

このように、定は悟りの智慧の獲得のためには必ず必要な重要な修行です。そして深く心にかかわる問題です。実践中に方法を誤るとエキセントリックな体験をしたり、また恍惚状態になることもあります。あるいは定の心地よさに酔うこともあります。しかし、いずれも正しい定ではありません。仏教ではこのような状態を魔境《まきょう》といい、危険なので古来から厳しく注意し、きつく誡めてきました。

ですから修行者は、定が正しくなかったり、定の修行中に問題が起きたときに、それを見極めて正しく導いてもらえるよう、伝統仏教の熟達した指導者のもとで正しい順序にしたがった正しい指導を受けなければなりません。すぐれた師に巡り会うことはどんな場合にも重要なことですが、定の危険性からすれば、なおさらのことと心得なければなりません。

なお、宗派によっては一般向けの坐禅の集いなどを催している所もありますので、そのような機会を活用するのも良い方法です。

第四節　慧学

第一項　慧とは

最初に述べたように、仏教の目的は解脱・涅槃に至ることです。そしてこれを達成するのが悟りの智慧にほかなりません。

人は悟りの智慧によって真理を知り、ものごとの真実の姿を見ることができ、苦の発生原因である煩悩を断つことができ、残存した無表業をも消滅させることができるようになるのです。この悟りの

□寄り道⑮――定と日本・中国の禅――

ここまで読まれて、定は「禅」であるはずなのに、日本・中国の「禅」と雰囲気や考え方が少々異なるのではないかと思われるかもしれません。また禅とは無念無想になるものと考えていたのに、いろいろ瞑想するというのは思っていたものと少々違っている、と思われるかもしれません。

それはある意味で当たっています。定学は三学の中に位置づけられ、智慧を得る手段・階梯としての禅定ですが、一方「禅」はむしろ三学全体を含んだ行なのです。この日本や中国で展開した「禅」の考えは非常に高度なもので、仏教のすべてを「禅」というものに吸収した思想と言えるようなものなのです。そこではまた、禅は悟ろうとか悟りの智慧を獲得しようとかといった目的をもって行なうものではないとされています。

智慧は三学の修行により獲得されるのです。慧学はこの三学の最後になります。

さて、すでに述べたように「慧」は悟りに関するものから、社会的、世間的なもの、悪に働くものもありますが、慧学でいう慧とは、もちろん悟りに関するものに限定されます。これを般若《はんにゃ》、また般若の智慧ともいい、特に「智慧」の文字を使うことも既述のとおりです。

なお、厳密には慧という言葉の示す範囲の方が広く、慧の中に智が含まれています。また智という場合は悟りの智慧として使われることが少なくありません。

しかし、ここでは一応、智慧も慧も同じ、悟りに関する智慧という意味で使っていきます。

第二項　有漏の智慧と無漏の智慧

智慧は分け方によってさまざまに分けることができます。まず煩悩の有無から、煩悩をともなう智慧か、煩悩をともなわない智慧かの大きく二つに分けることができます。煩悩のともなう智慧を有漏《うろ》の智慧（有漏智）といい、煩悩のともなわない智慧を無漏《むろ》の智慧（無漏智）といいます。もちろん悟りの智慧は無漏智です。

第三項　有分別智と無分別智

〈有分別智と無分別智〉

また、智慧を働き方から分けますと有分別智《うふんべっち》と無分別智《むふんべっち》に分けることができます。

㈠　有分別智

有分別智とは、智慧が今、何をキャッチしているかを知っている智慧です。つまりキャッチする側（智慧）とされる側（対象、真理）が明確に意識され、その分別が働いている智慧ということです。つまり言い換えれば分け隔てする智慧ということになります。

㈡　無分別智

無分別智はこれに対し真理と智慧が一体化した智慧です。真理をキャッチする側である智慧とされる側である真理が一致している智慧です。言い換えれば悟る側である智慧が悟られる側の真理を意識さえしていないものです。そこには分け隔てなど一切ありません。一体化や一致ということは、まったく誤謬がないということでもあります。

そして、この無分別智こそが悟りの智慧にほかなりません。無分別智は般若波羅蜜《はんにゃはらみつ》ともいわれ最高の智慧です。

当然ながら、真理を見抜き真理と一体化した無分別智の方が有分別智よりも次元を越えて高度なものです。無分別智こそが修行によって獲得をめざすものです。そして、この無分別智が煩悩を断つのです。

なお、有分別智より無分別智がよいということについては、少々意外に思われる方もいらっしゃると思います。有分別智は「分別のある」智慧と書いてあり、無分別智は「分別のない」智慧と書いてあります。現代では一般に「分別のある」ことがよく「分別のない」ことはよくないこととされています。つまり「分別がある」というのは道理や常識、善悪を心得ていること、あるいは思慮のあることというよい意味に使われているからです。ですから、有分別智の方がよいのではないかと思われて当然です。しかし仏教では「無分別」とか「分別がない」方が高度なのです。

なぜでしょうか。これは、仏教の思想、哲学、発想を知る上で重要な手がかりとなりますので少々言及したいと思います。

〈分別について〉

仏教で言う分別については、いろいろな説がありますが、自分の心、あるいは智慧がその認識対象(見たり聞いたり嗅いだり味わったり触ったりするもの、あるいは心で感じたり考えたりすることなども含む)を区分、区別すること、相違を認識することです。また、この相違の認識の上でそれが何であるかなどを思いはかること、判断、概念化することなども含め、分別といいます。

さて、分別が起こりますと、自分と自分の認識している他者、他のものを意識しはじめます。そうすると自分と他者、他のものを区別、区分し、認識する自分と認識される他者(他のもの)という自他が対立した構造を心が描きます。さらに、これら認識したもの(認識対象)に対して自分から見た是非、正否、好悪などなどの判断が生まれてきます。是非・正否・好悪などの判断が生まれるとそれに対し私たちの心は執著を生じます。それが何であるかとか、是非・正否・好悪の判断自体が執著ともいえます。さて執著が生まれると煩悩が生まれます。つまり好ましいものは自分に引き寄せようとします。煩悩でいう貪欲です。好ましくないもの、自分に不都合なものは遠ざけようとし、自分の思いがかなわなければ怒ったりします。瞋恚です。このようにいろいろな煩悩が発生していきます。煩悩が発生すると、すでに述べましたように惑（煩悩）→業→苦の構造に陥ってしまうことになります。つまり最終的に苦悩が起こることになるわけです。

このように煩悩（惑）はつきつめれば分別に起因するわけです。ものごとの区別、区分が認識された途端、また物の差異が認識され心に思いはかりが生まれた途端、心には執著が生じ煩悩が生じてしまうのです。

また自他についての分別は自分と他者、他のものを分け隔てするので、どうしても自己に執著が起こります。そのため自分を大切にしたい、自分の利益をはかりたい、自分を守りたいと無意識に考えてしまうことになります。自分に執著しますと、惑（貪瞋痴）の項で見たとおり、利益を追求するときも、善行をするときも、いつも「私が」「自分が」と利己的、自己中心的に思って行動をすることになります。これが無反省に放置されれば、倫理も道徳も人間としての矜持も何もなく、基準はひたすら自分の損得勘定のみでものごとを判断することになります。そして競争、闘争の中に身を置き争いをくり広げていきます。自分の利益が犯されたり、思いどおりにならないと怒り、他者や社会を傷つけ、ついには自らも傷つけることになります。そして苦悩を招くという結果になります。

これらはすべて「自分」と「他者」、あるいは「他の存在」を区分し分け隔てする分別から起こっているのです。つまり「私」「自分」と「他者」「他の存在」「それは何であるかなど」を分別して区別し、そこに執著することから発生してくる問題です。こういった区分、区別、分け隔てする心、相違を認識しはからう心を分別といい、私たち凡夫の分別を虚妄分別《こもうふんべつ》、妄分別《もうふんべつ》といいます。

このようなわけで仏教は分別に問題があるとするのです。

では、その分別は一体何によって生じてくるのでしょうか。

分別がないという状態は、たとえば、大きな鏡に影像を映し出しているようなものです。鏡はその前に現われるものが何であろうと、そのすべてを分け隔てなく映します。そのようにいかなるものを見聞しても、私たちの心がすべてをそのままに受け入れられるならば、それが分別がないということになります。ところが、実際にはそうではなく、私たちの心は本来区分などないその映った影像に境界線を引き、ここから私、ここからあなた、ここから机、ここから床などと切り取り、それがどのようなものであるのか、価値があるとかないとか思い巡らして執著していくわけです。この境界線を引いたり、切り取ったり、価値があるとかないとか思い巡らすことが分別です。

この私たちの見聞している世界を分別し切り取る道具にあたるのが、実は私たちの言葉なのです。私たちは言葉で考え、情報を得、思惟します。しかしそもそもは、どのようなものにも名前がついていません。人間の言う石も床も机も床に置いてあるお札も金塊も、蟻からいえば大地の延長でしょう。どこからどこまでが机なのか、価値があるものなのか、知るよしもありません。つまり、私たちは言葉で表現することが不可能な世界を仮に言葉で表現しているのです。そしてそれはとりもなおさず、人間が主観的な世界を心の中に作り上げ、分類し、本来は価値や区別のない世界を区分し、その区分にしたがって価値をつけ差異をつけていくことであり、それが分別の本性なのです。私たちは世界を客観的に認識していると思っています。しかし実は、それは言葉というもので区切りをつけ、もともとない価値づけをしている誤った認識であるというわけです。

このように言葉によって分別が生まれ、分別によって執著が生まれ、執著によって煩悩が生まれ、煩悩によって業を起こし、業によって苦を受けるということになります。

したがって、分別がなく真理は真理のままに、鏡にそのまま映し込むように、ものごとをありのままに見ることのできる分別のない智慧、つまり無分別智こそが、分別を断ち執著を断ち煩悩を断つ悟りの智慧たり得るのです。その智慧は、これが真理だ、あれは真理でない、という認識も、真理と真理を見ている自分といった意識もない、まさしく真理と一致した智慧です。

なお、分別しないということは、当然ながら、何も見ないとか感じないということではありません。たとえば眼を閉じて何も見ないというのであれば、それはすでに見ていたことがあり、見えるということと分別した上での「見ない、見えない」にすぎません。何も見ていない自分というものが、そのとき分別して意識されてもいます。何よりも「何も見ていない」ということ自体が分別、思いはからいにほかなりません。

また、もし本当に何もない状態になるということが可能でも、それは深すぎる定や気絶、卒倒状態と同じであり、智慧は存在しません。分別しないということと何も見えない感じないこととはまったく別のことです。同様に真理と一体化した智慧といっても自分という存在、または精神が真理に溶け込むようなことではありませんし、一体化したことがわかっている自分がいては、それも一体化ではありません。

〈無分別後得智〉

このようなわけで無分別智こそが煩悩を断ち切る悟りの智慧なのです。しかし、無分別智のみでは真理を悟ることはできても救済活動をすることができません。なぜなら無分別智は先述のように分別が一切ありませんから、自分はおろか救済対象さえも認識も意識もしないからです。そうなりますと、果たして、誰が救済すべき対象であるのか、どこで何に苦しんでいるのかという認識さえ生まれないわけです。そういった誰とか、どこでとか、何に苦しんでいるのか苦しんでいないのかということはすべて、分け隔ての心、思いはからいの心、分別に起因するものです。

そこで仏や菩薩は、すでに得た無分別智をよりどころとしながらも、対象を意識し区別する智慧を働かせます。この智慧は当然分別のある智慧、つまり有分別の智慧、有分別智です。そしてこの有分別智によって仏や菩薩は救済活動に邁進するわけです。

しかしこの有分別智は無分別智を得る以前の有分別智と同じではありません。すでに無分別智を得た後、その無分別智をよりどころとした有分別智です。このためこれを無分別後得智《むふんべつごとくち》、あるいは単に後得智ともいいます。またこれに対して無分別智は根本的なものですから、特に根本無分別智《こんぽんむふんべつち》、あるいは根本智《こんぽんち》といいます。

第四項　悟りの智慧の獲得へ―三慧―

〈分別と執著の否定〉

以上のことから留意すべき点は、私たちの行なう人を救済するという善の行ないについてさえ、救済する側とされる側、救済しない人々という区別の意識、つまり分別があるという点です。また、それを敷衍しますと、救済すべき人とそうでない人、苦しんでいる人とそうでない人などを分け隔てしているということにもなるわけです。

先に述べた後得智は別にして、仏教ではこういった区分も分別もあまりよくないと考えています。なぜなら、たとえ救済に関することでも見たり聞いたりする認識対象に執著することになるからです。執著はいかなるものに対する執著でも煩悩を発生させることになりかねません。無分別智を得ていない場合は、むしろ救済活動や善行にも執著が生じかねないことに気をつけねばならないのです。執著が悪く働けば、相手を見下した哀れみによる（現代で言う差別心に基づく）教化や救済活動になってしまいます。また、損得勘定や自分への評価を期待しての活動ともなりかねません。

また一方で、このようなことを知っていると自負している人にも同じ問題が発生する場合があります。たとえば「人間の心には煩悩が働いてしまうものだ。また人間は自己中心的である。そういったことを私は知っている。そのためいつも自己を内省、反省しつつ、自分は至らない凡人であると知って日々を過ごしている」と思っている人がいるとしましょう。これはやはり分別の心です。もしこのことに執著すれば「私は内省的で宗教的、精神的に優れている、深い」（「他は劣っている、浅い」）など人を見下し自らをもち上げる傲慢な心が働くことになります。つまり、知っている自分というものに執著し、自分が絶対に優れ、正しく、他者は劣り誤っているという考えに陥ってしまうわけです。もし謙虚な人や信仰深いといわれる人に傲慢な匂いを感じることがあるとすれば、おそらくこのためです。

このように執著の心、言い換えればとらわれの心にきわめて重大な問題があると仏教は考えるのです。

執著は虚妄分別、思いはからいから生まれる心です。善や救済活動は当然によいことなのでそれを推奨しつつも、仏教はこのような執著による問題点を指摘していきます。今の説明にあった優れた、劣ったということも先に述べた言葉による分別にほかならないわけです。もとより優劣などあろうはずがないものを言葉によって区分して、そこに優劣というこれもまた言葉による価値づけをし執著し一喜一憂するわけです。優劣の代わりに、損得、好悪、正邪、また役に立つ立たないなどになっても、すべて同じです。

このように私たちが見聞きしたり、思い描くことのできるあらゆるものは執著や心がとらわれる対象となります。たとえ無いものに対してさえも執著が生まれます。「ああ、あれが私にあったら……」というような場合がこれにあたります。真理や善、正義、宗教や信仰さえも例外ではありません。執著する対象が真理や善、正義、宗教、信仰、尊いものであるから、そこに執著することは執著にならないということにはなりません。執著の対象がお金や名誉や地位から、それらに入れ替わったというこにしかすぎません。悪というものが具体的に存在するというよりも、執著の対象がいかなるものであれ、執著することにより過失や悪を生じると仏教は考えているわけです。正義に執著すると正義同士の闘争になります。その場合、いずれも自分が正義だと思っているので、お金に執著し闘争するより悲惨な状況になるでしょう。極端な例は宗教戦争です。正義や善、宗教への執著による争いは人類を滅亡に導く可能性さえ否定できません。

ゆえに、こういった執著を生む原因となる分別を断つ無分別智を得、最終的に煩悩を断つことが真の幸福、平安に至る道であると説くのが仏教なのです。

普寂《ふじゃく》という江戸時代の浄土宗の学僧はまさしく次のように述べています。

「昔の人が『執持《しつじ》の執はあるべきである。しかし執著《しゅうじゃく》の執はあってはならない』と述べているがそのとおりである。執著の心が活動すれば正しい仏教の教えもたちまちに邪で弊害があるものとなってしまう。ところが執著と堅固であることとは、その趣が似ているため、考えの浅い愚かな人々は、執著こそが深い信仰心であると考えてしまう。それは、あたかも燕石（まがいものの玉）を夜光（夜光の珠）とするようなものである。しかしこの謬りによって多くの過失を生んでいる」と。

仏教の教えや信仰に対してさえ、執著すれば問題や過失が生まれるということです。

なお、ここで言う執著しないとか、とらわれないということは、相手を意識しないとか、見ない、無視するという意味ではありません。相手を見ないとか無視するといったことは、まさしく相手を見ない、無視するということに執著しているか、もしくは意識しないとか執著しないということ自体に執著しとらわれていることです。

ですから、仏教は「とらわれないこと」「執著しないこと」をもっとも尊び重視しますが、同時に「とらわれないこと」にもとらわれず、「執著しないこと」にも執著してはならないと注意を促します。つまり、とらわれてはならない、執著してはならないということに、例外はないということです。

この「とらわれないこと」「執著しないこと」とは、現代的に言い換えれば心が何ものにも拘束されないこと「真に自由であること」ということもできましょう。つまり仏教の目的を現代的な言葉で言えば真に自由になることをめざしていることとも言えるわけです。（なお、自由という言葉も本来は仏教用語です。自由はいろいろな意味で使われますが、解脱や現代で言う自由という意味でも使われます。自由自在も仏教用語です。）

ここで自由ということを使って執著しないことに執著してしまうことの説明をしてみましょう。私たちは自由というとき、実は自由であるという一定の型をすでに想定してしまっています。その型とは、はちゃめちゃすることとか、常識や規則・ルールを無視すること、権威や既成のものに反発すること、あるいは少々の奇行をすることなどです。服装について言えばネクタイとスーツを着けると型にはまった人間と見なされ、ジーパンにラフなシャツなら自由人と見なされます。そして自由な人と思われたい、自分で自分を自由人と思いたい、と、自分のファッションや行動を選びます。ここでわかるのは、私たちの考える自由とはすでに自由ではなく「自由という型」にはまることなのだということです。

そこにはもはや心の自由さはありません。自由と不自由を分別し、自由の観念を懐き、それに執著し、自分の発想や心を不自由にしてしまっているのです。これは自由ではなく、きわめて不自由な姿であり、「不自由という形の牢獄」から「自由という形の牢獄」に入ったという違いでしかありません。

執著しないということに執著しますと同じような過失に陥ります。執著しないことやとらわれないことにとらわれますと、無神経にあることや、わがままにふるまうこと、周囲にかまわずしたい放題行動することなどを、執著しないこと、とらわれないことと混同することになります。また常識や既成のもの、ルールを無視したり、破壊したりすることを常識や既成のもの、ルールにとらわれないことと思ってしまう危険性があります。これらは誤りです。これは常識や既成のもの、ルールというとの指し示す形や範囲を観念的に分別し、この観念の逆、つまり補集合に対し強い執著をしているのです。そしてそれを貪り、自由人だ、執著しない人だという自己満足や他者の評価を得ようとしているわけです。言い換えれば、この状態はまぎれもなく自己の欲望と自分の主観の世界（分別）に執著し煩悩のままの行動をとっている状態です。執著しないどころか最大の執著を発生させ貪っている姿にほかなりません。

このようなわけで、「とらわれないこと」「執著しないこと」「心が何ものにも拘束されず自由であること」とは「とらわれないこと」「執著しないこと」「心が何ものにも拘束されず自由であること」にもとらわれてはならず、執著してはならず、拘束されてはならないのです。この「執著しないことにも執著せず」「とらわれないことにもとらわれない」ことこそ本当の意味での執著しないこと、とらわれないことにほかなりません。

仏教はこの「とらわれない」「執著しない」境地をめざして修行していると言えます。つきつめていえば無分別の境地です。ですから救済活動であっても善行であっても、そのめざすところは、何ものにもとらわれずに実践ができる、ということになります。

その詳細は第四章で述べますが、これを一言で中道《ちゅうどう》と言います。また、この「とらわれない」「執著しない」「偏らない」、あるいは「中道」ということは第七章で述べる縁起、空という仏教の哲学を実践面に展開したものといえます。そして、無分別智とはこの縁起・空を体得した智慧、縁起・空という真理に一体化した智慧、すなわち空に達した最高の智慧ということになります。

〈三慧〉

では、悟りの智慧はどこから生まれるのでしょうか。

私たちにも有漏で微弱ですが、生まれながらに智慧が備わっています。それを鍛え磨き上げていくのです。この生まれながらに備わっている先天的な智慧を生得《しょうとく》の慧といいます。ただしそれは智慧ではありますが有漏で微弱なため、そのままではいまだ煩悩を断つ力がありません。そこでこの生得の慧といういわば種を、戒定慧という修行によって悟りの智慧へと育て、鍛え、磨き上げていくのです。その方法が悟りの智慧の獲得の構造、すなわち三学なのです。

悟りの智慧の獲得段階を特に智慧の方面から三段階に分けることができます。各段階で得る智慧を聞慧《もんえ》・思慧《しえ》・修慧《しゅえ》といいます。この三つを合わせて三慧《さんえ》（または「さんね」）といい、先の生得の慧と合わせて四慧《しえ》といいます。

㈠　聞慧

聞所成《もんしょじょう》の慧ともいいます。つまり聞くことより生まれる智慧のことです。生得の慧を使って仏教の教えを聞き学び、経典を読んだり学習することによって得られる智慧です。現代的に言えば学習や勉強による智慧、知識による智慧というべきものでしょう。仏教の道は、まず教えを聞く、学ぶということから始まるわけです。この場合、もちろんバラモン教のヴェーダ聖典や仏教以外の教え、他の学問を聞いても学んでも、この聞慧にはなりません。

㈡　思慧

思所成《ししょじょう》の慧ともいいます。つまり思索によって生まれる智慧です。聞慧によって得た教えの内容を思索することによって得る智慧が思慧ということになります。聞慧という知識による智慧から進み、その内容が主体的な思索によって深められた智慧ということになります。現代的に言えば哲学することによって鍛えられた智慧といえましょう。

㈢　修慧

修所成《しゅしょじょう》の慧ともいいます。つまり実践によって得た智慧です。この場合の実践とは定のことです。思慧によって得た智慧をさらに定の実践により錬磨し体得した智慧が修慧です。これが悟りの智慧になります。

これら生得の慧・聞慧・思慧・修慧はばらばらのものではなく、「生得の慧」→「聞慧」→「思慧」

↓「修慧」という順に智慧を育み、錬磨して獲得していくのです。

水泳の練習に喩えますと、まったく泳げない人は最初浮き輪などにつかまって泳ぎます。浮き輪がないと溺れます。この浮き輪に相当するのが教えを述べる言葉です。浮き輪（言葉）につかまって泳ぐ練習をしている、これが聞慧の段階です。次にいまだ完全には泳げませんが、少し浮きはじめますと浮き輪をもったり離したりしながら泳ぐことができます。これが思慧の段階です。この段階も浮き輪（言葉）がないと溺れます。次に修慧になりますと浮き輪なしで自在に泳ぎます。もし、選手のように自在に泳げる人がクロールなどするときに腰に浮き輪をつけたりしたら、かえって邪魔になり体を痛めるかもしれません。つまりそれまで手がかりにしていた言葉が、高度な段階ではかえって正しい智慧の獲得を妨害することになるのです。言葉のもつ限界性や問題はすでに述べたとおりです。

このように最初は言葉を手がかりに教えを聞き、主体的に言葉によって思索します。そして最終的には実践によって言葉を離れ、無分別智、無漏智を体得するわけです。

第五項　智慧の修行

私たちが、善を行なおうとか、困っている人の役に立とうという心を起こして行動しても、いまだ無分別智を起こしていません。ですからこれは先のように執著やとらわれの心をもってのことです。悪く働きますと慢心を生むなど問題があるということは先に述べたように心にとどめておかなくてはならないわけです。また善を行なっても煩悩をともなう有漏善です。

しかしだからといって、何もしないでよいのではありません。こういったことを知り、自己を誡め慎重に進むべきなのです。この場合の自己を誡めることとか慎重ということは、善を行なう場合も善に執著しあるいは評価を気にすることなど、先に述べた分別や執著の問題を知り誡めることです。また行為や考えが独善に陥っていないか気を配ることといえましょう。このように注意していても過失に陥ることもあります。しかし、これを知っていて細心の注意をしているのと、まったく知らないで独善的に暴走していくのとでは大いなる相違があります。あたかもカーナビをはじめいろいろなメーター類やハンドル、ブレーキのついた車に乗るか、ブレーキもハンドルもメーター類もついておらず、ただアクセルだけの車に乗るかというほどの違いが出てきます。

修行を始めても無分別智・無漏の智慧が生まれるまでの道のりは長いとされていますが、しかし心を励まし錬磨し、勇気を奮って邁進するべきなのです。

第六項　まとめ

慧学の完成、つまり三学の完成が悟りの智慧（無漏智、無分別智）の獲得となります。獲得した悟りの智慧によって完全に煩悩を滅し涅槃に入るわけです。それは本当の安楽、平安な境地です。もちろん、無に帰するのでも何も感じなくなるわけでもありません。すべての分け隔て、分別の姿を離れ、鏡面がすべてを映しながら澄んで平らかであるように真理を見て取って平安であり、ゆえに煩悩を離れ、業を離れ、苦悩を離れ、絶対的に安楽な境地です。

以上で、仏教の目的は達成されたわけです。しかし仏陀はこの目的、安楽な悟りの境地自体にさえ執著せず救済活動に入っていきます。

なお、三学は以上のように戒↓定↓慧の段階として説かれますが、実際には相互に支え合っているといってよいでしょう。たとえば定学のときに慧学がないことなどあり得ないからです。戒学のとき、やはり慧学の聞慧などがないわけはありません。同様に慧学のときに戒学がないわけではありません。特に智慧はどの段階でも働かせねばならないといってよい重要なものであるわけです。

第四章　仏教の基本姿勢と釈尊の教法

第一節　仏教における信と智慧

第一項　智慧の重視と信

宗教といえば信・信仰が重要とされます。仏教も例外ではありません。そもそも説かれていることを否定しては教えに入れないからです。これは仏教にかぎらず他のことでも同じでしょう。

ところで、仏教は智慧の宗教とも言われ、智慧が信仰とともに必要欠くべからざるものという点に特徴があります。前章までで見てきたように仏教の大系では智慧という言葉がしばしば使われます。仏教の目的は解脱、涅槃、悟りの智慧の獲得、あるいは簡単に悟りと、いずれの言葉で言ってもよいのですが、その実現のツールとなるものこそ悟りの智慧と言われるものでした。三学自体がこの悟りの智慧を獲得するためのシステムです。仏教では入門から最後まで、一貫して智慧がかかわってくるのです。

しかしだからといって、仏教は決して信を軽視するわけではありません。やはり信は非常に重要視されています。

では、仏教における信とはどんなもので、どのような位置を占めているのでしょうか。

第二項　信とは

現代では一般的に信仰と言いますが、仏教では信心、あるいは信と言います。

私たちは普通にこれらの言葉を聞くと、どのようなものでもよいもの、正しいものと考えて受け容れ、無批判に従うこと、あるいは、それらを絶対と受け取って疑わないことというような意味で考えます。

「不合理なゆえに信ず」という有名な言葉が西洋にあります。これはキリスト教徒のテルトゥリアヌスが述べたものと伝えられていますが、私たちが信仰というと頭に思い描くのは、このようなものではないでしょうか。

しかし、仏教の言う信や信仰はそうではないのです。

さて、信仰に相当し、あるいは信と訳される言葉にはいくつかあります。

㈠　シュラッドハー（śraddhā）　教えの内容を十分に理解して受け取ること。また、心を澄ませ清らかにする精神の働きのことをいいます。

㈡　バクティ（bhakti）　これは信仰でも感情的なものといえましょう。身も心も捧げるような熱情的な信です。私たちが一般的に信仰というときにイメージするものといえましょう。

㈢　プラサーダ（prasāda）　教えを受けて、その結果、あるいは信仰の結果、心が清まること。これも心を澄ませ清らかにする精神の働きといってよいでしょう。

他にもアディムクティ（adhimukti　理解すること）などがありますが、これらがすべて信と訳されます。ヒンドゥー教では、信仰とは㈠と㈡が用いられます。特に㈡のバクティで信仰が表現されます。つまり熱情的な信仰がヒンドゥー教の言うところの信仰なのです。

ところが、仏教では主に㈠のシュラッドハーと㈢のプラサーダを用い、㈡のバクティは使いません。仏典での用例は絶無であるとさえいわれています。つまり仏教でいう信・信仰とは、理解する、納得して受け取るというような理知的な性格が強いものなのです。教えを理解して受け取ること、そして心を清める精神の働きなのです。いずれかといえば理知的で静かなものです。

また、仏教で言われる信は善の心の働きとされています。伝説では清らかな水精の玉が、濁水を清めるといわれるのですが、このように仏教の信は、心を澄ませ清らかにしていきます。

さらに、仏や阿羅漢、あるいはよき指導者に習い、清らかに仏を信じれば最終的には涅槃に至るとさえも説かれています。

信の対象は包括的に言えば仏・法・僧の三宝や因果の理とされます。三宝と清らかな戒への煩悩のない信を特に四証浄《ししょうじょう》、あるいは四不壊浄《しふえじょう》といいます。

つまり仏教は智慧を重視し、自己を錬磨することをあくまで中心にしていますが、また信仰の道も尊んでいるのです。一人一人の段階や個性などに合わせて非常に柔軟に教えが説かれ導かれたのです。『大智度論』には「仏法の大海は信を能入となし智を能度となす」という高名な言葉があります。これは、仏教の教えに人を入れるものは信であり、悟りの世界へ渡すものは智慧である、という意味です。「能度」の度とは、迷いの世界から悟りの世界に「わたる」「わたす」(渡)、あるいは救済するということです。なお仏教では「度」はほとんどこの意味で使われます。つまり、戒学や聞慧のはじめに、まず信が働くということでしょう。それによって心を清め、教えを聞いて受け取り、順次修行の階梯を重ねていくことができるわけです。

このように仏教は、智慧を重視するとともに信にも重要な位置を認めているのです。

第二節　平和で寛容な宗教、仏教

第一項　武力なしの布教

宗教といえば、宗教戦争を思い起こす人もあるかもしれません。また宗教は排他性をもち、他の宗教を認めないもの、共存のできないものであり、極端な場合は相手を攻撃するものと考えられがちです。

しかし、宗教全体が決してそうであるわけではありません。世界に無数といってよいほどの宗教がありますが、すべての宗教が宗教戦争をしたり排他的・非寛容な傾向があるかといえばそうでもないことがわかります。ただ不幸なことに世界的で影響力の大きな宗教がしばしば激しい戦争をしているので、宗教は戦争をともなうものであると考えられているのかもしれません。そしてそれは、一面の事実でもあります。

仏教も世界に広まり、世界を代表する三大宗教のうちの一つに数えられています。しかしいわゆる宗教戦争は経験していません。世界的宗教のうちで武力を使わずに教えが広まったのは仏教のみであるともいわれています（中村元『原始仏典を読む』岩波セミナーブックス10、一〇五頁）。それはすなわち、教えに包容性・寛容性があるということであり、またその教えの説き方も先述のように智慧を育て、各人の納得のいく説き方をしたことによるからでしょう。

まずは伝えられている次の話を見てみましょう。

第二項　ウパーリと釈尊の会話

あるとき、ジャイナ教の有力な在家の信者ウパーリ（釈尊の有名な弟子にウパーリという人がいますが別人）は師のナータプッタに、私が釈尊の説を論じ破ってやろうと申し出ました。ナータプッタはこれを喜び許しました。

さて、釈尊のもとに着いたウパーリはジャイナ教の教えの趣旨を説き、身・口・意罰（ジャイナ教では業といわず、罰という）のうちでは身罰（身業）がもっとも重いと主張しました。どうして微弱な意罰（意業）が強大な身罰（身業）を凌駕しようか、と。

釈尊はこれに対し、汝に真摯に論議をするつもりがあるなら応じようと述べ、ウパーリとの対話が始まりました。釈尊はウパーリにさまざまなケースを挙げてこの場合はどうなるであろうかと問いました。ウパーリはこれに答えていきましたが、その結果はウパーリ自らが意業（意罰）が重いと認め、答えることになってしまうのです。釈尊に汝の主張と矛盾しているではないかと次々につかれることになったウパーリは、ついに釈尊の説が道理にかなうことを認めました。そして、むしろ釈尊の説を賛嘆し、このような問答をさらに聞きたいと仏教の在家の信者となることを申し出ました。

ところが、釈尊は言います。それは熟慮しなくてはならぬことであると。特に汝のような知名の士は熟慮すべきであると述べたのです。つまり、ウパーリがきわめて高名なジャイナ教の信者であったので、彼が仏教徒になったということになればジャイナ教に動揺が起きるかもしれない、それではいけないという配慮です。それを聞いたウパーリは、普通の宗教家ならば「ウパーリは自分の弟子となった」と旗をかかげて吹聴してまわるであろう、しかし釈尊はそうではない、と、さらに感銘を受けたのです。そして改めて仏教信者となることを釈尊に申し出ました。

そこで釈尊はウパーリを諭します。汝は長い間ジャイナ教徒を支えてきた者である。したがって、もしジャイナ教の修行者が来たならば、以前と同じく食を施すよう心得なさい、と。

それを聞いたウパーリは、世間では釈尊は「自分や自分の弟子に布施をせよ、他の者やその弟子に布施してはならない、自分や自分の弟子に布施をすれば大いなる善い報いがあるであろう。しかし自分や自分の弟子以外に布施しても大いなる善い報いはない」と説いていると聞いたが、そのようなことはない。いや、むしろジャイナ教にも布施せよと述べているとさらに感銘したのです。

そして彼はみたび三宝に帰依しました。そこで、釈尊は彼に対し、まず布施・生天といった三論を話し、彼がそれを納得すると、次に欲からくる災いやそれらを離れることを賛嘆しました。ウパーリがこれらの教えを理解するや、次に仏教独自の説である四諦《したい》（第五章参照）を教えたと伝えられています。ウパーリはその場で法眼《ほうげん》を得たと言われています。なお法眼とは法（ものごとの真相）を見る目ということで、仏教の説く四諦・縁起説に対し知的な理解を得ることです。同時にこれによってゆるぎない信仰が生まれ、また聖者の最下位に入ったことともします。

第三項　寛容の精神とその実践

このウパーリとの対話に釈尊の教え方のよい一例が見えます。釈尊は意見の相違を認めないとか相手を排除するとかということはなく、むしろ真摯に対話をするという温厚かつ冷静な姿勢を取ります。そして対話によって相手の主張の矛盾を示し、それを相手に自ら理解させるという方法を用いているのです。私が言っているから正しいとか、正しいから正しいというような主張ではなく、論理的に対話を進めています。こうした対論の姿勢から、仏教は因明《いんみょう》という論理学をも生み出します。

さらにいくつかの要点を確認しておきましょう。まず一般的に、ある宗教に帰依すれば他の宗教にかかわり布施をするなどは否定的に見られ、信仰の不純性を示すように思われるのに対し、釈尊はこういったことは直接的に信仰の純・不純にはかかわらないと考えていたことがわかります。むしろ釈尊は布施しようとする人の妨害になり、布施を受け取る者の妨害にもなるような制限はしてはならないと考えていたのです。

また、ウパーリという個人が仏教に帰依するにせよ、彼のその行為がジャイナ教団に打撃を与えることはよくないと考え、配慮をしたのでした。さらにまた、高名な者が改宗して、自分の宗教に帰依したというようなことを宣伝や布教に用いるという発想がなかったこと、他宗教と勢力を争うような考え自体を釈尊がもたなかったことも理解されます。

このように、仏教に帰依することは他の宗教を否定したり排撃したり他宗教と相争ったりすることを意味しないわけです。それを釈尊は教えの中で示し、また実際に実践したのでした。

仏教の他宗教、他思想とのかかわり方は、このように議論や問答の往復などによるきわめて平和的なものでした。そのため思想や信仰上の相違による憎悪や紛争、戦争などといったことはなかったのです。あるいは後にイスラム教徒が侵入して攻撃を受けたときでさえ、インドの仏教徒たちは武器を取りませんでした。このように仏教の性格は温厚であり寛容性があり、平和な宗教ということができるのです。

なお付言すれば、仏教にかぎらずインド及びインド以東の宗教や思想には一般的にそのような傾向があるとも言えるようです。そして土着の思想、宗教と併存・受容し合うという比較的寛容で温厚な傾向があったようです。

第三節　実践の姿勢、心構え――中道――

ここでいう実践とは、ものの見方、考え方、哲学的態度を含んで言っています。さて、仏教の実践上の態度は無分別智の所ですでに述べたように、執著しない、とらわれない、偏らないことです。

これを言い換えれば縁起・空の実践ということになります。縁起と空とは何かという詳細は第七章で述べますが、縁起と空の関係は同じことの言い換え、表裏の関係にあるといってよいものです。この縁起・空こそ仏教の説く真理なのです。(学派によっては空そのものは真理ではなく真理に入る門であるという考えもありますが、同じものと考えてさしつかえないでしょう。)

この縁起・空を実践上に展開すると中道ということになります。したがって、中道とは真理の実践にほかなりません。そしてこの中道をさらに具体的な実践態度に言い換えたものが、今までにも出てきた執著しない、とらわれない、偏らないということになります。つまり、仏教の実践態度は、簡単な言い方をすれば執著しない、とらわれない、偏らないという態度、それを哲学的に言えば中道という態度で一貫しているのです。仏教の教えも考え方も修行上の態度もこの中道の展開といってよいものです。

さて、中道とはどういうことでしょうか。これは両極端の考え方、両極端の態度を排することです。この意味に大きく分けて二つあります。それは実践上の中道と哲学的な態度の中道です。実践上の中道とは生活や実際の修行をするときの態度、姿勢です。哲学的な態度の中道とはものの見方、考え方のことをいいます。

中道というと、真ん中とか、ほどほどとか、足して二で割るとか、右と左の中央という意味にとらえられがちですがそうではありません。そういった真ん中なども含めてあらゆるところ、もの、価値から離れる、執著せず偏りのないことをいいます。ですから、儒教で言う中庸《ちゅうよう》とはまったく意味が異なります。

(一) 実践上の中道

これは非苦非楽の中道といわれるもので、修行をする上で極端な苦や楽に偏らないということです。釈尊は、王族の享楽の中で若い日々を過ごしました。その後、人生の苦の解決のために出家して身を痛めるほどの苦行をしました。しかし、悟れませんでした。釈尊は、享楽はむろん苦行も悟りへの道でないことを知ったのです。そのため釈尊は苦行をも捨て、そして止観均等の瞑想に入り悟りを得たのです。ともすれば心身を傷めるような苦行をすればするほどよいと思われがちですが、仏教はそのようには考えません。

このようなことから釈尊は出家者が近づいてはならない二つの極端があるとし、それは欲望に執著する享楽と自己を苦しめる苦行の道であるとしました。そして自分はこの両極端を離れた中道を悟ったのであり、これが涅槃に役立つ道であると述べています。仏教の修行、実践の姿勢としては、苦と楽の二辺を離れる中道が涅槃に至る道なのです。これが非苦非楽の中道です。なお、中道といってもいまだ少々抽象的です。そこで釈尊は中道を具体的にした修行方法として八正道《はっしょうどう》という修行を示したのです。八正道は次の第五章で説明します。

㈡　哲学的態度の中道

これは非有非無の中道、あるいは非有非空の中道です。私たちは、ものごとを見聞したり考えたりするとき、ものが「有る」とか、「無い」というように考えます。しかし、こういった「有る」「無い」といったものは偏り、極端説の一つにほかなりません。こういった有にも無にも偏らない、とらわれないことが非有非無の中道です。釈尊は「すべては有る」「すべては無い」といった両極端を離れ中道によって教えを説くと述べています。

また、仏教は、ものごとを有と考えず、無とも考えず、空であるとします。ところがもう少し押し進めれば、何でもかんでもすべて空であるとするのも一つの偏りです。実際はすべて空なのは事実なのですが、しかしこの場合は空に偏り執著しているわけです。ですから、有にも空にも偏ってはならないと説かれるわけです。

したがって、これら中道をまとめて言えば、苦や楽、有と無、長と短、美と醜、高と低、右と左などなどといったいかなるものにも、あるいは価値観にも執著しない、とらわれないことになるのです。先にも述べたように、中道という語句から真ん中とか中間、中央、ほどほどといった意味に思いがちですがそうではありません。たとえば真ん中であっても真ん中という一つの極端なのです。左辺を失ったり、右辺を失うと真ん中自体が右辺やあるいは左辺になるという位置づけにすでにあるからです。

このように「有」とか「無」といった私たちが思い描け、あるいは空間の中に位置づけられたり、価値づけられることはすべて極端なのであって、中道、つまり仏教の説く真理から離れてしまうことなのです。仏教は修行も、ものの見方、考え方もすべて中道によるのです。

第四節　主体性の勧め—自灯明・法灯明—

宗教といえば、何か偉い教祖を頼り、その力にすがったりするもののように考えられています。しかし仏教はそうではありません。釈尊自ら、次のように教え諭しています。

釈尊の晩年のことです。釈尊は、たいそうな病いにかかり激痛に見舞われたといいます。しかし病苦を忍び、やがて回復しました。釈尊の病いを心配していた弟子の阿難《あなん》（アーナンダ）は釈尊の回復を知って喜びました。阿難は釈尊が完全な涅槃に入られるのではないか、つまり亡くなるのではないかと心配していたのです。

阿難は言います。釈尊が修行者に何ごとかを言い残されないうちに完全な涅槃に入られることはないであろうという安心感が私に起こりました、と。

すると釈尊は彼にこう述べました。

「アーナンダよ。修行僧たちはわたくしに何を期待するのであるか？　わたくしは内外の隔てなしに〔ことごとく〕理法を説いた。完《まった》き人の教えには、何ものかを弟子に隠すような教師の握拳《にぎりこぶし》は、存在しない」（中村元訳『ブッダ最後の旅』岩波文庫、六二頁）と。

「完き人」とは釈尊のことです。釈尊は理法（仏教の教え）は、すべて弟子に開示し説いてきたので、隠していることなど何もないというのです。同箇所の訳注によれば、この「教師の握拳」というのは秘密の伝授的なもので、師匠が自分の死の直前まで奥義《おうぎ》を示さず、また教えの大切な部分を気に入った弟子にのみ伝授するようなものとされます。ですから、教祖や指導者のみが深遠な、根本的な教理や真理を知っていると称しつつこれを隠し、小出しにして弟子を順わせたり、自分を権威づけたりするようなこともこれに類するものです。

しかし釈尊は、そのようなことは自分はしていない。すでにすべてを明らかにし、すべてを述べ尽くしたと言うのです。

なお、参考までに言えば、そもそもインドの伝統的な哲学では教えが広く説かれることがなかったようです。その代表であるウパニシャッド哲学のウパニシャッドとは、近くに座るという意味から出た言葉とされます。つまり師と弟子が間近に座り、秘密裡に伝えられる教えということです。ですから資格のないものや部外者にその教えが公開されることはありませんでした。ウパニシャッドが奥義書と訳されるのはこのためです。人々に分け隔てなくすべて隠すことなく教えを説いた釈尊のやり方はずいぶんと画期的だったことになります。

釈尊は続けます。

「『わたくしは修行僧のなかまを導くであろう』とか、あるいは『修行僧のなかまはわたくしに頼っている』とこのように思う者こそ、修行僧のつどいに関して何ごとかを語るであろう。しかし向上につとめた人は『わたくしは修行僧のなかまを導くであろう』とか、あるいは『修行僧のなかまはわたたくしに頼っている』とか思うことがない。向上につとめた人は修行僧のつどいに関して何を語るであろうか」(前掲書、六二頁)と述べます。

つまり、自分のことを指導者であると思い、また自分は偉いので門下の修行僧は自分を頼っているのだと思うような者は、その自負心から、死に臨んで「何ごとか」を教えるであろう。しかし釈尊は、自分が僧伽や修行僧を導いているとか、修行僧が自分を頼っている、などと考えたことがない。そして、自分の悟った内容、知っていることはすべて開示した。だから、涅槃に臨んだからといっていまさら、ふだんと違った特別なことなど説かないし説く必要もないのだというのです。

釈尊は仏教の開祖であり、まさしく真理を悟った人、仏陀です。弟子から見ればさらに偉大な師であったのはまぎれもない事実です。しかし釈尊は、生前に自らの言葉で自分が教団と弟子を率い導いているとか、指導者であるなどと考えたことはない、と明言しているわけです。

釈尊は説きます。

「それ故に、この世で自らを島とし、自らをたよりとして、他人をたよりとせず、法を島とし、法をよりどころとして、他のものをよりどころとせずにあれ」(前掲書、六三頁)と。

島とはよりどころのことです。法とは法律ではなく理法、つまり仏教の説く普遍的真理、仏教の教えと理解してよいでしょう。

修行者は自分自身をよりどころとしなさい。誰にであろうと、たとえ釈尊にであろうと、他人に頼ってはならない。自分自身と、そして釈尊が隠すことなく開示した教えをよりどころとして、他のものをよりどころとしてはならないというのです。釈尊にさえ頼るなというのです。ましてや思い上がった者、怪しげな人間などに頼ってはならないことは言うまでもありません。釈尊の説いた教えと修行僧自身がよりどころなのです。

宗教といえば、教祖やカリスマ的な人の言うがまま、なすままに信者は従い、信者は自己を消滅させ教祖などに従うものと考えられています。教祖などをよりどころとし、自分を無くし、教祖などの言うがままに受け身で従うことが信仰であると考えられたりもします。

しかし、釈尊はそういった態度を明確に否定されているのです。仏教には教祖を奉り執著したり、たとえ釈尊に対してであろうと、自分以外の他者をよりどころとするという思想自体が無いのです。

さて、釈尊はこう結びます。

「アーナンダよ。今でも、またわたしの死後にでも、誰でも自らを島とし、自らをたよりとし、他人をたよりとせず、法を島とし、法をよりどころとし、他のものをよりどころとしない人々がいるならば、かれらはわが修行僧として最高の境地にあるであろう、――誰でも学ぼうと望む人々は――」（前掲書、六四頁）と。

そして、これからまもなくして釈尊は入滅《にゅうめつ》（亡くなること）することになります。

釈尊は、自分（修行しようとする者自身）をよりどころとし、法をよりどころとして励めば、誰でも（宗教的天才や精神的強者でなくとも）必ず解脱の境地に達することができると断言しているのです。

このように仏教は他者をよりどころとせず、自らをよりどころとし、また釈尊が分け隔てなく広く開示した普遍的な理法（教え）をよりどころとするのです。

なおこの句は、日本では「自灯明・法灯明」という言葉で知られています。「自らをともしびとし、法をともしびとせよ」というものですが、趣旨はまったく同じです。

第五節　慎重さの教え―四大教示―

しかし、自らをよりどころとし、法をよりどころとして修行をするということは、本当はなかなかに難しいことでありましょう。誰でも教えを誤解することがあり、また人の誤解に気づかずにその解釈などを受け取ってしまうことがあるからです。そこで釈尊は人から仏教の教えを聞いたときの受け取り方について、やみくもに信じても、退けてもいけないと誡めています。

この教えは、先の自らを島とし法を島とせよという教えが説かれたしばらく後に、ボーガ市で説かれました。その趣旨は次のとおりです。

ある修行者が、この教えや戒律などは釈尊から直接聞いたものであるとして、これが釈尊の教えである、戒律であるなどと述べたとしよう。しかし、それを聞いた者は、その教えをそのまま喜んで受け取ってはならないし、また逆に排斥してもならない。その修行者の述べた文言をよく理解し、経典や戒律と照らし合わせ吟味、検討すべきである。経典や戒律と照らし合わせ吟味、検討した結果、経典や戒律と一致しないときは、その教えはかの修行者が誤解したものであると結論すべきである。そして、その教えは放棄されるべきである。しかし経典や戒律に合致したならば、そのときはこの教えは釈尊の言葉でありこの修行者が正しく理解したものであると結論すべきである、と。

また同様に、その修行者が教えを聞いたという相手が信頼してよいと思われるような人々である場合として、合計四つのケースを挙げます。それは釈尊に続く権威ある人々で、たとえば長老たちや目上の人々がいる出家者の集団から教えを聞いた場合とか、博学で教えや戒律を保っている長老から聞いた場合などです。そのような典拠を参照すべき四つのケースという意味でこれを「四大教示」、あるいは「四大教法」といいます。

そして、たとえどのような権威者から聞いたという人がいても、その人の言う教えをそのまま受け入れたり、また逆にそのまま捨てたりしてはならないとします。厳正な態度で経典・戒律の文言と比較検討せよとします。経典や戒律の文言とその人の述べた教えが相違すれば、その教えはその人が（あるいはその人に教えた人が）誤解したものと判断できますから、受け取ることなく捨て去るべきであるとします。しかし一致すれば受け入れてよいとします。

誰であれ、誤って教えを理解し、誤った理解をそのまま他人に伝えている場合もあるわけです。仏教を称しながら、なかには意図的に思想を切り貼りして、違ったことを説いている人もいるかもしれません。ですから、聞いたままを受け取るのではなく、必ずまず最初に経典や戒律と照らし合わせて検討し、本当かどうかを判断するといった批判的態度が必要なのです。（ですから本書のような仏教書につきましても、やはり他の複数の仏教書や経典と比較して読むべきであるということになります。）

これは、権威を振りまわされたり、確からしい人物の名を引用されたりするとそのまま信じてしまいやすい私たちへの警鐘であるとも言えるかもしれません。釈尊から直接に教えを聞いてさえ誤解して聞いている場合があるかもしれない、ということを視野に入れておけば、誰の名であろうと権威ある名にまどわされることなく、本当にそのようなことが語られたのか、実際の内容の当否を含めて検討し判断するという注意深さを養うことができます。それはこと宗教にかぎらず、非常に大切な態度です。

このように、仏教では教えの受け取り方にも慎重さが要請されるのです。その慎重さは学問的であるとさえいえますが、教えが長い年月をかけて伝えられたものであること、そして後々まで伝わっていくことを考えればきわめて妥当な態度といえます。

また、そのくらいの慎重さがあってはじめて、自分と教えとをよりどころとして修行を進めることもできるのです。そのような慎重さ、主体性と合理性、真実に対する真摯なまなざしを、常に忘れてはならないのです。

ちなみに、後々のことまで考えて教えの受け取り方まで述べるという釈尊の態度には、行き届いたよき教師である面影がうかがえるのではないでしょうか。

第六節　形而上学的問題の扱い

仏教は非常に哲学的です。しかし哲学ではありません。実践がなければなりません。そのため実践や悟りの獲得に役立たない議論や問題の追求は避けます。したがって、世俗の話はむろん、世界の終わりの有無の話や霊魂の問題など形而上学的な問題は追求をしませんし議論もしないのです。もし、そのような問いが出家者から出された場合、釈尊は沈黙して答えなかったのです。これについて次のような話があります。

マルーンクヤという修行者は次のような疑問を日々懐いていました。世界は常住（永遠であること。過去から現在・未来へ変化することなく存在し永遠に存続すること）なのか、無常（永遠ではないこと。生滅変化し、少しももとの状態にとどまらないこと）なのか。世界は有限なのか、無限なのか。霊魂は身体と同じなのか、別なものなのか。如来は死後も存在するのか、しないのか。あるいは如来は死後存在しているとも言えるし、存在していないとも言えるのか。師である釈尊はこれらについて答えてくださらなかった、と。

そこでマルーンクヤは、もし、釈尊がこれらの疑問について答えてくださったなら修行を続けよう。しかし、もし答えてくださらなかったら修行をやめよう、と、このように決心して釈尊の所にやってきました。

そして釈尊にかの疑問をぶつけました。釈尊よ、これらの疑問の答えがおわかりであれば答えてくださいますように。またご存じでないなら、その旨を答えてくださいますように、と。

釈尊は、マルーンクヤに次のように問い返されました。マルーンクヤよ、私はかつて、汝が私のもとで修行したなら、世界が常住か無常かなどについて説明するであろうと言ったか？　マルーンクヤは答えます。いいえ、そのようなことはありません、と。

さらに釈尊は問います。マルーンクヤよ、では逆に汝が私に対して、自分は釈尊のもとで修行をするから、釈尊は自分に世界は常住か無常かをお説きくださいと言って修行しに来たか？　と。マルーンクヤは答えます。いいえ、そうでもありません、と。

ならばマルーンクヤよ。汝も私もそのようなことを説明しようとも解き明かそうともいっていないのに、汝は誰に対して不満に思い、誰を退けようと思っているのか？

釈尊はまずこのようにマルーンクヤの不満と疑問のもち方自体が筋が通っていないことをやんわりと諭しました。そして続いてこのように述べました。

マルーンクヤよ。もしある人がいて、そのような疑問をもち、これに説明がないうちは修行をしないと語るとしよう。そうすれば、如来（釈尊）によってそれが説明されないので、そのままその人は修行をしないうちに寿命が尽きるであろう。

釈尊はまずこのように述べ、次にマルーンクヤのもつ疑問への答えがなぜ述べられずに退けられるのかを譬喩を挙げて説明していきました。

マルーンクヤよ。ある人がいたとしよう。そして毒が厚く塗られた矢でその人が射られたとしよう。彼の親友や同僚、親類などが矢傷を治療する医者を呼びに行こうとしたとしよう。そのとき、射られた者が「私を射た者がクシャトリアなのか、バラモンか、はたまたヴァイシャか、シュードラかがわからないうちは、この矢を抜いてはいけない」と語ったとしよう。また「私を射た者の皮膚の色はどのようであったかわからないうちには、この矢を抜いてはいけない」と語ったとしよう。釈尊は延々と話を続けられていきます。

「あるいは、その射た人は村の人なのか町の人なのか、都会の人なのかわからないうちには……。あるいは私を射た弓は通常の弓か石弓かわからないうちには……。あるいはその弓の弦はアッカ草製か、サンタ草製か、あるいは筋製なのか、マルヴァー麻製なのか、乳葉樹の弦なのかがわからないうちには……。あるいは矢柄は蘆製であるのか、それとも移植した蘆製なのかをわからないうちには……。あるいは矢の羽は何の羽であるのか。鷲のものか、青鷺のものか、孔雀のか、シティラハヌ鳥のものかわからないうちには……。矢柄を巻いているのは何の筋で巻いているのか。牛のものか、水牛のものか、鹿のものか、はたまた猿のものなのかがわからないうちには……。またその矢は普通の矢かとがった矢か鉤型の矢か、ナーラーチャ矢なのか、歯のついた鏃の矢か、夾竹桃型の鏃の矢なのかわからないうちには、この矢は抜いてはならない」と述べたとしよう。

結局、その人はそれがわからないうちに寿命が尽きることになる。同様に世界が常住か否かなどの質問も如来（釈尊）はそれに答えないので、その答えを聞かないうちは修行をしないというならば、その人の寿命は修行をしないうちに尽きることになる。

世界が常住であると考えるから修行をするというのはおかしい論理である。また世界が無常であると考えるから修行をするというのもおかしい論理である。

世界を常住とする考えがあろうと、無常とする考えがあろうと、生老病死などの苦、憂い、愁い、悲しみ、悩みが現実にある。私は、現実にそれらを征服することを教えるのである。

釈尊はこう述べ、以下、世界が有限であろうとなかろうと、霊魂と身体が同じであろうと別であろうと、と、マルーンクヤのもった疑問の一々について、それらがどうであろうと、人生には生老病死などの苦、憂い、愁い、悲しみ、悩みがあり、自分は、それを征服することを教えると述べたのです。

釈尊は続けます。マルーンクヤよ。私が説かなかったことは説かなかったこととしてそのまま理解し、説いたことは説いたままに理解すべきである。

説かなかったものとは、これらの世界は常住か否かなどについてである。では、なぜこれらを説かないのかといえば、それは悟りの智慧を獲得するのに役立たず無意義なものだからである。修行の基礎にもならず、欲を離れることや涅槃などの獲得などにまったく役に立つところがないからである、と。このように釈尊はマルーンクヤに語ったのです。

では、釈尊が説くこととは何かといえば、次の第五章で述べる四諦です。それが人々の苦を解決し征服する道だからです。

このように釈尊は、世界が永遠か否かとか霊魂がどうであるとかというような内容は聞かれても一切答えませんでした。その理由は悟りの智慧の獲得に何ら役に立たないからです。それらがどうであろうと現実に、苦はあり憂いも悲しみもあること。そして世界が永遠か否かとか霊魂がどうであるか等といったことは苦や憂いや悲しみの解決にまったくかかわらず役立たないものだからです。

ここでの釈尊のような、問いに答えないという対応の仕方を無記《むき》、あるいは無記答といいます。

私たちは霊魂の有無を解明し明らかにするのが宗教であると思いがちです。しかし仏教では、本来そういった議論自体が意味のないことであるとしているのです。なぜなら、それは、仏教のめざすこと、苦の解決に役立たないからです。

第七節　勝手な仏教解釈

一人よがりの勝手な仏教解釈や、仏教から教えを適当に抜き出して利用したり、一知半解の理解は、自分のみならず他人をも不幸にします。これは仏教にかぎったことではないでしょう。また宗教にもかぎったことでもなく、昔から「生兵法は大怪我のもと」と言われているとおりです。どのような分野にでも専門家がいるということは、それぞれの分野に非常に難しい面がある証拠です。仏教の勝手な理解や利用も、時には危険なこともあるので留意すべきです。

経典に次のような話があります。

アリッタという比丘がおりました。彼は「釈尊の説かれた教えを正しく理解したならば、釈尊から害があるといわれている欲なども害にはならない」という見解をもちました。これは誤りです。他の比丘たちがこれを知って誤りであると言いましたが、アリッタは自説に固執しました。比丘たちから話を聞いた釈尊はアリッタを呼び、アリッタの見解が誤っていることを諭しました。

そして、比丘たちに語りました。

さて、愚かな人がいるとしよう。彼は仏教の教えを学ぶのであるが、慧をもってその意味を考察することがない。ただ論戦したり、教えを他に述べる饒舌への快感のために仏教の教えを学ぶのみである。これは仏教の教えが説かれた目的にかなわないものである。このような理解されない教えは、かえって不利益・不幸をもたらすことになる。

たとえば蛇を捕まえようとして、蛇を探しに行った人がいるとしよう。その人は大蛇を見つけて、その胴やもしくは尾を捕まえたとしよう。すると大蛇は首をめぐらして、その人の手足を咬むであろう。そのためその人は死ぬか死ぬほどの苦を受けることになる。なぜそうなるのかといえば、その人は蛇について理解していないからである。

教えを学ぶのもこれと同じである。仏教の教えもこのように目的にかなわず、正しく教えを理解しない場合、不利益や不幸をもたらすのである。

もしある人が仏教の教えを学ぶにあたり、慧をもってその意味を考察するとしよう。それは饒舌や論戦のためではない。このような態度は、教えを学ぶ目的にかなうものである。このようにしてよく理解された教えは、歓喜を得させ、利益と幸福をもたらすであろう。

たとえば、それは先と同じく、蛇を捕まえに行った人があるとしよう。その人は先端がY字型になった棒で大蛇を押さえ込み首をとらえる。そうすれば大蛇がたとえその人の手足や胴にいかに巻き付こうともその人は死ぬことはないし、死ぬような苦しみは受けない。これはその人が蛇をよく理解しているからである、と。

仏教の教えは涅槃・解脱を究極の目的としたものです。仏教を学ぶに際してはその目的を見定めながら、学ぶ人が主体的に慧を働かせ、正しく思惟、究明、考察しなければなりません。また、たとえそこまで至らない人に対しても利益を与え幸福に導こうとするものです。

このため、もし教えを学ぶ目的を誤り、自己満足のために教えを学ぶなどの態度を取ればかえって災いをもたらすものとなります。さらに一知半解で自分の好き勝手に教えを曲げたり、あるいは不理解で用いたり、教えを自分なりに改造、変形して自己満足の上で用いるなどのことがあれば災いと不幸を自分や他人にもたらすことになりかねません。釈迦とか仏陀とか、悟りであるとかを語り、仏教から徳目や教えを適当に抜き出し、自己の新しい思想や教えを組み立てるために使うならば最終的にすべての人々を不幸にしかねないのです。

また、教えを受ける場合も、受け身で何でも相手の言うがままというのはすでに述べたように正しい態度ではありません。聞思修の三慧が説かれたように聞慧の誤りなく正しく教えを聞くこと、そして思慧の誤りなく思惟することは非常に重要です。

このように仏教の教えをその目的にかなわない用い方をしたり、正しい知識をもたずおもしろそうなところを切り取って使ったり、一知半解で使うなどのことや慧による主体的な正しい理解をしなかったならば悟りや幸福を招かず、むしろ大変な不幸を人々にもたらすことになりかねません。

第五章　四諦―仏教の教えの集約―

第一節　中道と四諦

仏教は実践姿勢では中道を重視することはすでに述べたとおりです。中道とは両極端な態度を排し、偏らずとらわれず、執著しない姿勢、とらわれないものの見方、考え方をするというもので、こういった実践面のみならず哲学面にも言われるものでした。そしてこの中道は仏教の真理である縁起、空の哲学を実践面に敷衍した思想です（縁起、空については第七章をご参照ください）。

釈尊は、世俗の享楽の道を歩むことなく、かといって身を傷めるような難行苦行をすることなく、この二辺を離れた中道を歩むことによって涅槃に至ることができることを発見したのです。言い換えれば悟りは中道の実践によって達成されるともいえましょう。

ただし、このように両極端を離れるとか、とらわれない、執著しない歩み方、中道の実践という説明のみではいまだ少々抽象的です。実際の修行をする上ではわかりにくい点があります。そこで、これを修行者に対し実践ではどのようなことをすればよいのかを具体的な徳目として説いたものが八正《はっしょう》道《どう》の教えです。これは四諦《したい》といわれる教えの四番目の道諦《どうたい》に相当するものです。

釈尊が悟って最初に説き明かしたのはまさしく非苦非楽の中道の教えでした。そして中道とは具体的には八正道であること、さらにこれを総合し教えの大綱である四諦の教えが説かれたのです。そのため四諦こそは仏教最初の説法とされています。

第二節　四諦総論—四諦とは何か—

四諦は、また四聖諦《ししょうたい》とも、四真諦《ししんたい》ともいい、苦諦《くたい》・集諦《じったい》・滅諦《めったい》・道諦《どうたい》の四つをいいます。この四つを諦を省略して並べ「苦集滅道」と言う場合もありますが、このときは「く・じゅう・めつ・どう」という読み方になります。『般若心経』を読まれる方はその中で「くじゅうめつどう……」と出てくるのを思い出されるかもしれませんが、これがまさしくそれです。なお四諦は、常に苦諦・集諦・滅諦・道諦の順で説かれこの順番が崩れることはありません。これはこの順番自体にも教えの上の意味があるからです。このことについては後ほど説明します。

〈諦とは〉

まず四諦の諦《たい》とはサトヤ（satya）の訳で真理という意味です。どちらかといえば理論的というよりも実践的な真理を指し、その方面での永遠に変わらない真実、道理という意味です。つまり四諦とは四つの真理という意味になります。

〈四諦と八正道の関係〉

四諦と八正道の関係ですが、八正道は四諦の中の道諦の内容にほかなりません。つまり道諦イコール八正道なのです。そして道諦、つまり八正道はまさしく中道を修行方法として具体化したものであり、悟りに赴く修行方法を述べたものです。そのため重要ですから四諦の中に含まれながら、四諦そのものと並べて四諦八正道という呼び名で使われることも少なくありません。

〈仏教での四諦の位置づけと意義〉

四諦は本書では、三学までで述べてきた仏教の教えのすべてをわずか四ポイントで端的にしかも的確に示したものともいえます。つまり仏教の教えの全大綱が示されているということになります。

すでに述べてきたように仏教は、人生は苦であるという現実認識から出発し（苦諦に相当します）、苦の完全なる消滅は可能であり、それが仏教の最終目標であること。その境地が理想世界である涅槃であること（滅諦に相当します）。人生に苦をもたらす原因は、煩悩であるということ（集諦に相当します）。したがって、苦を消滅させ、苦の世界である輪廻の世界から解脱し、涅槃に至るには、真理を悟る悟りの智慧によって、苦を生じる原因である煩悩を断ち尽くさねばならないこと（苦諦と集諦の関係から導かれる趣旨になりましょう）。そして、悟りの智慧の獲得は、三学の修行により、戒律を守り心身を整え、禅定に入り、生得の慧を用い知的な教えの理解から、真の教えの体得による悟りの智慧を取得できるように修行する（道諦に相当します）。そして最終的に悟りの智慧を得、これによって煩悩と残存する業を断ち切り解脱するという階梯（道諦と滅諦の関係から導かれる趣旨に相当しましょう）をとっていました。

こういった仏教の教えの大綱が、まとめて端的に述べられているものが四諦です。事実上、仏教の教えや述べたいことの全貌を示すものであり、仏教の教えそのものの総合であるといえましょう。仏教であるかぎり、この趣旨を離れることはなく、四諦は仏教の教えの大綱を示すものと言ってよいわけです。わずか四つのポイントですが、すでに本書をここまで読まれてきた方は、四諦が仏教の大綱を見事なまでに簡潔に述べ尽くしていることがわかります。そのため四諦は、もっとも優れた説法という意味で最勝《さいしょう》法説《ほうせつ》とも呼ばれています。ですから、常に念頭に四諦の教えを入れておきますと、仏教の難解な哲学や些末な問題はともかくとして実践的な理解としては仏教の教えの大綱を把握できることになります。

〈四諦と十二縁起〉

釈尊の悟ったものは真理であり、その内容は縁起であるということは以前触れました。それは特に十二《じゅうに》縁起《えんぎ》というものであるとされています。では、この縁起と四諦の関係はどうであるかということになります。

四諦は、釈尊が悟りの内容を他者のために教えとして説いたものですから、他者を教化する法門ということで、化他《けた》の法門《ほうもん》といいます。これに対し十二縁起の教えは、釈尊が自らの悟りのときと悟った後に自己のために瞑想・思惟したものですから、自内証《じないしょう》の法門《ほうもん》といいます。つまり自らの内面の悟りの（証は悟りのこと）内容という意味です。

しかし、両者が別物であるのではなく、真理を悟るために瞑想されたのが、自内証の法門である十二縁起であり、その悟りと教えの内容を他者に示すために、わかりやすいように表現を組み替えたものが四諦説になるといえます。自分の頭の中で思惟したことを、そのままの順で、そのまま語れば相手はよく理解できるかといえばそうではありません。時にはまったく違っている内容かと思うほど、話の順や切り口などを組み替えて相手が把握しやすいようにするのは私たちでも常に行なっていることです。それと同じで、四諦もその諦の字が示すとおり、真理の実践を人に示すための具体的な教えと考えることができましょう。

〈釈尊の最初の説法―初転法輪―〉

さて、先にも触れましたが、釈尊が最初に教えを説かれたその内容こそ、この四諦八正道であったのです。

そのときのことを少し述べてみましょう。

釈尊の簡単な伝記は第一章ですでに述べたとおりです。悟って後、釈尊は梵天の勧請によって、広く誰にでも教えを説くことを決心したのでした。

さて、まず誰に教えを説けば理解されるかと釈尊は考えました。すると、それは最初に瞑想修行したときに師事したアーラーラ・カーラーマやウッダカ・ラーマプッタといった仙人（宗教家）であろうと考えたのです。彼らは釈尊が出会った中ではやはりもっとも境地が高かったからです。ですから彼らならば自分の悟りを理解してくれるであろうと考えたわけです。ところが両仙人ともすでに亡くなっていました。釈尊は両仙人は教えを聞いたなら速やかに悟れたのにと嘆息したといいます。最初はある程度、理解力のある人を選んだのでしょう。

では、次に誰に教えを説くべきであろうかと釈尊は考えました。すると、やはり修行をともにしてきた五人の友人たちであろうと考えたのです。そこで釈尊は彼らの修行する所、鹿野苑《ろくやおん》（サルナート）までやってきました。五人の友人たちは釈尊がこちらに向かって歩いてくるのを見つけました。

「やや、ゴータマ君がやってきたぞ。彼は努力をやめて堕落した男だ。来てもシカトしよう。無視しよう」と申し合わせました。

ところが釈尊が近づくと彼らは申し合わせを忘れて思わず釈尊を迎え、足を洗う水や台、布を用意するということになってしまいました。これは悟りを得た釈尊の姿に打たれたものでしょう。

釈尊は座につくと自分はすでに悟ったこと、したがって、自分の教えによる方法を採れば遠からずして悟ることができると述べました。しかし五人の友人たちはいぶかしがりました。

「激しい難行苦行をしてもゴータマ君は悟りを得ることができなかったではないか。それどころか乳粥を食べ贅沢になり努力することさえ捨て、堕落した。それなのにどうして悟りを得たというのか?」と尋ねました。

釈尊は、自分は贅沢になったのでも努力を捨てたのでもないと述べました。五人の友人たちのこういった質問に三度まで答え、そして、「私はかつてこのようなことを説いたことがあるか」と尋ねました。つまり、いぶかしがる友人たちに「本当のことを語っているのだよ」と婉曲に述べたのです。

そこで友人たちも疑いの心を離れ釈尊の話に静かに耳をかたむけました。釈尊は最初の説法を開始しました。このときこそ、まさしく仏教が釈尊の内面から出て教えとして世に出現した瞬間です。

釈尊は語ります。

如来（この場合、釈尊の自称）は享楽主義と苦行主義の二辺を離れて中道を悟ったのである。中道が悟りの智慧を生じさせ、涅槃に資するものである。では中道とは何か。正見《しょうけん》・正思惟《しょうしゆい》・正語《しょうご》・正業《しょうごう》・正命《しょうみょう》・正精進《しょうしょうじん》・正念《しょうねん》・正定《しょうじょう》（以上の八つが八正道です）である。

このように説いて釈尊は四諦の教え、つまり四諦とそれを三段階に分けて実践する三転十二行相《さんてんじゅうにぎょうそう》の教えに入りました。釈尊は四諦の教えを説き終わると、これが私の最後の生涯である、二度とこの世界に生を受けない（つまり解脱し仏陀となったのでもう再び輪廻して生まれてくることはない）と語りました。

五人の友人たちはこの教えを聞くとこれを信じ受け入れました。そして最初に五人の一人、憍陳如《きょうじんにょ》（コンダンニャ）に法眼《ほうげん》が生じたとされます。つまり四諦や縁起などの教えに対する理論的な正しい理解（真理を理解する清らかな眼、知見）を得たのです。釈尊は「憍陳如は悟った。憍陳如は悟った」と大変に喜んだといいます。そのため憍陳如は「悟った憍陳如」ということで阿若《あにゃ》憍陳如（アンニャー・コンダンニャ。悟れるコンダンニャ）と呼ばれるようになりました。さらに、友人たちは次々に法眼を得ていき、続いて正式の比丘になりました。

このように釈尊はまず中道、八正道を説き、そしてそれらを網羅した教えの大綱である四諦の教えを説いたとされます。

経典によって異説があるようですが、ここで最初に中道の教えが出てくるのは、友人たちが釈尊に対しもっとも疑問に思った点が苦行をしたのに悟れなかったではないかという点であったため、これに対応する答えが冒頭で示されたといえましょう。つまり享楽主義はむろんであるが、修行と言えば想定しがちな苦行もやはり誤った道であることを発見したというところから話に入ったと考えられます。それでは何がよいのかという疑問に答えて、それは苦楽の二辺を離れた中道である。では中道とは具体的に示せば何か。それは八正道であると説き、そしてその総合であり仏教の教えの大綱を示す四諦そのものの教示に入ったと考えられます。むろん中道、八正道は四諦の教えに含まれるものです。

このように最初の説法が四諦の教えにほかなりません。場所は鹿野苑《ろくやおん》（サルナート）でのことでした。仏教の歴史にとっては記念すべき第一歩です。

この最初の説法のことを初転法輪《しょてんぼうりん》といいます。法輪の輪というのは古代インドの武器のことです。車輪のような形をし車輪から剣が出て、あたかも船の舵輪のような形をした武器です。これを押し寄せる敵勢に豪傑が投げ入れ敵兵をなぎ倒しました。また世界を征服する転輪聖王《てんりんじょうおう》という偉大な王のもつ金でできたこの武器（金輪）のことともいいます。

つまり、仏陀釈尊が教えによって世の誤った見解や闇をうち破り人々を救済していくさまを、古代インドの武器が回転しその剣で次々と敵をうち倒していくさま、あるいは転輪聖王が金輪を転がして敵をうち破っていくさまになぞらえたものです。

釈尊は教えの武器、つまり法（教え）の輪を転がす、というわけです。仏教系の学校におられた方は壁面や講堂などに、この法輪が描かれているのをご覧になったことがあるかもしれません。これは以上のようなことから法輪が仏教の象徴とされるからです。

なお、このようにして釈尊と友人たちで最初の仏教教団が成立しました。仏教の教団のはじまりは、釈尊とその友人たちの集いからなのです。

第三節　四諦各論

では、次に四諦のそれぞれについて見てみましょう。

㈠　苦諦……人生は苦であるという真理。

人生が苦であるということは、まぎれもない真理であるというのが仏教の立場です。この正しい認識、問題意識から出発します。具体的には生苦《しょうく》・老苦《ろうく》・病苦《びょうく》・死苦《しく》・愛別離苦《あいべつりく》・怨憎会苦《おんぞうえく》・求不得苦《ぐふとっく》・五盛陰苦《ごじょうおんく》（五取蘊苦《ごしゅうんく》）の八苦が説かれます。以上の八苦についてはすでに第一章で述べたとおりです。つまり本書でこの苦諦に相当する部分は第一章の第四節になります。

また、輪廻の中における生涯の苦をすべてまとめて苦諦に入れる場合もあり、学派の別や大乗仏教と部派仏教などによって少々説き方は異なりますが、人生は苦であるということを真理としていることには変わりありません。人生は苦である、というのが仏教の説く実践上の真理の一つなのです。

四諦では、まず最初に仏教の現実認識、問題意識を宣言したことになります。そして、そのまま放置するのではなく、では次にその苦が起こる原因はどこにあるのかという分析に入ります。これが次の集諦です。

(二) 集諦……苦の原因は煩悩であるという真理。

苦の起こる原因を明らかにしたのが集諦です。苦の原因は煩悩であるというのも仏教が説く実践上の真理の一つにほかなりません。

集諦の集とは、サムダヤ（samudaya）ということで、集起のこととされます。これはものが集まり起こる原因ということで、この場合で言えば、苦の起こる原因ということになります。

では、苦の起こる原因は何かといえば、すでに述べてきましたように煩悩（惑）です。つまり、苦諦で人生は苦であるとし、次に集諦でその苦の起こる原因を分析しそれは煩悩である、と明らかにするという構造になっているのです。本書で集諦に相当するのは第二章です。

この煩悩は具体的には渇愛《かつあい》が挙げられています。渇愛とは渇いた者が水を求めるのに喩えられるような欲望を満たそうと求める激しい心の働きです。この渇愛の内容は欲愛・有愛・無有愛の三つの愛で説明されます。

①欲愛……性欲や情欲など。あるいはいろいろと認識されるものを求める欲。
②有愛……生存欲。
③無有愛……生存を否定する欲。つまり何も無くなる虚無こそが楽であると考え、滅無を欲する心の

働きです。仏教の涅槃は何も無くなるようなこの無有愛と勘違いされることがありますがこれは誤りです。何も無くなる虚無を涅槃といっているのではありません。仏教は虚無が理想であるとは説きませんし否定します。涅槃は安楽の境地なのです。

ここ（パーリ律蔵や「転法輪品」等の説）では以上のように集諦とは渇愛であり、それはこの三つの愛であると述べられていますが、この情意的な渇愛という煩悩の背後には当然に真理、すなわち四諦、縁起など仏教の教えを知らないという煩悩、つまり無明《むみょう》（痴）があるといえます。また煩悩には三毒の煩悩をはじめとするさまざまなものがあることはすでに触れてきたとおりです。ここでは特に激しい働きのある渇愛をこれらすべての煩悩の代表として挙げていると考えられましょう。

ちなみに集諦に、渇愛にかぎらず広く煩悩とさらに業をも入れる説もありますが、いずれにしても苦の原因は煩悩であるという真理をうたっていることには変わりありません。

以上の苦諦と集諦はワンセットになっているといえます。個々の内容とともに、苦諦で人生は苦であるという仏教の現実認識を明らかにし、これを結果とすると、その苦の原因は何であるかを集諦で明らかにするというように、苦諦と集諦とは因果関係になっているのです。つまり苦と苦の発生原因の因果関係をも真理として明らかにしているといえます。

㈢　滅諦……煩悩を滅した境地が涅槃の理想の境地であるという真理。

滅諦は仏教の究極の目的、めざす境地です。渇愛を滅して解脱し執著がない境地であり、悟りの境地、涅槃のことです。苦諦で数々挙げられる苦のない絶対安楽で自由な境地です。先のように渇愛をすべての煩悩の代表とするならば、ここはその渇愛に代表されるすべての煩悩が無くなり束縛を離れ、安楽であり、平安であり、真に自由となった理想の境地、涅槃を提示していると言えます。本書で滅諦に相当する部分は第一章の第一節（第二節と第三節もかかわります）です。

では、この涅槃の境地を獲得するにはどうしたらよいのかを具体的に説いたのが次の道諦です。

㈣　道諦……涅槃に至る方法は八正道《はっしょうどう》であるという真理。

道諦は仏教の究極の目的、めざす境地、涅槃、解脱に至るための方法を説き明かす部分です。すでに先に触れましたように、釈尊は五人の友人たちに涅槃に至る道は中道であると説き、具体的には八正道であると説き明かしたのです。つまり道諦とは八正道にほかなりません。本書の内容では第三章（及び第四章の中道など）が相当しましょう。八正道とは八聖道、八聖道分などともいいます。

さて、八正道とは次の八つです。

①正見《しょうけん》

見とは見解、思想のことです。ですから正見とは正しい見解、思想、あるいはものの見方、考え方をもつということになります。

では、「正」「正しい」とは何を「正」「正しい」とするのでしょうか。これは四諦や縁起を理解した、四諦や縁起にのっとったということになります。ですから正見とは四諦や縁起の理法に対しての智慧といえます。経典には四諦への智慧であるとします。広く言えば仏教の教えにのっとったということになりましょう。さらに言い換えますと、執著しない、偏らない、とらわれないこと、つまりものごとをありのままに見ること、まさしく中道ということにもなるでしょう。

この視点で正見をいいますと、偏らないものの見方、考え方、見解、思想をもつということになります。これを具体的に言いますと、先に述べましたように四諦を正しく理解し体得したものの見方、考え方ということになりましょう。

なお、仏教で「正」「正しい」とは、何をもって正しいとするのかといえば、執著しない、偏らない、とらわれないということであり（正しい正しくないということや執著しないということなどにも偏らず執著しないことを含みます）、思考にせよ、見解にせよ、行動にせよ、修行にせよ、すべからく執著しない、偏らない、とらわれないということ（言い換えますと中道）に裏づけられてのみ正しいということが保証され実現されるのです。

②正思惟《しょうしゆい》

正見にのっとった正しい思惟、意思をもつこと。つまり正見にのっとった正しい意業ということになります。

経典では悟りについての思惟（出離覚《しゅつりかく》）、怒りのない思惟（無恚覚《むいかく》）、生物を害さない殺さない、非暴力の思惟、つまり慈しみの思惟（不害覚《ふがいかく》）を挙げます。この三つを三善覚《さんぜんかく》といいます。

③正語《しょうご》

正見にのっとった正しい言葉を語ること。これは正見にのっとった正しい口業（語業）ということになります。

真実を語り、また慈しみの言葉、称讃する言葉など、人を利益する言葉を語り、嘘や悪口、人を傷つけるようなことは語らないということになります。経典には虚偽を述べないこと（離虚誑語《りこおうご》）、人々の仲を裂くようなことを述べないこと（離離間語《りりけんご》）、粗暴な言葉を語らないこと（離麁悪語《りそあくご》）などを挙げます。

④正業《しょうごう》

正見にのっとった正しい行為を行なうこと。これは正見にのっとった正しい身業ということになります。殺人や盗みなどをしないこと、また、よい行為を行なうことでもあります。経典では殺生をしないこと（離殺生）、盗みをしないこと（離偸盗）、欲の行為（淫行）をしないこと（欲を起こす対象に対する邪行を離れる）が挙げられています。

⑤正命《しょうみょう》

この場合、命とは生活のことです。ですから正見にのっとった正しい生活を営むということになります。四諦は最初、釈尊の五人の友人たちに説かれたことからわかるように、実践では出家者を対象に説かれています。したがってここでは、出家者として、正見にのっとった正しい生活を営むということになります。本来、出家者は一般在家者の行なう職業にたずさわってはいけないとされています。ですから出家者の正しい生活とは、信者などからの布施・供養による生活、つまり乞食《こつじき》によって露命をつなぐということになります。もし一般の人々に敷衍するならば正当な生活手段（犯罪や人を傷つけ悲しませたりすることによって収入を得るなどといったことではない）による生活ということになりましょう。

⑥正精進《しょうしょうじん》

精進とは、善のためにひたむきに勇敢につとめ励み努力する心の働きです。簡単に言いますと善への努力のことです。ですから正精進とは正見にのっとった正しい努力といえましょう。

経典には、

㋑いまだ生じていない（行なっていない）悪は生じないように心がけ努力する。

㋺すでに起こしてしまった悪はそれを捨て、止めるように心がけ努力する。

㋩いまだ起こっていない（実践していない）善は実践するように心がけ努力する。

㋥善を実践できているなら、その善を持続させ乱れさせないこと、そして広大化させ、欠けることなく円満にし、さらに増大させることを心がけ努力する。

という四つを具体的な努力として挙げています。

この四つは四正勤《ししょうごん》という徳目です。勤《ごん》とは精進の別名です。つまり正精進の具体的内容を四正勤として説いているわけです。最初から順に㋑律儀断《りつぎだん》、㋺断断《だんだん》、㋩随護断《ずいごだん》、㋥修断《しゅだん》と言います。「断」と呼ばれるのは、以上の精進努力は怠け心を断ち、さらに煩悩を断つからです。そのため四正勤は四正断、四意断とも呼ばれます。

⑦正念《しょうねん》

正見にかなう正しい思念です。念とはいつも心に覚えていて忘れないことです。つまり広く言えば仏教の教えを常に心に想い忘れないことになりましょう。

経典には次の四つが説かれています。

㋑身体に対する貪り憂いを離れる（身体は不浄である）。

㋺受（心が外部から受け込み感じる苦や楽、快不快の感覚、感受のこと）に対する貪り憂いを離れる

（受は苦である）。

㋩心に対する貪り憂いを離れる（心は移り変わり無常である）。

㋥すべての存在に対する貪り憂いを離れる（すべての存在は無我（空）である）。無我とは空と同じ

意味です。これは改めて第七章で述べます。

この四つは四念処《しねんじょ》（四念住《しねんじゅう》）という徳目です。

⑧正定《しょうじょう》

定とはすでに述べてきたように禅定、瞑想のことです。ですから正定とは正見にのっとった正しい瞑想ということになります。

経典では、欲や悪を離れた色界の初禅から第四禅の四禅定が説かれます。ここで止観均等の定が達成されることはすでに触れたとおりです。

なお、滅諦と道諦の関係も苦諦と集諦の関係がそうであったようにワンセットとなり因果関係になっているといえます。つまり道諦が滅諦の理想を実現する原因となるもので、滅諦がその結果（涅槃）であるわけです。

以上が道諦、つまり八正道です。この八正道を完遂できれば解脱し涅槃に入り阿羅漢となります。

この八正道は、中道の実践を具体的に述べたものですから、一つの中道の修行を具体的に八つに展

開したものということができます。したがって八つは別々の無関係のものではなく、一つの修行の八つの側面であるということがわかります。そのため八つは有機的に結びついていると見るべきです。

すでに述べたように仏教の実践は三学の範疇を出ません。四諦の中の実践をあらわしたのが道諦、八正道ですが、では三学との関係はどうなっているのでしょうか。

これには諸説ありますが、パーリ仏教によれば次のようになります。

慧	戒	三学共通	定
①正見　②正思惟	③正語　④正業　⑤正命	⑥正精進	⑦正念　⑧正定

（正精進を定、あるいは慧に入れる説もあります）

（水野弘元『仏教用語の基礎知識』春秋社、一八七頁）

となります。つまり三学を四諦の教えの中の道諦で展開すると八正道という形になるわけです。

第四節　四諦の構造

四諦の構造はすでに触れましたように苦諦と集諦、滅諦と道諦がそれぞれワンセットになっているといえます。

苦諦と集諦は、苦であるという現実認識（苦諦）と、その原因の分析（集諦）となります。

滅諦と道諦は、これに対し苦を解決した理想世界（滅諦）と、そこに至る具体的手段（道諦）が示されるという構造になっています。

つまり、集諦と苦諦が、また道諦と滅諦がそれぞれ原因と結果の関係（因果関係）になっているわけです。

これを図示すれば次のとおりになります。

四諦

- 苦諦──人生は苦であるという現実──果
  - 具体的内容──四苦八苦
- 集諦──現実である苦の原因──因
  - 具体的内容──煩悩（渇愛）
  - （苦諦・集諦）→ 迷いの因果（有漏の因果）
- 滅諦──煩悩を滅した涅槃の世界──果
  - 具体的内容──涅槃
- 道諦──涅槃へ至る具体的手段──因
  - 具体的内容──八正道
  - （滅諦・道諦）→ 悟りの因果（無漏の因果）

苦諦が人生は苦であるという現実認識、または現実分析であり、その苦の原因が明かされるのが集諦です。また理想とすべき境地（涅槃・解脱・悟りの世界）が滅諦です。その滅諦に至る方法（原因）が明かされるのが道諦の八正道であるということになります。先に四諦の苦・集・滅・道の順番は変わることがなく、この順番自体に意味があると述べましたのはこのように四諦が因果関係の構造になっているからです。

第五節　四諦の三転十二行相

釈尊は五人の友人たちに、四諦の教えを説き終わると、この四諦のそれぞれについて示転《じてん》・勧転《かんてん》・証転《しょうてん》の三段階に実践することを述べました。

㈠　苦諦の三転

①示転……釈尊は「苦諦はこのようであるといういまだ聞いたことがない教えに対し、私に眼が生まれ、智が生まれ、慧が生まれ、明が生まれ、光明が生まれた」と述べました。これは、苦諦とは、以上本書の苦諦の説明で述べてきたようなものであるという苦諦の内容を説き示したものです。そのためこれを示転といいます。

②勧転……次に「苦諦は遍知（完全に知り尽くすこと、了知すること）すべきである」ということについて、「私に眼が生まれ、智が生まれ、慧が生まれ、明が生まれ、光明が生まれた」と述べました。つ

まり遍知「すべきである」と勧めるのでこれを勧転といいます。
③証転……次に「苦諦は遍知せり」ということについて述べました。「遍知せり」というのはすでに遍知を達成したということです。悟りなどを完成・達成することを悟りを証するといいます。そこで、ここではすでに苦諦を完全に知り尽くすことを達成し完成したことを述べていますので証転といいます。

(二) 集諦の三転

①示転……同じく「集諦はこのようである」と内容を示す示転。
②勧転……「集諦を断じるべきである」と勧める勧転。これは集諦で示された渇愛などの煩悩を断つことを勧めるものです。
③証転……「集諦を断じた」という証転。

(三) 滅諦の三転

①示転……「滅諦はこのようである」と内容を示す示転。
②勧転……「滅諦を現証すべきである」と勧める勧転。現証というのは苦の滅を実現することですから、ここは滅諦で示された涅槃を実現すべきである、悟るべきであるという意味になります。
③証転……「滅諦はすでに現証された」という証転。つまり悟りを得た、涅槃を獲得したということになります。

(四) 道諦の三転

①示転……「道諦とはこのようである」と内容を示す示転。

②勧転……「道諦は修習《しゅじゅう》すべきである」と勧める勧転。修習とは実践です。特に目的のために繰り返し重ねて実践することです。ですから八正道を繰り返し繰り返し学びつつ実践していくことが勧められていることになります。

③証転……「道諦を修習した」と達成を示す証転。

以上のように四諦のそれぞれに示転・勧転・証転が説かれます。このため合わせて十二あるので、これを四諦の三転十二行相《さんてんじゅうにぎょうそう》、あるいは三転十二行法輪といいます。なお、苦諦以外では省略しましたが、集・滅・道の各諦でも示転・勧転・証転のそれぞれについて釈尊は「私に眼が生まれ、智が生まれ、慧が生まれ、明が生まれ、光明が生まれた」と述べます。そこで、この「私に眼が……光明が生まれた」を眼・智・明・覚の四行相とし、三転それぞれにこれらがあるので十二行相とするという説もあります。つまりこの説は、四諦それぞれに十二行相があるという説になります。

いずれにしても、四諦への取り組み方、実践が三段に分けて説かれていることがわかります。つまり苦諦の内容を明らかにし（示転）、それを単なる知識ではなく知るべきであるとして（勧転）、そして知り尽くすこと（証転）。人生は苦であるということは知り尽くされねばならないということです。

次に集諦の内容を明らかにし（示転）、それを単なる知識ではなく、集諦（煩悩）に対しては断じられるべきであるとし（勧転）、そして断じる（証転）。苦の原因が煩悩である、ということは知識でとどめてはならず、それは実践して断ち切らねばならない、そして断ち切るということになります。

さらに滅諦ではその内容を明らかにし（示転）、滅諦（涅槃）を実現すべきである（勧転）、そして実現する（証転）ということになります。つまり涅槃は煩悩を無くし苦を無くした安楽な状態であるという知識でとどまるのではなく、やはり実現すべきであり、実現したというのです。

涅槃の実現は道諦によらなければならないので、その道諦の内容を示し（示転）、道諦（八正道）を実践すべきであるとし（勧転）、実践を完成した（証転）ということです。これも単に知識ではなく、それは実践されるべきであり、実践するのであるということになりましょう。

このように四諦のそれぞれは実践されねばならないことであり、これらが実践されることによってはじめて四諦が完成する、つまり悟りが開けるということになります。

釈尊は「この四諦の三転十二行相が完全ではないときは自分はいまだ悟ったとはいわなかった、しかし四諦の三転十二行相が完成し、物事をありのままに見抜くこと（如実知見）が清らかになったことによってはじめて悟りを開いたと宣言したのである」と述べています。

第六節　付論―三十七菩提分法―

なお、この八正道の他にも実践方法がいくつか挙げられます。よく挙げられるのは三十七菩提分法《さんじゅうしちぼだいぶんぼう》というものです。三十七菩提分法とは、先に挙げた四念処・四正勤、そして四如意足・五根・五力・七覚支、さらに八正道の七種を一つにまとめて言っているものです。七種それぞれの徳目を合計すると三十七になるので、三十七菩提分法といいます。また三十七菩提分、三十七道品《どうほん》ともいいます。七種の徳目は次のとおりです。

四念処・四正勤・八正道は先に挙げたとおりです。

四如意足とは、欲如意足と、精進如意足（進如意足）と、心如意足（念如意足）と、思惟如意足（慧如意足）の四つです。これらは、欲願と努力、心念、そして瞑想の智慧のそれぞれの力による禅定のことをいいます。

五根とは、信・精進・念・定・慧の五つです。煩悩をおさえて正しい悟りの道に進める勝れた働きがあるものです。

五力とは、信力（信仰）・勤《ごん》（努力）・念力（憶念）・定力（禅定）・慧力（智慧）です。

七覚支とは、①心に想い忘れないこと（念覚支）、②智慧によって教えの真偽を判断すること（択法《ちゃくほう》覚支）、③精進努力すること（精進覚支）、④仏教の教えを得て喜ぶこと（喜《き》覚支）、⑤心身が軽やかで安穏なこと（軽安《きょうあん》覚支）、⑥禅定（定覚支）、⑦心が偏らないこと（捨《しゃ》覚支）となります。

これらの七種は、別々の独立したものであって、三十七菩提分法という一つの体系ではありません。つまり実践方法についての七種の道というべきものです。これからわかるように相手や状況に応じて、柔軟に教えが説かれたということになります。これらの代表的なものを総称して三十七菩提分法と言っているわけです。なお、四諦での具体的な実践方法は基本的には八正道が説かれます。

以上が四諦八正道であり（付論を除く）、釈尊当時からの仏教の教えの全大綱であり、また教えの要点がすべて入っているといえます。

さて、次に特に実践面と心意気で八正道よりさらにダイナミックに展開した大乗仏教の修行方法を見てみましょう。

第六章　大乗仏教の修行―六波羅蜜―

第一節　大乗仏教とは

第一項　仏教の歴史概観

大乗仏教では独自の修行方法である六波羅蜜《ろっぱらみつ》（「ろくはらみつ」とも読みます）を強調し用います。大乗仏教の修行者を特に菩薩と言いますが、この菩薩の実践行が六波羅蜜にほかなりません。

そこで、六波羅蜜とは何かを知るために、まず、大乗仏教とは何かを簡単に仏教の流れから見てみましょう。

㈠　原始仏教の時代

釈尊在世当時から亡くなって約百年後までの仏教を原始仏教と呼んでいます。この名前は近代になってから便宜的につけられた名前で、その当時からこのような名前があったわけではありません。原始仏教といっても原始的な仏教とか、未発達な仏教というのではありません。釈尊当時の原初形態を保った仏教という程度の意味です。この原始仏教と呼ばれる時代の仏教は、仏教の教団は一つにまとまり、釈尊当時の戒律や教えがそのまま伝えられていました。ただし厳密に言えば釈尊が亡くなった後には教えの解釈をめぐって異論が若干生じていたといわれます。

なお、釈尊が亡くなること、つまり釈尊がこの生涯で得た肉体を捨てて涅槃に入ることを仏滅といいます。仏教では年代はこの仏滅を基準にします。たとえばこれこれの事項は仏滅後何年のことである、といった言い方をしばしばします。したがって、原始仏教の時代をこれで表現するならば「釈尊在世当時から仏滅後約百年まで」となります。

ちなみに暦で大安とか仏滅という言葉が言われますが、仏教のいう仏滅や仏教思想とはまったく関係ないものです。大安や仏滅の日がよいとか悪いということも仏教では説きません。

(二)　部派仏教の時代

①根本分裂

仏滅後約百年、それまで一枚岩であった仏教教団が二つに分裂してしまいます。これは戒律の解釈をめぐる対立によります。そして、戒律を厳格に解釈する長老たちの保守派である上座部《じょうざぶ》とフレキシブルに解釈しようとする革新派としての大衆部《だいしゅぶ》という二つの部派に分裂することになったのです。この教団の分裂を根本分裂《こんぽんぶんれつ》といいます。ただしこの根本分裂にまつわる事情や理由などは伝承によって異なります。

②枝末分裂

根本分裂後、しばらくしますと今度は上座部・大衆部のそれぞれがさらに分裂を繰り返していくことになります。年代などについて異説がありますが『異部宗輪論《いぶしゅうりんろん》』によりますと、大衆部は仏滅後二百年頃から分裂をはじめ、九つの部派に分裂しました。上座部は仏滅後三百年頃から分裂をはじめ、十一の部派に分裂しました。その結果、合計二十の部派が出現することになりました。これらの分裂のことを総称して枝末分裂《しまつぶんれつ》といいます。

根本分裂以後の各部派に分かれた仏教のことを総称して部派仏教《ぶはぶっきょう》と呼んでいます。俗に小乗仏教というのはこの部派仏教のことを指しています。部派仏教は非常に学問的・哲学的な仏教となります。その研究は、アビダルマと称する法の研究で、分析的であり、教えを整理、体系化し、哲学的な思弁を特色としています。このようにして各部派がそれぞれの立場を明らかにしたのです。私たちの大乗仏教も部派仏教の哲学の影響を受けています。

ちなみに、古来「小乗仏教では」といっている思想は、部派仏教の中で哲学・思想的に特に有力な部派であった説一切有部《せついっさいうぶ》（有部《うぶ》と略す場合もある）の哲学・思想を指していることが少なくありません。

部派仏教は、また出家中心主義でした。そして分析的、学問的、哲学的であったわけです。ところがやがてこれがいきすぎることになります。出家中心主義は、出家中心のエリート主義になり形式主義に陥っていきます。また学問的な傾向はいきすぎてあまりにも煩瑣な学問仏教となりました。釈尊当時は釈尊でさえ自ら町や村を歩き、在家の人々からの食事の供養などを受けました。しかし、部派仏教の頃になりますと有力な外護者からの経済的支援があるため、出家者が町に出て人々に食を乞うたり、またそこで教えを説くことも少なくなりました。そして学問研究と自分の解脱のためだけにうち込むこととなったわけです。そのためいきおい民衆と仏教教団が乖離していくことになりました。また部派仏教では悟ったとしても仏の悟りではなく、仏よりワンランク下の阿羅漢の悟りまでとされました。阿羅漢は解脱し涅槃に入っていますが、涅槃に入って以後、仏のように救済活動をしない聖者です。

㈢　大乗仏教の興起

やがて、こういった部派仏教のあり方や思想を批判的に見る人々が出てきました。もっと民衆に根づき、また出家・在家の区別なく、さらに自分のためだけではなくすべての人々、さらにはすべての生き物までもが仏と同じ悟りを得ることをめざすべきだという仏教運動が起こってきました。これが大乗仏教となります。つまり部派仏教に対する批判・反省から大乗仏教が起こってきたわけです。大乗仏教がいつ頃から起こったかは諸説あり一定していませんが、紀元前後、あるいは紀元前二世紀頃、南インドから起こりはじめたといわれています。やがてこの運動の勢力が増すと自らの思想と心意気を大乗と称し、部派仏教の姿勢と思想を（事実上けなして）小乗と呼びました。大乗仏教は自らを大きな乗り物（大乗）と宣言し、自己の悟りのみに専念し、出家中心主義で煩瑣な学問仏教となった部派仏教を小さな（劣った）乗り物（小乗）と批判したわけです。ですから小乗という名はよい呼称ではないのです。現在の南方仏教は、上座仏教、テーラヴァーダ（長老派）と呼びます。

さて、このようにして出現した大乗仏教の教理の源流はどこにあるのかといえば、釈尊の前世を含めた物語である仏伝文学、さらに釈尊の遺骨を祀った仏塔への信仰、そして部派仏教の教理の三つであるとされています（平川彰『仏教通史』春秋社、三二頁）。さらにそこに自分の解脱を求めるだけではなく広く生きとし生けるものの解脱や幸福を願い救済活動に邁進すべきだという考えが動機として加わっているといえましょう。このような大乗仏教の修行者のことを菩薩といい（寄り道②参照）、菩薩の実践行が六波羅蜜という修行です。

大乗仏教では、空の思想をもっぱらに宣揚する中観《ちゅうがん》派、認識や心の哲学を解き明かす瑜伽行唯識学《ゆがぎょうゆいしきがく》派《は》などが出現して栄え、これら高度な哲学によって思想が深まり哲学も精緻になりました。また七世紀中頃には密教も出現しました。

ところが壮大で精緻な哲学は、やがて大乗仏教をも学問仏教にしていくことになります。部派仏教でも大乗仏教でも出家者は城郭のような大寺院に籠《こも》り、自らの学問研究に専念するようになっていくのです。それは民衆からの再びの遊離をも意味しました。

なお、大乗仏教が部派仏教にとってかわったわけではなく、両者併存して栄えていたと考えられます。

(四) インドでの仏教の滅亡

イスラム教徒が七一二年にインドに侵入しました。また九八六年以後、やはりイスラム教のガズニー朝が十七回も繰り返しインド征服を企てました。この折、北インドの占領地では略奪をはじめヒンドゥー教や仏教の寺院の破壊、僧や尼の虐殺が行なわれたといいます。ガズニー朝を滅ぼした同じくイスラム教のゴール朝もインドに攻め入り、北インドではイスラム教徒による支配が行なわれました。そして、一二〇三年、ついに最後まで残っていたヴィクラマシラー大寺院がイスラム教徒に破壊されるに至ります。これによって組織だった仏教はインドから姿を消したのです。

民衆から遊離し、いくつかの大寺院に籠っての僧侶たちの生活、修行、研究は、これらの大寺院が攻撃されることにより仏教自体の消滅をもたらしたのです。これと対照的に民衆に深く入り込んでいたヒンドゥー教やジャイナ教などとそれらの信仰は滅びませんでした。

難を逃れた仏教僧侶たちはチベットやネパールなどに移住したといいます。また若干の僧侶はインドに残り活動し続けその流れは小さいとはいえ現代まで続いています（平川彰『インド仏教史』下巻、春秋社、二八頁）。ですから、インドから仏教が完全に絶滅したわけではないといえますが、しかしヴィクラマシラー大寺院の壊滅をもって、インドでの仏教は事実上終焉を迎えたといってよいでしょう。

さて、仏教は滅びるより前にすでに教えの灯火が各地方に伝わっていました。そのためインドで仏教が滅亡した以降、今も仏教は各国で生き続けているのです。

まず古くは、アショーカ王の王子（弟ともいう）で比丘であったマヒンダ長老がスリランカにごく初期の段階の部派仏教を伝え、セイロン上座部（分別説部）が成立しました。この流れはやがて南伝仏教として、さらにタイやミャンマー、カンボジアなどにも広まり、今見る南方仏教の繁栄のもとを築きました。この流れの仏教のことをテーラヴァーダ、つまり長老派といいます（あるいは上座仏教ともいう）。南方仏教のことを小乗仏教という人もありますが、これは適当ではありません。すでに述べたように小乗という名は、煩瑣な哲学研究をもっぱらとして学問仏教となり、しかも民衆と遊離して大寺院に籠り形式的なエリート主義仏教に陥った後代の部派仏教を大乗仏教側が批判して述べた言葉です。

そもそも現在伝わっている南方仏教は民衆と遊離した仏教でも学問仏教でもありません。戒律を厳守し、そして民衆を導き民衆とともに歩む釈尊当時の遺風を伝えているものです。ですから私たちはこの南方仏教のことを、テーラヴァーダ、つまり長老派と呼ぶべきなのです。

さて、大乗仏教が興起してからは、大乗仏教の思想はインド北方を通りシルクロードを経由して中国にもたらされることになります。そして最終的に我が国にも伝来します。密教が起こってからは密教の思想も中国、日本にもたらされます。また仏教はチベットにももたらされています。ちなみに三蔵法師の物語（『西遊記』）はこうした仏教伝播の中で中国僧がインドで仏典を求め中国へ持ち帰った史実に取材し成立した物語といえましょう。

このため仏教がインドにおいて終焉を迎えても、それまでに外に伝わったテーラヴァーダ仏教や大乗仏教が各国で存続し、現在に至っているわけです。

第二項　大乗仏教の特徴

大乗仏教でも部派仏教でも上座仏教でも、仏教であるかぎり基本はまったく変わりません。

では、どういった点が大乗仏教の特徴と言えるのでしょうか。前項の大乗仏教の興起の経緯をふまえつつ見てみましょう。

㈠　仏と同じ悟りをめざす（仏になることをめざす）。

大乗仏教は仏と同じ悟りの境地（涅槃）や智慧をめざします。これに対し部派仏教は、仏のワンランク下の阿羅漢の悟りの境地（涅槃）や智慧をめざします。すでに触れたように阿羅漢は悟っており、解脱し涅槃に入っていますが、他者を救済する働きをもちません。これに対し、仏は悟って以降も涅槃に安住することなく、自由自在に救済活動をくり広げます。

さて、このように涅槃にはいくつかの種類があり、仏と阿羅漢の相違と関係してきますので、ここで若干補足の説明をいたします。

まず、悟ったとしてもそのときには当然、悟るより前からあった肉体をもっています。悟ったからといって瞬時に消えてなくなるわけではありません。そこでこの場合を、肉体（余依《よえ》という）をもった涅槃ということで有余依涅槃《うよえねはん》といいます。精神はすでに解脱し涅槃に入っていますが、この生涯の最初に輪廻の結果として受けた肉体はそのまま存在しています。

そして、この生涯での肉体が尽きるとき、つまり亡くなるとき、余依が無くなることになるので、ここで精神のみの真の涅槃に入るとされます。これを無余依涅槃《むよえねはん》といいます。この涅槃の境地は、身は灰になり智慧さえも無くなる境地という意味で、灰身滅智《けしんめっち》（身は灰となり智も滅す）といいます。部派仏教はこれを真の静寂な境地であるとし、理想とし目標としました。

□寄り道⑯—三蔵と三蔵法師—

三蔵法師というと、私たちは『西遊記』で描かれ、孫悟空や猪八戒、沙悟浄をひきつれた三蔵法師を思い浮かべます。そして往々にして、この三蔵というのがこのお坊さんの名前だと思い込んでいます。

しかし、本当は三蔵は三蔵法師の個人の名前ではありません。「三蔵法師」という言葉全体で、一種の称号なのです。ですから三蔵法師とは特定の人を指すのではなく、何人もの三蔵法師がいるのです。

まず、三蔵という言葉について説明します。そもそも仏教で言う三蔵とは仏教の基本的な聖典群の総称です。釈尊の教えの集合である経蔵（いわゆるお経）、戒律の集合である律蔵、教えについてのインドやスリランカの高僧による研究書や解釈書、哲学書（中国や日本、韓国などでの高僧の著述は含まない）である論蔵、これら三つに分類された書物を総称して三蔵といいます。分裂した部派はそれぞれの教えに沿った三蔵をもっています。

日本には大乗仏教が伝わったので、日本での三蔵は大乗仏教の三蔵と同じです。つまりサンスクリット語より漢訳された『般若経』『阿弥陀経』『法華経』『大日経』などの経典類を経蔵、同じく漢訳されたインドの仏教哲学書である『倶舎論《くしゃろん》』『大智度論』『瑜伽師地論』などを論蔵、同じく戒律関係の『四分律』『五分律』『十誦律《じゅうじゅりつ》』『摩訶僧祇律《まかそうぎりつ》』などを律蔵として分類しています。

そして、この三蔵、つまり仏教の基本聖典群に精通した高僧を三蔵法師と呼ぶのです。また三蔵がインドから中国に伝わったとき、サンスクリット語で書かれたインドの三蔵を学僧たちが漢文に翻訳しますが、この翻訳僧のことを中国では三蔵法師と呼びます。三蔵法師とは、このような意味の、いわば称号なのです。

なお、『西遊記』は玄奘《げんじょう》という僧の書いた旅行記『大唐西域記』にヒントを得て、明の呉承恩が創作したものです。

しかし大乗仏教は、これはあまりにも消極的な涅槃であると考えました。

思えば釈尊は、三十五歳で悟ったときに（死んでこの世界に受けた肉体さえない）完全な涅槃の境地にも入れたはずです。そのまま無余依涅槃に入ればこの最後の生涯に受けた肉体をも離脱でき、老いることも病気も、以後一切起こらず、絶対の安楽の境地に入れます。また誰にも教えを語らず静かに過ごすこともできたはずです。しかしそのようにはせず、すでに解脱して精神は涅槃にありながらも、以後八十歳で亡くなるまで、都市に村に野にと、人々のいる所に赴いて教えを説き続けました。言い換えれば、三十五歳で目的を達成した釈尊は、それ以後はただひたすら他者のためだけに生きたといってよいのです。すでにゴールインしている選手が再びトラックに戻ってきて、苦しんでいる選手の手を引いたり、アドバイスしたり、後押ししたりしているようなものです。

大乗仏教はこのような飽くことなく延々と他者を救済し続ける仏の精神を理想とし、このように自由自在に救済活動を続けることのできる境地こそが仏の涅槃であるとし、自らの目標としました。この涅槃のことを無住処涅槃《むじゅうしょねはん》といいます。無住処、つまり涅槃に入りながらも涅槃の境地に安住することなく、しかもすでに解脱しているので輪廻に陥ることもなく、生きとし生けるものを救済しながら、しかも煩悩も苦もない安楽で静寂な境地にある涅槃です。

以上の有余依涅槃、無余依涅槃、無住処涅槃の三つに、悟る対象である真理そのものを涅槃とした自性清浄涅槃《じしょうしょうじょうねはん》を加えて四種涅槃の説を立てます（唯識学派による）。

仏は四種とも備え、阿羅漢は有余依・無余依・自性清浄の三つの涅槃を備えます。したがって無住処涅槃こそが大乗仏教の精神をよく表わし、四種の涅槃を備える仏の悟りの境地をめざすのが大乗仏教ということになります。

大乗仏教は、部派仏教の理想とする涅槃の境地を、涅槃の境地にとらわれている涅槃、涅槃に執著している涅槃であると批判したともいえます。当然ながら、このような大乗の理想とする仏の涅槃の境地は灰身滅智の無余依涅槃で終わる阿羅漢の涅槃の境地より広大であり、慈悲に満ちており、かつ積極的なものといえましょう。また悟りの智慧も阿羅漢の悟りの智慧より無住処涅槃を備え自在に活躍する仏の悟りの智慧の方が広大で強大です。この仏の智慧のことを般若波羅蜜、あるいは一切種智《いっさいしゅち》といいます（これについては後の智慧波羅蜜の説明で言及します）。

㈡　修行者は菩薩と呼ばれる。

先にも述べましたが、この仏の悟りをめざす修行者を菩薩といいます。菩薩とは菩提薩埵《ぼだいさった》の略とされます。菩提とは悟りの智慧を言い、ここでは仏の悟りの智慧のことです。薩埵とは生命ある者という意味です。したがって菩提薩埵（菩薩）とは仏の悟りの智慧をめざす修行者ということになります。また菩薩摩訶薩《ぼさつまかさつ》とも呼ばれます。仏の悟りをめざせば誰でも菩薩と呼ばれることになります。なお部派仏教の修行者は声聞《しょうもん》と呼び、菩薩ということはありません。声聞とはもともとは釈尊の声（教え）を聞く者、つまり釈尊の弟子のことをいったのですが、やがて部派仏教の出家の修行者の意味に限定されていきます。声聞は出家者ですが、菩薩には出家と在家の両者があります。ですからこれは、在家でも実践修行ができ、仏と同じ悟りを得ることができるというのが、大乗仏教の立場であることも示しておりましょう。たとえば阿弥陀仏像のような仏像は僧侶の姿、観世音菩薩像のような菩薩像は地蔵菩薩を除き在家者の姿をしています。

なお、仏と同じ悟りを得ようと願う心、あるいは仏陀の悟りの智慧を求める心を菩提心《ぼだいしん》といいます。この心を起こすことを発菩提心《はつぼだいしん》、また発心《ほっしん》といい、この心を起こすことはたいそう尊いこととされます。

ちなみに声聞の修行は八正道など、特に他者救済の徳目は含まない修行ですから（本章第四節参照）、その完成状態も他者の救済活動はしない阿羅漢の悟りとなります。また、釈尊の教えを聞かずとも、仏教に触れずとも、自ら独自に真理を悟る者がいるとされ、これを独覚《どっかく》、あるいは縁覚《えんがく》と言います。やはり無余依涅槃、灰身滅智に入る聖者です。仏教の修行者の種類は菩薩・声聞・縁覚の三種ですが、それぞれに悟りに至る実践の方法（乗）があるのでそれを菩薩乗、声聞乗などと言ったり、菩薩と区別して他を二乗と言ったりもします。

㈢　他者の救済を重視する。

大乗仏教は、エリート主義、学問仏教に陥り、形骸化し、民衆の救済はおろか民衆とのかかわりをもつことさえ希薄になった部派仏教への批判から起こってきたものでした。部派仏教は自己の悟りを得ることに重心がありますが、菩薩は、自らは仏と同じ悟りの智慧の獲得をめざし、同時に他の生きとし生けるものすべて、つまりすべての衆生も救済し、すべてに仏と同じ悟りを得させようと願い活動します。

このような菩薩の活動を「上求菩提《じょうぐぼだい》、下化衆生《げけしゅじょう》」（上には仏と同じ悟りの智慧をもとめ、下には生きとし生けるものを教化する）といいます（菩提とは悟りの智慧のことです）。

またそれどころか、むしろ自分より他者を先に救済する、悟らせるという心意気までをもちます。これを「自未得度《じみとくど》、先度他《せんどた》」と、自分がいまだに救済されない（悟っていない）うちに、先に他者を救済する（悟らせる）といいます。

これらはともに大乗仏教の、そして菩薩の心意気、姿勢を顕著に表わしています。信仰、礼拝されている仏や菩薩はこういった救済力や救済の誓いを頼んでその対象とされているのです。

㈣　大乗仏教独自の修行方法、六波羅蜜を用いる。

大乗仏教は、自己の悟りのみならず、他者を悟らせたり、救済することを重視することから、修行にもそのような大乗の精神が入っている修行を用います。これが六波羅蜜です。部派仏教は八正道、三十七菩提分法が中心です。

前章で見た八正道は、どちらかといえばまず自分の行為をどうするかということ、自分の悟りの獲得に重心が置かれており、あまり他者の救済を強調しませんし、それを視野に入れた修行法がありませんでした。大乗仏教はこの点を不足と考え、他者への働きかけ、社会性をもった修行を含めた六波羅蜜を用いるのです。

大乗仏教であろうと部派仏教であろうと修行の基本大綱は三学であり、三学の範囲から出るものはありません。この三学を大乗の精神、心意気で展開すると六波羅蜜となり、基本的な展開では八正道になるということになります。

第二節　六波羅蜜とは

第一項　波羅蜜の意味

六波羅蜜の波羅蜜とはパーラミター（pāramitā）の音写で、度《ど》、到彼岸《とうひがん》、度無極《どむごく》などと訳されます。そのため六波羅蜜は六度ともいわれることがあります。度は渡の意味で渡ったという意味です。到彼岸とは彼岸《ひがん》に到達したという意味です。彼岸とは悟りの岸のことで、迷いの此の岸（此岸《しがん》）に対していいます。また、波羅蜜は完全とか完成という意味ともされます。

したがって、六波羅蜜とは、仏の悟りに達するための六つの修行ということになります。また、波羅蜜を完全や完成としますと、六波羅蜜はそれぞれの完全な修行、修行の完成という意味になります。たとえば布施波羅蜜ならば完全な布施、布施の完成という意味になります。

六波羅蜜とは、布施《ふせ》波羅蜜・持戒《じかい》波羅蜜・忍辱《にんにく》波羅蜜・精進《しょうじん》波羅蜜・禅定《ぜんじょう》波羅蜜・智慧《ちえ》（般若《はんにゃ》）波羅蜜の六つです。

では以下、各波羅蜜について見ていきましょう。

第二項　六波羅蜜各論

一　布施波羅蜜

布施波羅蜜は貪欲の心を対治し、衆生の困窮、貧しさなどを解消する修行です。対治《たいじ》とは煩悩の心(この場合、貪欲)を断つことです。鬼退治などで言う退治という言葉はこの対治からきたものです。つまり布施波羅蜜の力をもって貪り(貪欲)を断つという意味になるわけです。

布施とは財物・衣食などを困っている人や宗教家に施し与えることをいいます。ここで、財物・衣食「など」といいましたのは、必ずしも物質的なものや飲食物、金品にかぎらないからです。精神的なもの、力を貸すこと、教えなどもすべて布施になります。つまり日頃私たちの言う「人(広く言えば人にかぎらず生きものすべて)のためになること(つくすこと)」はすべて布施になります。

つまり布施とは、「衆生のためになること(つくすこと)」プラス「自分の執著、貪欲を対治する」という修行になります。他者のためにつくしたり、与えるということは執著心やとらわれ、貪りの心、自己中心性を除き断つ修行になるわけです。一般に言う救済活動はすべて布施に含まれるといってよいでしょう。

布施は大乗仏教にかぎらず、釈尊当時から仏教全般を通じてきわめて重視され、推奨されてきた実践です。貧窮の人や宗教家に布施をすることは大変に大切なこととされてきました。大乗仏教はこれを正式に修行として取り入れ、しかも六波羅蜜の最初に位置づけたのです。ここに大乗の精神を読み取ることができます。

なお、布施はダーナ（dāna）の訳で、音写では檀那《だんな》、檀《だん》ともいいます。

〈三種施〉

布施波羅蜜としては、通常三種の布施（三種施）が挙げられます。

(一) 財施《ざいせ》

財施とは、財物、衣食などを与えることです。

(二) 法施《ほうせ》

仏教の教えを説くことです。これは出家者から一般の人々に対して行なわれるものです。また戒律を授けることも入ります（『菩薩地持経《ぼさつじじきょう》』によります）。

(三) 無畏施《むいせ》

畏とは恐怖や恐れのことです。つまりいろいろな災難や危難、苦難から人々、あるいは生きとし生けるものを救済し恐怖を取り除き安心を与えることです。いわゆる救済活動です。

一般的に布施波羅蜜としてはこの三種施が立てられますが、大乗仏教の精神にのっとれば、後に述べるようないろいろな布施はすべて布施波羅蜜に入れて考えてよいでしょう。衆生のためになること、つくすことであれば、すべて布施と言えるのです。ただし、布施を実践する場合必ず次に述べる三輪空寂ということを心がけなければなりません。

〈布施を実践するときの態度―三輪空寂―〉

布施を実践するときには心得なければならない態度、姿勢があります。それを三輪空寂《さんりんくうじゃく》といいます。それは、布施する者と、布施を受ける者と布施物とのいずれにも執著せず実践しなければならないということです。どういうことかといいますと、私が（布施する者）、あの人（布施の受け手）に、このようなもの（布施物）を施したといった意識をもってはならない、執著してはならない、とらわれてはならないということです。この三つに執著しない心をもって布施することを三輪空寂、あるいは三《さん》輪清浄《りんしょうじょう》（の布施）といいます。

三輪空寂でなければどういう問題があるのでしょうか。もし、「私が、あのような者に、かかる価値ある物を施した」と思うのであれば、慧学で触れたようにそれは分け隔ての心にほかならず、執著する心になってしまいます。そして三輪（布施する者、布施を受ける者、布施物）に執著すれば、布施したものを惜しいと思ったり、布施による効果、報いにも執著が出、評価や見返りなどを期待したりと、とらわれることになります。これでは布施がさまざまな執著やとらわれの心を生じさせ、悪くすると、貪欲を対治する修行どころか、かえって貪欲を増し、傲慢さや独善性をも増す行為になってしまう危険性があります。

問題を生じたり争いを生む根源は執著にほかなりません。自分と他者に、そしてその行為に執著する心、とらわれる心です。その根源は慧学で触れましたように、言葉による分け隔て（分別）とそれへの執著です。いかなる善も、もし執著があってしかもそれを放置するなら、問題を発生させかねないわけです。そうなっては自分の貪欲を対治し人のためにつくしているのか、自分の貪欲や独善性、慢心を増し、人を苦しめているのかわからなくなってしまいます。

そのために布施にも、とらわれることのない三輪空寂を説くのです。本当の善、布施を行なうためには、すべてにとらわれない姿勢、とらわれない行為によってのみ、つまり無執著の心に裏づけられてのみ可能であるというのが仏教の立場です。この無執著、とらわれない心とは中道にのっとった精神、空（第七章参照）の精神であり、それによる布施の実践が三輪空寂の布施になるのです。なおこれは布施にかぎらず、後の五波羅蜜、さらにあらゆる行為や修行にも共通して言えることです。

しかし、理屈はそうであっても実践的には、最初から無執著という具合にはいきません。というより、その無執著になるために修行しているのです。布施は対象に対する貪りの心、つまり執著を対治する修行です。もしすでに執著がなければ修行の必要性自体がありません。ですから問題点を知り誡めながら繰り返し実践するべきなのです。

人に布施をして、今日、「私が」「これこれの人に」「こういったものを布施して、よいことをした」（ちょっといいことをしたかな）と思ってしまいます。本当はこれは執著で、つまり煩悩のある有漏の布施、有漏の善です。三輪空寂ではありません。完全ではありません。しかしそれを知りつつ、それを誡めながらさらに実践をすべきなのです。善いことをして嬉しく思うのは執著ですが、悪い心ではありません。しかしそれで放置せず（放置すると先述のように執著からいろいろな問題が出てきますので）善を行なうことにもとらわれないように努力すべきなのです。精進（努力）ということが八正道であれ、六波羅蜜であれ共通してあり、三十七菩提分法でも随所に出現する意味はここにあるといえましょう。

まさしく衆生のためにつくし、物心両面を与え救済を行なうのみならず、自分の貪欲を対治する修行が布施波羅蜜なのです。


また、布施は布施した財物の多寡によって優劣が決まるといったこともありません。

布施した財の多寡によって優劣などが決まるのであれば、人々の財力に比例して布施行の優劣が決まってしまうことになります。しかし貧女の一灯という言葉がありますように、真心からなされた布施を仏教は尊いというのです。

貧女の一灯とは、大変に貧しい女性がやっとのことで得たわずかなお金で釈尊に灯火を献じ、その功徳をもって未来は智慧を得てすべての衆生の苦しみを救済できるようにと願ったところ、他の灯火は油が尽きて消えるのに、彼女の灯火だけは消そうとしても消えなかったという説話です。釈尊は貧女が真心から行ない、しかも自分の利益ではなく衆生の救済を願う心を起こして布施したことを何よりも尊いことであるとしたわけです。

つまり、布施はその多寡ではなく、それを行なうときの心が重要なのです。その心とは真の真心であり、その真の真心とは相手が誰であるとか、自分は布施したから偉いとか、布施物がどれほどの価値かとか、自分によい報いや評価があるであろうなどといった観念やとらわれの心が一切無い無執著の心、三輪空寂の心です。

さらに、布施が衆生への救済という善行になるとともに、貪欲を除く修行であるという点を見れば、布施が財物に限定されたり、その多寡によって決まるものではないことは明らかです。

また布施は、いかなる状況でも心がけるべきものであり、また後述するようにいかなる状況でも実践可能なものです。

〈布施のいろいろ〉

原始仏教以来、部派仏教、上座仏教、大乗仏教を通じて布施の精神と実践は大切にされてきました。布施は物質的なもの、つまり財施だけではなく、法施や無畏施のように教えや精神的なものも含まれることはすでに述べたとおりです。さらに言えば、友人が悩んでいるとき相談にのるというのも立派な布施です。単に話を聞いてあげるだけで相手の心がすっきりするという場合も少なくありません。話を聞いてあげるというのも布施です。重い荷物をもっている人の荷物をもってあげるのも布施になります。座席を譲ったりすること、ちょっとしたことでも人を助けたり人のためになるならすべて布施です。

たとえば身施という言葉があります。これは身を投げ出すといったことも入りますが、力を貸してあげたり、奉仕をしたりすることで、これも布施になります。つまり現代で言う人（人にかぎらず生命あるものすべてに通じます）のためになること、つくすことはすべて布施なのです。そのような財物などにかぎらない布施の例、また財物などを必要としない布施の例をさらにいくつか挙げてみましょう。

㈠　和顔愛語

和顔愛語《わげんあいご》も布施になります。和顔とは柔和な顔、笑顔のことです。愛語とは優しい言葉、愛情のこもった言葉、慈愛の言葉を語るということです。したがって和顔愛語とは柔和な顔、笑顔で暖かい言葉を語り相手をなごやかにする態度ということとなります。これは布施にほかなりません。表情や言葉による布施といえましょう。いつも柔和な顔をすることや愛情のこもったおだやかな言葉で語ることは意外に難しいものです。なぜなら時には気分が悪い日もあるかもしれませんし、相手の言動や態度によって気分が悪くなるということもあるかもしれません。しかし、その自分の気分のままを言動や表情に出すことはやはり周囲によくない影響を与えます。気をつかわせたり、周囲も気が滅入ります。このような気分が悪ければ怖い顔をし腹が立てば暴言を吐くということは、やはり自分に執著し自分の気分を貪っているにほかなりません。つまり自己中心性の心なのです。温厚な人と怒りっぽい人がいますが、人間であるかぎり基本はそう変わりません。温厚な人は自分の気分を貪らないからです。他の布施でも同様ですが、このような自己中心的な感情に迷わされない、とらわれたり、ふりまわされたりしないという心がけと努力が和顔愛語にも必要なのです。ですから和顔愛語は周囲によい影響や雰囲気を布施するとともに貪りを対治することになるわけです。

㈡　無財の七施

財物がない場合にもできるもので無財の七施というものが説かれています。

無財の七施とは次の七つを言います。

①眼施《げんせ》……常に好ましいまなざしで人を見ることです。これは目の表情による布施ということになりましょう。実際、やさしいまなざしに出会うとほっとするものです。

②和顔悦色施《わげんえつじきせ》……にこやかに柔和な顔をして人と接することです。これは表情による布施といえましょう。

③言辞施《ごんじせ》……粗悪な言葉を用いず、柔和な言葉を用いることです。これは言葉による布施といえましょう。①②③は和顔愛語に相当することがわかります。

④身施……これは前に出ました身施とは異なり、相手に対して礼をするなど尊敬する態度を示すことです。広く言えば相手を尊重する態度を示すこと、礼儀正しいことといえます。これは態度や礼儀による布施といえましょう。

⑤心施《しんせ》……善い心をもつことです。善心があり、また温厚な心があればそれだけで布施になるという意味です。①〜④も善心でなされなければならないと説かれています。これは心のあり方による布施といえましょう。相手に見えなくともまた伝わらなくとも自分の内面で布施になるわけです。言い換えますと表面的に繕うことは布施にならないということにもなります。真心がなければならないということになりましょう。

⑥床座施《しょうざせ》……人に座布団を敷くなどして座席を設けて座らせてあげることです。また、自分の座っていた座席を譲ることもここに入ります。これは相手の体を安楽にし落ち着ける場所の布施ということになりましょう。

⑦房舎施《ぼうしゃせ》……人に宿を貸したりすることです。これは体を休める場所を布施するということになりま

す。ただし現代でこれをそのままに実践しようとすると安全面で問題がありますが、①〜⑥は容易に実行可能です。

経典ではこれら無財の七施の対象には父母・先生・出家者・婆羅門を挙げていますが、広く言えばすべての人々、もっと言えばすべての衆生を対象として考えてもよいでしょう。そしてこれらを実践すると未来に仏の悟りを得るとさえ説かれています。これらの実践にはまったく財など必要がないわけです。

㈢　人の施すのを見て随喜の心を起こすこと

また、経典にはこのようにも説かれています。

「もし財物などの布施すべきものが無ければ、他者の行なっている布施を見て随喜の心を起こすべきである。随喜の福徳の報いは実際に布施するのと等しく、異なることはない。」

随喜《ずいき》とは、他者の布施などの善を見てそれを喜ぶことをいいます。この随喜の功徳は実際にその善を行なった者と等しいとされます。

布施をしたり人のためにつくしたいと思う心があってもとても忙しくて自由がない、あるいは病気で動くことができない場合もあるでしょう。また体が不自由で活動ができない場合もあると思います。その場合、和顔愛語や無財の七施の眼施・和顔悦色施・言辞施・身施、そして心施等という実践があります。しかし、それでも難しい場合があるでしょう。その場合、心施とこの随喜の実践があるわけです。他人が布施や善行をするのを見たり知ったりしたときに、喜びの心をもったなら、それで実際に実践するのと等しいというのです。

なぜでしょうか。

他人が善行をするのを見たり知ったりした場合、口先では誉めていても、その人とその善行に嫉妬を感じてしまう場合があります。自分でもその程度の行為はできるのだと思ってしまいます。またそのとき、自分がいたなら自分が善を行なって評価を得たのにと思ったりもします。口で讃えていても嫉妬の炎が心で燃えています。悪くすると相手の行為やその欠点を見つけてけなす場合も出てきます。

人間は相手の能力や財物、容姿、恋人の行為などだけに嫉妬を感じるわけではありません。相手が人助けなどの善を行なえば、それが優れていればいるほど、嫉妬や怒りを感じてしまうこともあるものなのです。これは、執著、とらわれの心に起因するものです。私たちは寝てもさめても自己に執著し、自分が自分が自分が……と思っているがために、自分より優れた善を行なう人が出現すると深い嫉妬と怨み、怒りの心をもつ場合があるのです。人から評価を得たいという貪りの心が渦巻き嫉妬になるわけです。

人のためにつくしたりしなければならないと思っている人は少なくないのですが、何かしようとすると、嫉妬と憎悪のため、それをさせまい、手柄にさせまい、お前に善はさせないとばかり足のひっぱり合いをするという場合も悪くすると出てきかねないものです。

したがって、人が善を行なっているのを見て心から喜び讃えるということは私たちにとってたいそう難しいわけです。その実践には自己への執著、他者への執著、あるいは自己中心性やこれに起因する貪りの心や嫉妬の心を遠ざけることを心がけねばなりません。しかしもし、そのように心がけるならば、これは無執著の実践を心がけたり行なっていることと同じです。ですから随喜は実際の布施の実践と等しい福徳があるということになります。

さらに、誉め称えるということは、他の善をすべて推奨していくことになります。その言葉もまた布施になります。言葉で表現されなくとも心施になります。

(四) 看病

さらに看病も尊い布施になります。病いは苦しいものですし不安なものです。また看病する方も大変なものがあります。これについて『摩訶僧祇律《まかそうぎりつ》』という戒律の典籍には、病人の看病は命を施すことになると説かれています。看病はきわめて尊いことといわねばなりません。

〈布施の精神、その心得〉

以上のように布施は、権力があったり経済力があったり時間的余裕があったりする人のみに実践可能なものではないのです。人のためや衆生のためにつくすことは、何であれ布施になるのです。それは必ずしも身命をなげうつようなものにかぎりません。ちょっとした心づかい、優しい言葉をかけること、暖かな笑顔、相手を尊重する礼儀正しさ、温厚に生きていること、そしてよい心で生きていること、これらすべてが布施にほかなりません。日々の日常、家庭や職場、学校でもどこでも実践できるものです。私たちは布施を実践しようと思えば無量の道があるということになります。まずできることから始めるのでいいのです。さらには、他者の布施や善行を讃えることでもよいのです。道元禅師は橋を架けたりすることはむろん、政治、経済、農林水産商工業などで、布施にならないものはないと述べ、空を行く鳥、野に咲く花、自然もそのままに愛でて貪らなければこれも布施になるとさえ言います。

釈尊は食事を終わった後に器を洗い残ったわずかの残飯も地に置き、そこにいる生物を利益することもよいことであるとしました。しかしこれはむろん、残飯をどこに捨ててもよいという意味ではありません。

とらわれない心、執著しない心が真の真心であり、これが真の布施を完成させ、布施波羅蜜になるのです。

『大智度論』には、「飲食など物質的なものは布施ではない。飲食などを人に与えるときに、心の中に生じる心を捨（心を偏らせず平等・平静に保つ精神作用）というが、この心はものおしみする吝嗇の心と相反するのである。これを布施というのである」と述べられています。ここからも布施は布施するときの心を重視するもの、心の働きがその真の姿であることが理解されましょう。

したがって、社会への貢献度や影響の大きさ、物品の多寡、金額の多少などが布施の価値や善し悪しになることはないのです。そのような観点で布施を説かないことは当然のことです。布施は、他者のためにつくしたり、他者のためになることを行なうとはいいながらも、一般的に言われるような社会や人の役に立つか立たないかという利便性、社会への貢献度といった経済性や損得勘定の価値観から述べられるものではないのです。役に立つか立たないか、社会的な貢献があるかといったことは、むしろ布施の精神、仏教の精神からは遠いものになりかねないことにも留意する必要がありましょう。

そして『大智度論』には、布施の力の大きなことは「すべての智慧や功徳の〔生まれる〕直接・間接の原因はみな布施による」とさえ述べられているほどです。

□寄り道⑰―戒律の遵守と布施―

戒律と布施は関係がないものと思われがちですがそうではありません。

すべての衆生は自分の生命を愛し大切にします。ですから仏教はいかなるものの生命をも大切にし、さまざまな罪の中では殺生がもっとも重いとします。したがって、受戒しすべての衆生を殺さないということ（不殺生）は、そのまますべての衆生の愛し大切にするもの（生命）を施すことと同じになるとされます。同様に不偸盗・不邪淫・不妄語・不飲酒もそのまま布施となり、最初の不殺生と合わせてこの五つを五大施といいます。戒律の功徳を背面から論じたものといえましょう。

ものを盗まないということは人にものを与えているに同じです。少なくとも、すぐに物が盗まれる社会では安心して生きていけないので、安心を与えているとは言えるわけです。三種施でこれを言いますと、持戒してすべての衆生の財物を侵さないことは財施と位置づけられます。また、法施は教えを説くことはむろんですが、僧侶や尼僧が戒律を遵守し在家の人々の供養（食物や衣服を給仕されること）の対象となって人々に福徳を与えようと心がけることまでが含まれるとされます。持戒してすべての衆生を害さないことは無畏施とします。

ですから、誰も傷つけず生きてきた、他者の幸福を妨害しなかった、まじめに生きてきた、というのはそれだけでも尊いことで大切にすべきことであり、同時に、消極的であるにせよ、他者に幸福を与えている布施にほかならないのです。

戒律を嘲笑したりまじめであることを軽んじたりする人がいますが、それは二重の意味で問題と言わざるを得ないことなのです。

また、さらに布施についていくつか気をつけるべき点があります。

布施の実践は他者に勧めるより前に自分が実践すべきとされます。『瑜伽師地論《ゆがしじろん》』には「先ず自ら施を行じて後に他に施を勧む。自ら懈怠して他をはげまし施を勧めるに非ず」と述べられています。つまり布施行はまず自分が率先して実践すべきもので、その後に人に勧めるべきものだというのです。自分は実践してもいないのに他人を励ましてこれこれを布施しなさいとか布施すべきだなどと勧めるようなものではないとされるのです。

何でもかんでも与えたり、相手かまわず物を与えるのは執著しないことに執著しているのと同様で、形式にのみとらわれることになり、布施にならないばかりかかえって問題を発生させることになります。相手や状況も考慮に入れなくてはなりません。

財を与える場合も、たとえば、騙そうとか脅迫するような者などには乞われても財を出してはならないとされます。乱暴者や凶悪な者、犯罪を犯そうとしているような者にその悪行や犯罪を遂行できるような武器やいろいろなものを与えることもしてはならず、これは当然布施になりません（悪の幇助になります）。武器・毒薬をはじめ、情欲関係など、相手のためにならないもの、人を傷つけたり人倫、社会を乱すものは布施してはならないのです。あるいは乱心しているような者に対しても与えてはならないとされます。また食物などについて、ある食物を摂ることができない人にその食物やその食物が混じったものを与えるのも布施にはなりません。

自分に不必要なものを与えるのは真の清らかな布施にはならないとされます。不必要になったものはもとより貪欲や執著の対象ではありませんから、本当の布施の精神にはならないわけです。ただし必要とする人がいるかぎり、それを差し上げるということは大切なことでしょう。与えないよりははるかにいいわけで、やはり人の役には立つことになりましょう。

また、布施する相手を選んだり、相手が親しいからだとか、好きだからといったことで布施しても真の布施にはなりません。相手に何か期待するというようなことも清らかな布施になりません。貧しいから恵んでやるという態度では真の布施になりません。相手を軽蔑して布施することも当然に清らかな布施にはなりません。

さらに、自分の勢力や権力を増すため、人気取りのため、名誉や名声のためも布施にはなりません。あるいは布施の福徳の報いを期待するなど損得勘定や功利的な心で布施を行なうのも当然ながら清らかな布施にはなりません。

次に、布施や供養を受けることの多い出家者側の注意を見てみましょう。ちなみに出家者は福田《ふくでん》の一つとされています。福田とは福徳を生み出す田という意味です。つまり布施などを実践する対象として特に大切であるもの、福徳を生むものとされるものです。仏、出家者、父母、救済を必要としている苦しむ人々などがこれに相当します。

さて、出家者側が在家者の布施、あるいは供養について配慮すべきことが説かれています。象徴的なものとして二つを戒律から見てみましょう。これらは布施と言うより僧への食事などの供養についてですが、布施も同様に考えることができるでしょう。

一つは有難蘭若受食戒《うなんらんにゃじゅじきかい》といわれるものです。僧侶が修行する所は都市や村落などから離れている場合があります。この状況で特に婦女子が僧侶に食事などを供養しようとして出かけますと、盗賊などに襲われる危険性があります。そういった場合、出家者は婦女子に賊の危険性があるから来てはならないと注意し制止すべきとされます。

これは相手に危険がある場合、出家者側が注意をするなど配慮すべきことを示します。

もう一つは学家過受戒《がくけかじゅかい》というものです。在家の人で教えをよく知り信仰が篤く聖者の初歩に入っているような人はあまり執著心がなく、次々に出家者に供養してしまうことがあります。こういった場合、在家者が供養してくれるからといって在家者の経済を考えず、とめどなく供養を受けてはならないということです。

二　持戒波羅蜜

悪の行為を対治して心を清らかにする修行を持戒波羅蜜《じかいはらみつ》と言います。また尸羅波羅蜜《しらはらみつ》とも言います。つまり戒律の遵守です。これについては、すでに戒学の所で述べたとおりです。大乗仏教は十善戒を用います。

　またそれだけではなく、大乗仏教では摂律儀戒《しょうりつぎかい》、摂善法戒《しょうぜんぼうかい》、摂衆生戒《しょうしゅじょうかい》（饒益有情戒《にょうやくうじょうかい》）という三つからなる三聚浄戒を重視していること、そこには止悪だけではなく積極的な作善と利他の精神が表現されていることもすでに述べたとおりです（第三章第二節第五項参照）。

　いずれにしても、戒律も大乗の心意気の利他面の精神で受け取り実践するのが三聚浄戒、また大乗仏教の戒律であるといえましょう。

三　忍辱波羅蜜

瞋恚《しんに》（怒り）の心を対治し、心を安らかにして他からの迫害や辱めを耐え忍ぶ修行です。

忍辱《にんにく》とは耐え忍ぶことです。では何を耐え忍ぶかといえば、代表的なものは他からの攻撃や迫害、悪口、辱め、不利益などです。たとえ罵詈雑言を浴びせられ、さらには殴られても怒ったりせず、耐え忍ぶのです。たとえ自分に力があったとしても、反撃や報復などをしてはならないのです。ここには反撃、報復だけではなく、言い返すこともせず、さらには、相手に対し怨みなど悪心をもたないことも入ります。

　さらに忍辱波羅蜜を広く言えば、以上とまったく逆に他者が自分を供養してくれたり、尊敬してくれるようなこと、自分への好意に対しても喜んだり、その人を愛したりということをせず耐え忍ぶということまでも入ります。これは相手や自分への好意や善を無視せよというのではありません。いかなる状況、対象にも心が引きずられないということです。

このように、自分への攻撃や不利益に対してであれ、逆の自分への好意や利益に対してであれ、心がとらわれることがなく、耐え忍び動じてはならないというのが忍辱波羅蜜です。単にがまんをするというのではなく、とらわれて心を動じさせてはならないということです。単にがまんするのであれば、不満が鬱積することになりかねません。

さらに、真理を観察して心が動じないことも忍辱に入ります。災いや天災、雨や風、寒さ、暑さ、飢え、生・老・病・死を耐え忍ぶのもまた忍辱にほかなりません。

また菩薩は、衆生を救済する活動をしますが、まだ完全な悟りは得ておらず、煩悩が残っています。しかし、忍辱の力によって煩悩にとらわれたり、引きずられることがないため、菩薩としての活動ができるのです。つまり煩悩を耐え忍ぶことも忍辱です。菩薩は菩薩の活動をするために、故意に煩悩を残し、しかも煩悩を防御しながら、忍辱の力で耐え忍び、菩薩としての救済活動をするわけです。

なお、忍辱波羅蜜の内容について、三種が挙げられる場合があります。一つ目は耐怨害忍《たいおんがいにん》。他者からの迫害などに耐え忍ぶこと。二つ目は安受苦忍《あんじゅくにん》。病気の苦や災害に耐え忍ぶこと。三つ目は諦察法《たいさつほう》忍《にん》。真理を観察して心を動かされることがないことです。

忍辱の心は仏教を通じて尊ばれますが、特に大乗仏教では菩薩の修行として布施と同様に具体的な修行に入れてきたものです。いわば布施とともに大乗仏教の精神の象徴と言えるものでしょう。

四　精進波羅蜜

懈怠《けたい》の心（怠け心）を対治して、善を行なうために勇敢につとめ励み努力する修行です。精進については、すでに八正道の正精進で述べたとおりですのでご参照ください。特に精進波羅蜜

□**寄り道⑱—怨みの息むとき—**

「かれは、われを罵った。かれは、われを害した。かれは、われにうち勝った。かれは、われから強奪した」という思いをいだく人には、怨みはついに息《や》むことがない。

「かれは、われを罵った。かれは、われを害した。かれは、われにうち勝った。かれは、われから強奪した」という思いをいだかない人には、ついに怨みは息む。

実にこの世においては、怨みに報いるに怨みを以てしたならば、ついに怨みの息むことがない。怨みをすててこそ息む。これは永遠の真理である。

（中村元『真理のことば　感興のことば』岩波文庫、一〇頁）

一九五一年、サンフランシスコ講和条約締結のときに、セイロン（現スリランカ）の代表は右の詩を引用して、日本に対する一切の賠償請求権を放棄したそうです。

（中村元『原始仏典を読む』岩波セミナーブックス10、一四～一五頁）

これは、世界の場で釈尊の言葉、仏教が実践をともなって高らかに宣言された歴史的なものと言えるでしょう。

そしてこの、怨みを捨ててこそ怨みは息むということ、それが「永遠の真理である」ということは非常に重要な意味をもっています。小は私たちの身のまわりにおける個々の人間関係からさまざまな社会問題、そして大は世界規模の戦争やテロに至るまで、そこで真に人間の和、平和をもたらすのは、怨みを捨てることにしかないということなのです。これが真理であると釈尊が述べられていることは、つまり他には方法は無いということを意味していましょう。

という場合、単に善行を実践するための努力だけではなく、特に菩薩が仏と同じ悟りを得るために必要な精進、努力です。

『成唯識論《じょうゆいしきろん》』という唯識の哲学書には精進について、それは善を行ない悪を断つことについて勇気のあることと述べ（寄り道⑦参照）、さらに五種の姿を挙げています。その一つ目は被甲《ひこう》といい、武士が鎧に身を包んで敵陣に攻め込むような勇気です。二つ目は加行《けぎょう》といい、心を堅固にして励ますこと。三つ目は無下《むげ》で、自分を卑下せず、ますます勇敢であること。四つ目は無退《むたい》といい、苦難を忍び、また自分の行なっている善がつまらないものだと嫌うことなく、さらに善を求めること。五つ目は無足《むそく》で、善に向けて歩むこと、となります。

六波羅蜜では精進も布施などと同じくさまざまな説があり複雑な展開をしていますが、布施などと同様に精進にも三種を挙げる場合がありますので、この一例を見てみましょう。

それは被甲《ひこう》・転生善法《てんしょうぜんぼう》加行《けぎょう》・饒益《にょうやく》有情《うじょう》の三つの精進です（また被甲・摂善・利楽とする場合などもあります）。被甲精進は五種の精進のものと同じことです。転生善法加行精進とは善を行なう努力。饒益有情精進とはすべての衆生を利益しようという努力です。

『成実論《じょうじつろん》』には精進について、「鈍根（劣った資質のこと）の者も、精進すれば輪廻の世界から解脱することができる。利根（優れた資質のこと）の人も、怠けると解脱することができない。さらに、あらゆる現世と来世の幸いは精進によるのであり、衰え悩むことは怠けることにある」と精進の重要性を説いています。

なお、おもしろいことに、精進の原動力とも言うべきものは欲なのです。欲といえば煩悩、悪と考えます。しかし唯識では対象を希《ねが》い求める心の働きとします。ですから、本当は善にでも悪にでも無記にでも働く心です。

もし悪に対して働けば、ものごとに執著し自己中心的となる貪欲となり、煩悩となります。

しかし一方、善に対しても欲は働くのです。これを善の欲、あるいは善法欲といいます。「善の欲はよく正勤（精進）を起こす。これによって一切の善事が助成される」と説かれています。つまり善事を行なおうというのも欲であり、善の欲ということなのです。この心が精進を起こすわけです。そして精進は悪を断ち、善を推進すべく努力するので、これは善の心にほかなりません。

なお、仏にも善を修め衆生を救済しようとする欲があります。これを欲無減（救済しようとする減ることのない欲）といいます。

五　禅定波羅蜜

心の乱れを対治し、心を安定させる修行です。禅那《ぜんな》波羅蜜《はらみつ》、禅波羅蜜ともいいます。これは定にほかなりません。定についてもすでに定学で述べたとおりです。

ちなみに禅定波羅蜜も布施などのように三種の別を挙げることができます。一つ目は楽住《らくじゅう》静慮《じょうりょ》（無《む》分別《ふんべつ》寂静《じゃくじょう》極寂静《ごくじゃくじょう》無罪《むざい》故《こ》対治《たいち》煩悩《ぼんのう》衆苦《しゅく》楽住《らくじゅう》静慮《じょうりょ》）。無分別であり寂静の静かな境地でこれによって煩悩や苦を対治し楽住を与える禅定です。二つ目は引発《いんぽつ》功徳静慮。六神通を発生させる禅定です。三つ目は引発《いんぽつ》饒益《にょうやく》有情《うじょう》静慮《じょうりょ》。神通力などによって衆生（有情）を救済するためのよりどころとなる禅定です。なおこれについては異説もあり、名前も違う場合があります。

六　智慧波羅蜜

般若波羅蜜《はんにゃはらみつ》ともいいます。

愚痴の心を対治し、すべての存在の真の姿、あり方、言い換えれば真理を見抜く智慧です。

智慧についてはすでに慧学の所で述べたとおりです。特に智慧波羅蜜、つまり般若波羅蜜とは悟りを得る最高の智慧、空を見抜く智慧、無分別智です。般若波羅蜜は他の五波羅蜜を波羅蜜たるべく裏づけるものともいえ、六波羅蜜中もっとも重要な位置にあります。

仏の智慧はまさしく真の般若波羅蜜（一切種智《いっさいしゅち》）です。菩薩はこの仏の智慧である般若波羅蜜の獲得をめざして修行するので、その求める仏の智慧にちなんで、菩薩の修行での智慧を特に般若波羅蜜といいます。修行中に、菩薩は（完全ではないにせよ）すべての存在のあり方の真理を見抜くことができるようになるといいます。そして、般若波羅蜜が完全に完成し菩薩が仏となったとき、その真の般若波羅蜜は仏の心の中で名が変わり一切種智と呼ばれるようになるのです。つまり仏の智慧は真の般若波羅蜜なのですが、これは仏の側からはそうはいわず一切種智といいます。そしてこの真の般若波羅蜜（仏の中では一切種智という名）を求める菩薩の智慧をその完成状態の名にちなんで般若波羅蜜というわけです。

では、完成された仏の智慧（一切種智）ならば、すべての存在の真理を見抜くことができますが、いまだ煩悩があり未完成な菩薩の智慧ならばそれは不可能であるはずです。どうしてすべての存在のあり方の真理を見抜くことができるのでしょうか。

これは暗い部屋に灯火（菩薩の智慧）をつけ、そこにあるものを照らし出すのと同じであると喩えられます。この灯火でそこにあるものは何であるかわかることになります。その後、さらに強力な大灯火（仏の智慧）がくると、完全に明るくなり明了・詳細、そして完全になるわけです。そのとき、先の灯火の光（菩薩の智慧）はいまだ暗さ（煩悩）と共存していたことがわかります。しかしそうでありながらやはり部屋の状態を照らし出すことができていたわけです。

これと同じように菩薩にはいまだ煩悩があるとしても、最初の灯火と同じで、存在のあるがままの真理は見ることができるとされます。あたかも海に入るのと同じで、海に入りはじめて浅い所にいる者が菩薩で、すでに海底をきわめ尽くした者が仏であると喩えられます。仏はすでにきわめ尽くし、菩薩は未完成ではありますが、両者とも海に入っているという点では共通しているということになります。

ちなみに般若波羅蜜も三種挙げられ、一つ目は縁世俗諦《えんせぞくたい》。世俗の立場から言う真理を対象とする智慧。二つ目は縁勝義諦《えんしょうぎたい》。世俗を超越した真の真理を対象とする智慧。三つ目は縁饒益有情諦《えんにょうやくうじょうたい》。衆生（有情）を対象とする智慧です。

第三項　智慧の完成―六波羅蜜と廻向―

以上の布施・持戒・忍辱・精進・禅定・智慧の六波羅蜜はそのままでは従来と同じような修行、あるいは善行と変わりありません。これが各々波羅蜜（完成体）となるのは、これらの功徳が仏の悟りの智慧の完成に、つまり般若波羅蜜の完成に廻向《えこう》されることによります（廻向については第二章参照）。

廻向されて初めて各徳目は各々波羅蜜と名づけられるのです。言い換えれば智慧波羅蜜に裏づけられることによって、布施が布施波羅蜜となり、それぞれの徳目がその波羅蜜となるということです。またこの廻向は空への廻向ともいえます。

そしてこの廻向によって、悟りの智慧が完成されることになります。

当然ながらこれら廻向は自己の智慧の完成のためのみならず、分け隔てなく平等にすべての衆生の救済、悟りの智慧の完成のためにも行なわれるわけです。

このように大乗仏教では、日々の生活のすべてが仏道、悟りの智慧の完成につながっています。布施波羅蜜の箇所で示したように、財施・法施・無畏施はむろん、温厚であること、座席を譲ることなどちょっとしたことでも実践したり、耐え忍ぶことなど、そういったすべての善行の功徳を仏の智慧の獲得・完成に廻向していくということになるわけです。それは自分だけではなくすべての衆生の救済へも廻向することになります。

第三節　六波羅蜜と三学の関係

仏教の修行の大綱が三学であり、修行はすべて三学におさまることはすでに述べたとおりです。八正道も三学におさまったように、六波羅蜜もまた三学におさめることができます。

見方を変えれば、仏教の修行大綱である三学を大乗の理念で展開すると六波羅蜜という形になるといえます。

さて、三学と六波羅蜜の関係を今『解深密経《げじんみっきょう》』の説によって見てみれば次のとおりになります。なお、精進波羅蜜は三学共通とせず戒学に入れる説もあります。

戒学		布施波羅蜜　持戒波羅蜜　忍辱波羅蜜
三学共通	―	精進波羅蜜
定学	―	禅定波羅蜜
慧学	―	智慧波羅蜜

第四節　六波羅蜜と八正道

悟りの智慧を得て解脱・涅槃に至るためには、八正道の実践が必要です。言い換えれば、解脱・涅槃に至るには八正道で十分なのです。八正道を完成すれば悟りの智慧を獲得して阿羅漢となることができます。

しかし大乗仏教は、自己の解脱に関しては八正道で十分であるが、それで終わるなら（悪い言い方をすると）少々利己的なのではないか、釈尊の精神はそうではなかったはずだと考えたのです。そして、仏と同じ悟りをめざそうと宣言し、利他の精神の備わっている仏の涅槃（無住処涅槃）の境地に入るには利他の修行徳目がある六波羅蜜を実践すべきだと考えたのです。六波羅蜜は釈尊が前世ですでに修行してきたものとされ、それにのっとろうという考えでもありました。

ですから、八正道と六波羅蜜を比べてみると（図参照）、八正道には他者を救済する利他の修行のないことに気づきます。八正道でも正語・正業などは他者とのかかわりをもつ修行といえますが、これは他者への救済や他者からの迫害に耐えるといった関係に視点をとった修行ではありません。いわば個々で行ないを正し単に身を慎む徳目であり、修行者自身のためのものです。つまり八正道はいずれも自己の完成に主眼を置いた修行であり、特に他者と積極的にかかわったり他者を救済しようという修行徳目はないのです。

これに対し六波羅蜜では、その布施波羅蜜と忍辱波羅蜜は自己と他者との相互の関係が強く想定された修行で社会性のある修行です。八正道と六波羅蜜を比較すると○印をつけた布施波羅蜜と忍辱波羅蜜は八正道に対応するものがないことがわかります。言い換えれば、大乗仏教は、社会性のある修行を修行徳目に入れてきたという点に特徴があるともいえましょう。

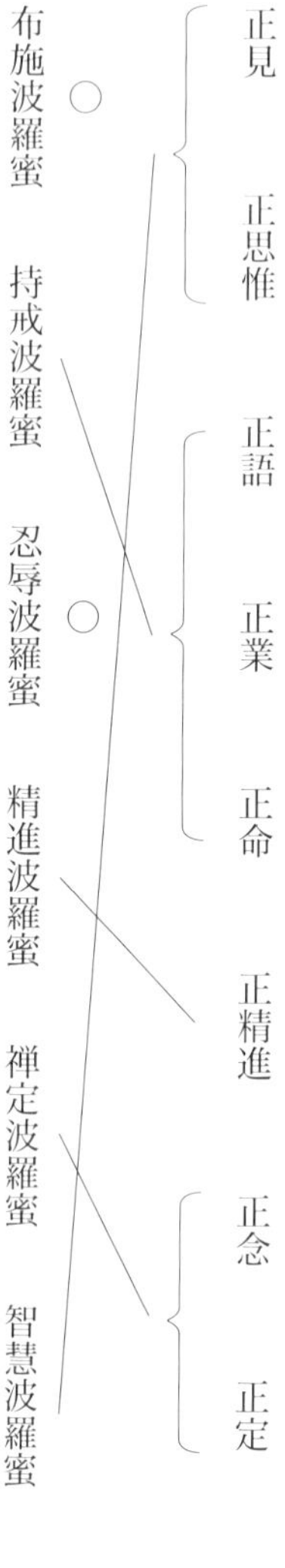

（水野弘元『仏教要語の基礎知識』春秋社、二三〇頁）

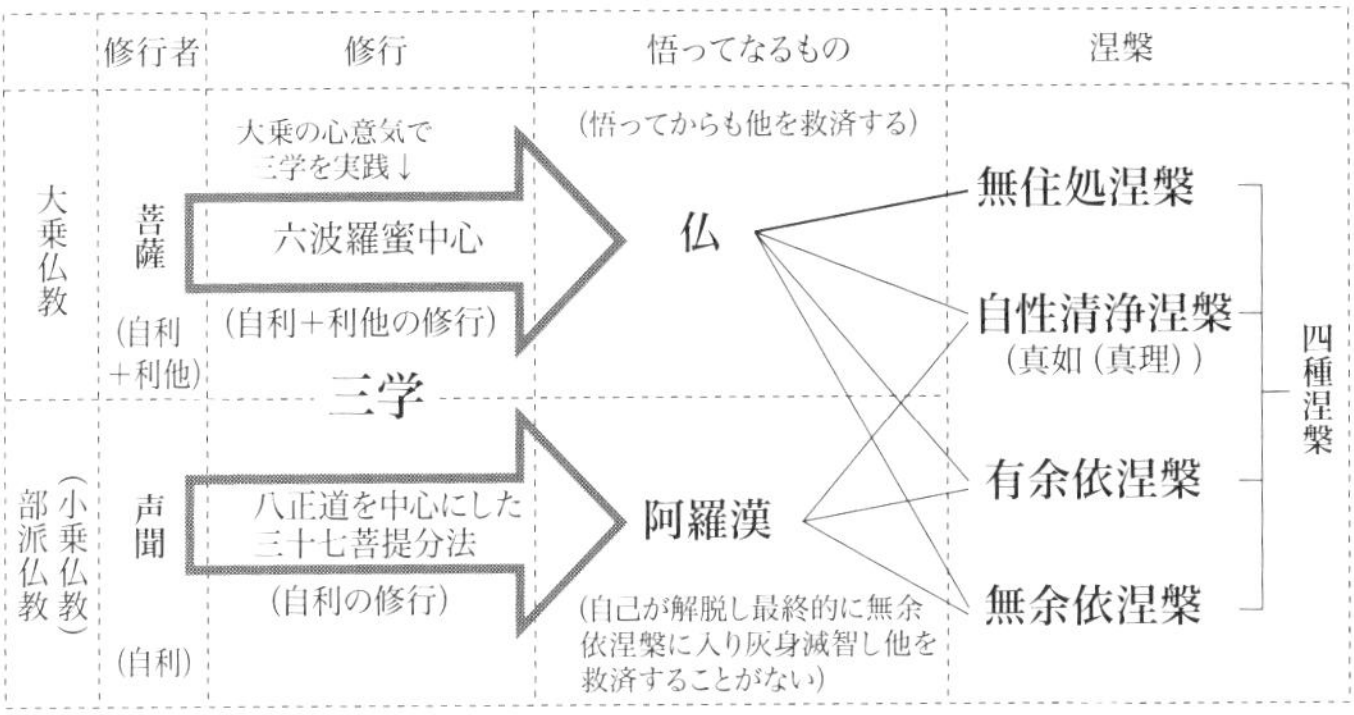

特に積極的に他者をさまざまな面で救済しよう、他者のためにつくそうという利他の精神にあふれているのが布施波羅蜜の修行です。六波羅蜜の最初に置かれている布施波羅蜜こそが大乗仏教の精神の象徴と言えるものです。菩薩の心はこの布施波羅蜜と、あらゆることを耐え忍ぶ忍辱波羅蜜に高らかに宣言されているといってよいでしょう。

大乗仏教は、そのめざすところが、悟っても他者を救済する仏ですから、修行も他者を救済する徳目をもつ六波羅蜜を用いるわけです。部派仏教は自己の完成、阿羅漢をめざしますから、修行も特に他者への救済徳目をもたない八正道を用いるといえましょう。

本書において、四諦八正道まででは日々感じている仏教と違うと感じられた方もあると思います。少々堅くエリート主義的な雰囲気がないではありません。仏教はひろびやかな救済と慈悲に力点が置かれたものではないか、それはどこに出てくるのだろうと思われた方も少なくないと思います。そういった仏教がかもしだす雰囲気、印象は、まさしく大乗仏教の宣言した精神、六波羅蜜、ことに布施波羅蜜と忍辱波羅蜜の精神に強くよるものであったことに気づきます。寺院などを訪れてほっとするのは、そのたたずまいもありますが、そのたたずまいを、そのたたずまいたらしめている大乗仏教の心にほっとするのでしょう。仏や菩薩の像を見て感銘を受けるのは、その背後にある精神を感じ取るからだと思われます。日本の仏教の文化、建築や仏像、絵画の意味、かもしだす雰囲気もこの大乗の精神を表現しようとしているといえましょう。

私たち日本人は外国の人々から不信心、宗教心がないといわれることがあります。外形的、形式的に見るとそのように見えるかもしれません。しかし以上のことから必ずしもそうではないことがわかります。むしろ意外に生活のすみずみに至るまでどこにでも仏教の心、あるいは大乗仏教の精神が見られるのではないでしょうか。長い歴史の中で培われてきた仏教の心、菩薩の心意気を私たちは、今なお深く心に刻んで受け継ぎ、それを倫理や人としてあるべき理想的な姿や価値観として暮らしてきたように思います。

人のためにつくそう、思いやりをもとう、親切にしよう、見返りを期待するのはみっともない、怨みを思うのはよくない、苦難があっても耐え忍ぼう、努力しよう、正直に生きよう、自分だけが絶対に正しいということはなかろうなどなどといった価値観が、近現代にはじめて生まれ出現した精神ではないことは明らかであり、そういった私たちの価値観や倫理観、精神形成に大きな影響を与えたものの一つが大乗仏教の精神にほかならないことがわかります。

そのため布施の精神などを聞くと、心の奥底で音叉が共鳴するように私たちは理解し、うなずき得るのだと思います。

第五節　その他の利他の修行

なお、六波羅蜜の他にも利他の側面の強い修行があります。

(一)　四摂法《ししょうぼう》

原始仏教以来、大乗仏教にかけて重視されたものに四摂法（四摂事《ししょうじ》）という実践修行があります。これはまた菩薩の修行の一つでもあります。

①布施……布施についてはすでに述べましたが、四摂法の布施の場合、具体的には財施と法施が想定されています。

②愛語……優しい言葉をかけることです。思いやりのある言葉をかけることともいえましょう。これも布施に入ることはすでに述べたとおりです。

③利行《りぎょう》……他者のためにつくすことです。そのとき当然ながら、見返りや報い評価を期待したり、そういったものにとらわれてはならないことは言うまでもありません。これも布施に入ります。

④同事《どうじ》……相手とともに歩むことです。他者の苦悩を他人事ととらえたりすることなく自己のものとしてともに歩むということです。衆生とともにその苦しみも悲しみも、そして喜びも自分のこととする精神です。本当の思いやりの精神といえましょう。これは自分へのとらわれ、自分と他者との区別へのとらわれのないこと、無執著を言っていることでもあります。いかに正義や正しいことを口にし

ても自分に執著すると、当然自他を区別し、自分の保身をはかるので同事にはならないわけです。

以上の四つは広く言うと布施、あるいは布施波羅蜜におさまることがわかります。他者のためにつくそう、他者を救済しようという精神は原始仏教以来、大乗仏教に至るまで一貫した仏教の精神であることがわかります。

㈡　四無量心《しむりょうしん》

衆生の幸いを願う心を起こすこと、あるいはこれを瞑想するものです。これも利他の精神の修行にほかなりません。これを四無量心といいます。とらわれることなく無量の衆生に対して、これらのことを思惟し瞑想等をするわけです。

①慈（慈無量心）……慈とは楽を与えることです。ですから衆生に楽を与えること、そしてこれが無量であることです。

②悲（悲無量心）……悲とは苦を除くことです。ですから衆生の苦を除くことで、そしてこれが無量であることです。

③喜（喜無量心）……衆生が楽、幸福を得ることを見て喜ぶことです。そしてこれが無量であることです。すでに布施、随喜の所で述べましたが、他人が善いことをするのを見てもなかなか喜べない面が人間にはあります。しかしそういった心をもたず、心から喜ぶことが無量であること、それが喜無量心です。

④捨（捨無量心）……衆生に対して親しみや怨み憎悪という心をもたず、すべて分け隔てなく平等に接することができることです。そしてこれが無量であるということです。つまり誰がどうであるなどといったことにとらわれないということになります。

以上から理解できるように、布施などの他者救済、慈悲は大乗仏教にかぎったものではなく釈尊以来強調されているものです。ただ部派仏教が他者の救済の精神を忘れた姿勢をとったため、これを批判的に見た大乗仏教が他者の救済を前面にうち出し、大乗を宣言したといえます。

ですからこれは、上座仏教などに他者への救済精神がないということを意味しません。上座仏教も以上のような他者への救済精神によって出家者が深く民衆の間に分け入り、教えを説き、出家者は非常に尊崇されています。人々を教化し、戒律を遵守し、自らの解脱をめざしつつ人々の幸福を生む福田たらんとする姿勢はきわめて尊く、社会性のある姿勢といえましょう。なお阿羅漢についても、ここまで、救済をしないと述べてきましたが、これは大乗で言う仏や菩薩のような救済活動をしないということであり、教えを説き福田たらんとする点ではやはり他者の救済に貢献します。

他者への救済、布施の精神は仏教を通じて一貫して流れる精神であるわけです。

第七章　仏教の哲学─縁起と空─

第一節　仏教における縁起の重要性

本書においで、これまでは仏教を実践の視点で見てきたと言えます。これに対し、この章以降は仏教の思想、哲学を述べます。その中でももっとも重要なのがこの章の縁起《えんぎ》と空《くう》です。仏教はあくまで実践をともなうものであり、縁起・空は実践を裏づける哲学です。言い換えれば、縁起・空の哲学を実践的に展開すると中道となり、さらにそれを具体化すると前章までで述べてきた各実践になります。哲学という言葉を用いますと語弊がありますが、以上までの観点と区別するためにあえて哲学という言葉を使います。

さて、ここで述べられる縁起・空こそは、仏教でまさしく真理とされているものにほかなりません。学派によっては空は真理に入る門、あるいは空によって真理が明かされるとしますが、本書では縁起・

空を真理として扱います。縁起はまた縁起の理法とも言われます。

ここで縁起と空を並べて述べているのは、縁起と空が別々のものではないからです。つまり縁起と空は同じものの見方を変えた言い換えといってよいものなのです。いわばこの二つは表裏の関係にあるのです。

しかし、どちらかといえば縁起を理解した上での方が空を理解しやすいので、本書では最初に縁起を説明し、そして一通り縁起の説明が終わった後に、それをふまえて、空の説明を行なうという順をとります。また、縁起、空の考え方をおさえておけば第八章の三法印で出てくる無常《むじょう》や無我ということも理解しやすくなります。

また、本書でしばしば出てきた執著しない、偏らない、とらわれない、中道ということは、この縁起・空の哲学を実践的に展開したものにほかなりません。これについても後述します。

ところで、縁起を説明するにあたって最初に気をつけたいことがあります。それは縁起という言葉についてです。縁起と聞くと、私たちは「縁起がいい・悪い」などという言葉を頭に浮かべます。しかし、これから見ていこうとする縁起の哲学とは意味内容が異なったものですので、ここでは「縁起がいい」の縁起は横へ置いていただきたいと思います。

さて、仏教では縁起がもっとも重要な思想です。というより、仏教の思想そのものにほかなりません。縁起こそは仏教が仏教たるゆえんを示す哲学、仏教を仏教たらしめているものです。したがって縁起を取り去れば仏教は成り立ちません。縁起こそは他の宗教・哲学に説かれない、仏教独自の思想なのです。ですから縁起は原始仏教、部派仏教、上座仏教、大乗仏教の別、あるいは宗派の別を問わず、仏教というからには一貫して流れる思想、一大哲学なのです。それぞれで説かれる形は変わることもありますが趣旨はまったく変わりません。

今まで述べてきた実践の視点からの大系も、この縁起の哲学に支えられているのです。縁起の考え方があったからこそ、仏教の実践の考えや大系が出現し得たともいえます。三道にせよ、三学にせよ、縁起の発想があってこそ出現したのです。

逆に言えば、仏教ではありとあらゆる問題から、仏教で説かれるさまざまな事柄、たとえば人生は苦であるということも、三道、三学なども四諦も六波羅蜜も、世界観も何もかも、すべてを縁起の哲学、つまり空の哲学でもって眺める、受け取る、あるいは理解するということになります。したがって、縁起が理解できたなら仏教が理解できたといってもよいとされるほどです。

古い経典にも「縁起を見るものは法（真理）を見る。法（真理）を見るものは縁起を見る」と説かれ、縁起は真理そのものであるとされています。縁起は仏教そのものなのです。ですから、仏教は何を説くのか一言で言えといわれたら「縁起を説く」と答えることになります。

本書の最初に釈尊が真理を悟って仏陀となったと言いましたが、釈尊によって悟られた真理こそがまさしくこの縁起なのです。

第二節　縁起とは

第一項　縁起論序説―仏教の存在把握―

縁起はプラティートヤ・サムトゥパーダ（pratītya-samutpāda）の訳で因縁《いんねん》・因縁生《いんねんしょう》・因縁法《いんねんほう》とも訳されます。

縁起の意味は「縁《よ》って起こる」ということです。「縁って」というのはさまざまな条件や直接、間接の原因に「縁って」ということです。

縁起は非常に深く広い哲学であり、さまざまな様態が考えられます。ですから説明も一様ではありません。具体的な説明は第三節に譲りますが、縁起を仮に一口で言おうとすれば、どのような「存在」「もの」もその「存在」や「もの」単独で生じたり存在しているのではなく、必ず他に依存して生じたり存在しているという、この存在の生じ方、存在の仕方、あり方のいわば法則のことである、と言えます。

法則という言葉には厳密には語弊がありますが、本書は入門ということでもあり、また縁起ということを理解しやすくするために、あえてわかりやすい法則という言葉を使うことにします。つまり縁起とは存在の生じ方、存在の仕方、あり方の法則を言っているのであり、縁起という具体的なものがあるわけではありません。

ここで「存在」「もの」と言っているのは、茶碗や机、石といったものばかりではなく、私たちの肉体から、精神的なもの、たとえば心も入りますし、心に思うこと、悩みや煩悩も入ります。私たちの感じる音や匂い、味、暑さ寒さも入ります。当然地球や宇宙、山や川あるいは自然現象や社会の事件や現象、政治経済、歴史上の事件、人生といったようなものもそうです。嫌なものといった「もの」や、はては地位、名誉、あるいは色、順番、大きさ、美醜などといったものの状態や様態・属性・価値観といわれるものまでをも含めます。要するに私たちが見たり聞いたり嗅いだり味わったり触れたり感じたり考えたり思ったりするもの、さらに概念化できるありとあらゆるものを「存在」「もの」と言っているのです。

そして、このありとあらゆる「存在」「もの」の「成立の仕方」(生じ方、生まれ方)、「存在の仕方」(あり方)の一貫した法則を縁起と言うのです。このように縁起は法則とも言えるものですから「縁起の理法」という言い方をすることもあります。この縁起、縁起の理法こそ仏教の言う真理にほかなりません。つまり仏教は具体的なものや思想を真理としているのではなく、仏教でなくとも通じる、もののあり方、生じ方(滅し方も含む)、存在の仕方といった法則そのものを真理と位置づけているのです。

ですから経典には、縁起とは、仏の作ったものでもなく、他の者が作ったものでもなく、あるいは仏が世に出ようと出まいとにかかわらず永遠に存在している普遍の真理であると説かれているのです。釈尊が真理、つまり縁起の理法を作ったり、案出したわけではなく、釈尊がいようといまいと、仏教があろうとなかろうと関係なく存在し未来も存在し続ける普遍の真理なのです。この普遍の法則、真理（縁起の理法）を釈尊が発見し完全に体得したということなのです。これが悟りであり、これを発見し体得する智慧が悟りの智慧です。なお、以下説明を進める上で、ありとあらゆる「存在」「もの」「すべての存在」「あらゆるもの」と言う場合、特にことわらないかぎりは真理である縁起自体は除いて述べていますのでご留意ください。

第二項　縁起とは依存してある事

さて、縁起ということをごく簡単に言えば、先に述べたように、すべての存在は必ず他に依存して生じたり存在したりしている、つまり直接、間接の原因、条件によって生じ存在しているということです。これが先の「縁って起こる」、あるいは「縁って存在している」という表現になります。

縁起について近現代ではしばしば、あらゆるものは「他に依存して存在している」こと、あるいは「相互に依存して存在している」こと、「相依関係で存在している」こと、「相関関係で存在している」こと、あるいはそういった存在のあり方であるという説明の仕方がなされています。そこで、縁起ということのおおよそを知るために、これらの説明を通して見てみましょう。

まず存在が「他に依存して存在している」ということを次の例で考えてみましょう。たとえば一輪のコスモスが少しピンクがかった赤色で咲いているとします。その高さは一五センチ、茎の周囲一センチ、葉や茎の色は濃いグリーンで少し白い筋があり、根は一〇センチの深さまであるなどといった状態で咲いています。この咲いたコスモスの花や葉や茎や根やそれらの色、太さ、堅さなど咲いているすべての状態（これらも「存在」「もの」です）は結果です。この結果に対する直接原因はコスモスの種です。

この咲いているコスモスはその咲いているコスモスが単独でそのような状態に咲いたわけではありません。日照や雨量、風、空気、気温などの気候や養分、重力などさまざまな他の存在や条件がかかわることによって、はじめて種が成長してそのような状態のコスモスとして咲いたわけです。これら気候、養分、重力などのすべてが結果（咲いているコスモスとその状態）に対する間接原因、条件となります。

このとき、その咲いているコスモスは、こういった直接、間接の原因、つまり種や気候や養分などに「依存して存在している」ということができます。なぜなら、養分や気温など一つでも条件が変わっただけでも咲いているコスモスの高さや花の色合いは異なってきます。もし日照りが続けばコスモスは枯れるでしょう。これはその咲いているコスモスがそれらの条件に依存して咲き存在している証拠なのです。

同様に、私たちの生命も私たち自身が作り出し、維持しているのではありません。社会やさまざまな環境や食物、人々の中で育《はぐく》まれてきたものです。したがって私たちは「他に依存して存在している」ということができます。また目の前にある机も、さまざまな人の手によって作られ運ばれそのように存在しています。コスモスの種のような直接的原因はもちませんが、机が机の力でそこに出現したわけではありません。このようにすべての存在はこのような他に依存した生じ方や存在のあり方をしています。このようにすべての存在は他に依存しなければ存在できない、生まれないといった存在の生じ方、あり方の真実の法則を縁起というのです。このため、縁起の説明の一つとして、縁起とはすべての存在が「他に依存して存在している」ことであるという説明がなされるわけです。

次に「相互に依存して存在している」「相依関係で存在している」「相関関係で存在している」ということは、あたかも藁束《わらたば》が二つ寄りあって立っているようなものです。つまり右の藁束は左の藁束を支え、左の藁束が右の藁束を支えあっているような存在の仕方をいいます。一方を倒すと、もう一方も当然に倒れます。右の藁束も左の藁束も独自に立っている（存在している）わけではありません。何がいくつあっても同様に考えられます。こういった場合、直接原因、間接原因があるわけではなく、相互がそれぞれ相手に対する条件となっています。こういったあり方も存在の生じ方、存在の仕方の一つですから、この場合、存在は「相互依存により存在している」「相依関係で存在している」「相関関係で存在している」という説明がなされるわけです。

まとめてみれば、前者にせよ、後者にせよ、包括的に言えることとは、存在は「他に依存して存在している」ということです。これが縁起ということです。

第三項　縁起によるものとよらないもの―有為法と無為法―

そして、こういったあり方、生じ方、存在の仕方によって存在していること、つまり縁起により存在していることを「縁起的に存在している」と説明することもあります。このように縁起により生じたり存在しているもののことを縁《えん》已生《いしょう》のもの、縁生《えんしょう》のもの、縁生法《えんしょうほう》といいます。この法とは存在という意味です。そうすると、ありとあらゆる存在は縁已生のもの、縁生法であるということになります。

また、こういった直接、間接の原因、さまざまな条件、あるいは他に依存したり相互依存の関係で生じたり存在しているもののこと、言い換えれば縁起による存在を有為法《ういほう》といいます。

これに対し、こういった直接、間接の原因、さまざまな条件、あるいは他に依存して存在したり相互依存の関係をもたずに存在しているもののことを無為法《むいほう》といいます。無為法はいくつか数えられる場合もありますが、要約すれば表現が異なりこそすれ真理自体のことを言っていると考えてよいでしょう。つまり存在を存在たらしめている縁起の法則自体を真理と言い、無為法と言います。

□寄り道⑲―法（dharma ダルマ）という言葉―

法という言葉は仏教ではさまざまな意味で使われ、難解な内容をもちます。初心の方が今後さらに仏教を学ばれたり仏教書を読まれ、法という言葉が出てきた場合に最低限ふまえておくとよいポイントだけをごくごく簡単に述べておきます。

おおよそ法は、単独で使われる場合でも縁生法のように熟語として使われる場合でも、①真理、②教え、③存在という三つのうちのいずれかの意味で使われる場合がほとんどです。しかしこのうちのどの意味で使われているかは、やはり文章の前後関係から判断しなければなりません。

とは言え、私の独断と偏見で言えば、もっとも多く出てくるのは存在の意味で使われる法です。これが全体の七割程度という感じがします。あとは半々くらいで真理か教えです。この二つは意味的に重なりがありますので、厳密に区別しなくても文章として意味が通ることが多いと言えましょう。

実に大雑把ですが、これだけふまえておけば仏教書などを読まれるときに便利だと思います。

第三節　縁起の哲学―読み解く三つの視点―

縁起は全体として一つの法則といえますが、私たちの目からとらえればいくつかの側面に分類することができます。縁起説でもっとも基本的に説かれるのは、

これある時にかれあり　(a)
これ生ずる時にかれ生ず　(b)
これ無き時にかれ無し　(c)
これ滅する時にかれ滅す　(d)

というものです。この中で(a)と(c)、(b)と(d)はそれぞれワンセットとなっています。(a)と(c)は有と無の組み合わせで空間的な関係の縁起、あるいは論理的な関係の縁起となっています。論理的な関係の縁起は時間的には同時と考えられ、空間的な関係の縁起では同時の場合も前後の場合もあります。次に(b)と(d)は生と滅の組み合わせで、時間的前後がある縁起です。いわゆる因果関係というべき縁起ですが、因と果のみを説く単純な因果関係ではありません。

以上を整理してみると、基本的には(a)と(c)から論理的依存関係の縁起と空間的依存関係の縁起、(b)と(d)から時間的依存関係の縁起、という三通りの形態が認められます。

縁起の形態はこの三つにかぎらずさまざまに考えられますが、今この三つを通して縁起を知る手がかりとしましょう。

(一)　時間的依存関係の縁起

存在（結果）が直接、間接の原因、条件によって生じ存在するという縁起です。このとき、結果と直接、間接の原因、条件との間にタイムラグがあります。簡単に言いますと直接原因に間接原因（条件）がかかわり、その結果として存在が生じている、存在しているという縁起の形態です。

仏教では結果を果《か》といい、果に対して直接的な原因となるものを因《いん》、または親因縁《しんいんねん》といいます。そして、結果に対して間接的な原因、あるいは条件となるもの、つまり直接原因（因）の展開や成長を促進するものを縁《えん》、あるいは増上縁《ぞうじょうえん》といいます。増上縁はこういった因の成長、展開を促進する条件、縁をいうのですが、そればかりではなく、因の成長、展開を妨害しない条件、縁や、その存在が存在することを妨げない条件、縁までをも含めます。そして、この直接、間接の原因を合わせて、因縁《いんねん》（因と縁のこと）といいます（なお、親因縁を略して因縁という場合もあります）。

因縁といいますと、何やら暗く陰湿で怪しげな感じがしますが、それは因縁という言葉が誤った使い方やニュアンスで使われたために生じた誤解です。本当は結果に対する直接、間接の原因の総称を因縁といっているにすぎません。したがって縁起の存在は因縁の存在ということになります。

さて、この時間的依存関係の縁起の例は先のコスモスの種と咲いているコスモスの例がこれに相当します。咲いているコスモスは結果（果）です。種は咲いているコスモスに対する直接原因（因）、つまり親因縁です。また土・養分・水分・気温・太陽光線・空気・風・重力などがすべて咲いているコスモスに対する間接原因（縁）、つまり増上縁になります。さらに、そのコスモスがそのように咲くには、種が途中で鳥などについばまれたり、出た芽を人が踏みつぶしたり、茎やつぼみを折ったりといったことがないことも条件、つまり増上縁になります。存在の成長、展開を妨げないことやその存在が存在することを妨害しないことも増上縁のうちであることは先に述べたとおりです。

こういった点から、極論すれば富士山の存在を裏の家の飼い猫タマが妨げていないので、タマは富士山を存在させている増上縁の一つとなっているということもできるのです。つまりタマと富士山は「ご縁がある」ということも言えるのです。同様に私たちは世界の人々や動植物と相互に「ご縁がある」ということになります。南極のペンギンと私たちはご縁がある友人なのです。（地球温暖化や海に漂うプラスティックごみのことなどを考えれば、これも誇大な譬えではないということがわかります。）

さて、咲き誇っているそのコスモスはこれら無数の縁によって、そのように咲き誇っているわけです。違う種ならいざ知らず、同じ種であっても養分の中の一つの量が少し違っただけでも同じコスモスの花にはなりません。必ず色合いや大きさ、葉のつき方などすべてが違うことになります。それらはたとえ目に見えなくとも微妙に違ってきます。風、日照時間、気温など無数の条件のうち、一つでもわずかに異なれば同じコスモスの種であっても同じコスモスの花は咲きません。咲いている途中でも、日が陰ったり気温が変化したり雨が降るなど条件（縁）が変わればそれに合わせて時々刻々と咲いているコスモス自体が変化していきます。

そのようにコスモスは無数の縁に依存して咲いている、つまり存在しているので、条件、縁が変化したり消滅すればそれに依存して存在する結果も変化したり消滅するわけです。それはコスモスが固定した実体をもたないことを示します。

以上のコスモスの例では、咲いているコスモス（結果）とその直接原因である種や間接原因のかかわりなどとの間に時間的な差異、タイムラグがあるので、このような縁起の形態を今、時間的依存関係の縁起と仮に呼んだわけです。

今はコスモスの例で説明しましたが、自然現象や社会現象、私たちの生活や成長など数多くがこのように時間的依存関係の縁起によって生じ存在しているのです。

(二) 論理的依存関係の縁起

私たちが日々見ている赤と青と白などの色、長と短、行く止まる、清いと汚い、美醜、高低、丸と三角などがこの論理的依存関係の縁起による「存在」「もの」といえます。こういったものもすべて「もの」「存在」と考えることは先に述べたとおりです。

さて、この赤、長、行く、清い、美、高、丸といった存在は、それに対する他の「存在」「もの」に依存してはじめて出現している「もの」です。つまり相互依存の関係で存在しているものです。

たとえば、色《いろ》は他の色《いろ》との依存関係によってはじめて存在しその色《いろ》になるわけです。もし青一色の世界であれば、それは青が一色あるのではなく色がない世界です。また青、赤二色しかない世界の場合、二色の差異があるのみで結局白黒と同じになり青と赤という存在はありません。このように色は相互依存の関係によって生まれ存在しているわけです。私たちは色そのものを見ているのではなく色の波長の差異を見ているのです。音や言語なども同じです。性別にせよ、もし世界中が女性だけになればそれは女性だけになるのではなく性別がなくなるのです。

長い、短いといったことも同じです。親から弟より「長い」鉛筆をもらって喜んで学校へ行くとします。学校でこれをみせびらかしていると、それより長い新品の鉛筆をもっている友人がありました。その途端、長い鉛筆は「中くらいの長さ」の鉛筆になります。もし弟の鉛筆や自分のものより短い鉛筆が無くなれば、私のもっている鉛筆は「短い」鉛筆になります。さて、長い、中くらい、短いという鉛筆が実体をもって存在したのでしょうか。そうではありません。すべて相互依存の関係で生じてきたものにすぎません。したがって相互依存の関係が変化し、短い鉛筆がなくなると中くらいの鉛筆が短くなり、友人の新品の鉛筆がなくなると中くらいの鉛筆が長い鉛筆となるわけです。これも縁起なのです。つまり長、中、短といったものは縁起的な仮の存在であり実体をもちません。

同様に、清い汚い、行く止まる、高低、丸や三角なども同じです。またありとあらゆる価値観も同じです。勉強ができるとかできないとか、一流とか二流とか三流も、誰それが偉いとか偉くないとか、社会的な地位があるとかないとか、そういった「もの」すべて同じです。こういった「もの」に私たちは実体を見いだしゆえに執著し気にして生活や生涯さえも支配されふりまわされ、時には競争心をかきたて、あるいは嫉妬するなどし人生を苦しんでいるわけです。先の例のように、弟の鉛筆より「長い」ということに固執し、これに実体があると思い込んで、内心少々優越感をもって学校へ行きます。すると何と友人がもっと長い鉛筆をもっていて自分の鉛筆が「中くらい」になって愕然とするというのはこれです。人生でこの愕然が正直に出ると苦になります。これがねじまがって出ると嫉妬になるわけです。小学校や中学校で勉強が一番や二番であり誇らしげにしていたのが、高校で十番、さらに百番になって愕然とし苦を思うのもこれです。人を横目に見て争い、優れている劣っているということに実体と価値を見いだし闘争心をたぎらせ競争した果てに愕然としたり、さらには負けたと思い込んで苦を感じる。そして嫉妬する。負けたと思いたくないから悪口をいう。強がりを言う。負けたくないから嫌がらせや妨害をする。

これは縁起的な存在を実体があると思って固執し執著しているところから発生する愕然であり嫉妬であり苦であり煩悩であり悪行であるわけです。

すべての存在、価値などがこのように縁起による存在であり実体はないのです。あたかも折り紙のだまし舟のようなものです。舟の舳先と思ってつかんでいても折り方が動くといつのまにか帆になり、帆と思ってつかんでいてもまた舳先になるようなものです。そしてそれは一枚の紙にしかすぎません。それにもかかわらずそこに絶対的な価値観、つまり舳先や帆という絶対的な実体を見いだし執著すれば、条件が変化し舳先が帆にかわり、帆が舳先にかわり、あるいは舟が紙に変わったとき、苦を生むもとになるのです。

このようなわけで、たとえ真理であってもこれが真理であると執著すれば偽《にせ》の真理になってしまいます。なぜ偽《にせ》なのかといいますと、そのとき真理はすでに真理というものと、真理ではないものとの相互依存関係によって確認されているもの、つまり縁起によって存在しているものとなっているからです。つまり真理は無為法なのにそのとき自分の心に見えている真理は相互依存で存在している有為法になっているのです。ですから、真理でないものが消えれば、その真理もまた消えてしまうことになります。そのような相互依存によって生まれたり消えたりする真理は真理ではありません。したがって真理であっても執著してはならないのです。このゆえに、これが真理であるとかないとか、長い物であるとかどうであるとかといった分け隔てを経ない智慧、縁起の世界を縁起している事実のまま、ありのままに見る無分別智が真理（縁起の理法）を見抜く悟りの智慧であるということなのです。

論理的依存関係の縁起は以上のような「もの」「存在」が相互に縁となる縁起であり、時間的には同時の縁起です。

㈢　空間的依存関係の縁起

これは先に例で挙げたように、藁束が二つ寄せて立てかけてあるような空間的な依存関係の縁起です。個々の存在物は言うに及ばず、食物連鎖や現在問題になっている環境世界の生態系、社会や経済、政治問題などがすべてこれに当たります。藁束が寄せて立ててあるように、一つの藁束が変化したり倒れると残りも変化し倒れます。実際的に考えれば単に二つの藁束（条件）だけではなく、無数の条件が空間的に上下左右無限に広がっていると考えられます。なお、この縁起関係には時間的に同時もあればタイムラグのある場合もあります。時間的同時は藁束の例や机が各パーツによって存在しているような形態、タイムラグがあるのは食物連鎖のような形態と言えましょう。

私たちの生存自体から社会、経済、政治も、自然環境も生態系もこういった縁起の連鎖が無限に広がって形成されているわけです。

社会、経済、政治、歴史などは空間的依存関係の縁起の典型になります。社会にせよ、経済にせよ、無限の条件、要素で動いています。何か条件が少しでも変わると全体的に影響が出ることも少なくありません。小さな条件であるからといって捨象したり単純化して考えたり、一人や一定の組織、会社、一国の利益のみをはかったりということをすれば、縁起の連鎖でやがて思わぬところにきしみが生じ、そして全体がおかしくなる可能性さえあります。そうなれば、縁起の連鎖の中でめぐりめぐって結局、多くの人々や国自体が、はては世界まで損害を被り不幸になることも十分予想されるわけです。

また、現在問題になっている環境問題や生態系の問題はこの縁起の典型的な例でしょう。自分の都合で毒性のあるゴミを適当に川に捨てれば、めぐりめぐって他人のみならず捨てた自分やその家族、子孫などまでをも苦しめることになります。また環境の破壊はやがて環境に依存して生命をつないでいる私たち人類と生物の破滅につながります。いかに知能が発達し霊長であると威張っても、人類もやはり他に依存してはじめて命を保っているという事実、つまり縁起的な存在である事実から逃れることはできません。見方を変えれば、人類がその知能と叡智をもっていかに環境世界や他の生物を守るかということが、めぐりめぐって人類の生存と繁栄を助けることになるのです。社会や政治、経済でも同じことが言えましょう。

これら難解な問題を乗り越え解決していくには叡智が必要ですが、それとともに叡智を運用する心に崇高さ、つまりそれは、とらわれることなく、偏ることなく、執著のない心が必要なのです。その理由はすでに述べてきたとおりです。

なお、我が国ではすでに鎌倉時代初期の貞慶《じょうけい》という学僧が、環境世界の破滅は人類の破滅になるので樹木を守れと樹木の伐採を誡めていました。彼は人類が環境世界に依存して生存しているという縁起の考え方から述べているのです。これは環境問題が哲学的理論的根拠をもって世界で最初に宣言されたものと言えます。

以上、㈠時間・㈡論理・㈢空間の三視点から縁起を見てみました。これは縁起の考え方を知るために便宜的に三方面から考えてみたものです。実際はこれら三つが単独で別々にあるわけではありません。また植物は㈠の縁起で存在し、長短や色は㈡の縁起の存在のあり方をしているといったものでもありません。一つの存在には三つの縁起が無数に重なり合い、その交点の一点に存在が現われているのです（図1参照）。ですから三つの縁起は存在の上には本来分かちがたいものです。一つの存在についても㈠㈡㈢それぞれの縁起が無数にかかわっているわけです。このように㈠から㈢の縁起が無数に重なり合った交点の一点の姿が今そのように咲いているコスモスの姿、存在として仮に出現していると言えるのです。たった一つの存在もそのように無数の複雑な縁起によって、今、仮にそのように存在しているのです。そしてそれらの存在は、さらに縁起の連続、縁起空間の中で互いに因となり縁となり、関係し合っているのです。

今、理解する上ではモデルとして時間的・論理的・空間的な縁起で説明しましたが、事実はただただ縁起が空間的時間的に広がり縁起している、その事実しかないとしかいいようがないわけです。その中の時間的・空間的・論理的な縁起の交わった一点に、その存在が仮にそのような色や形などの状態に縁起により存在しているわけです。もはやそうなりますと一つの存在という概念さえなく、縁起している事実のみがあり、私たちはたまたま縁起により出現した色、形、堅さ、価値などといった「もの」によって私たちの認識上で区切れた部分を、一つの存在として見たり聞いたり触ったり感じたりしているにすぎないともいえます。

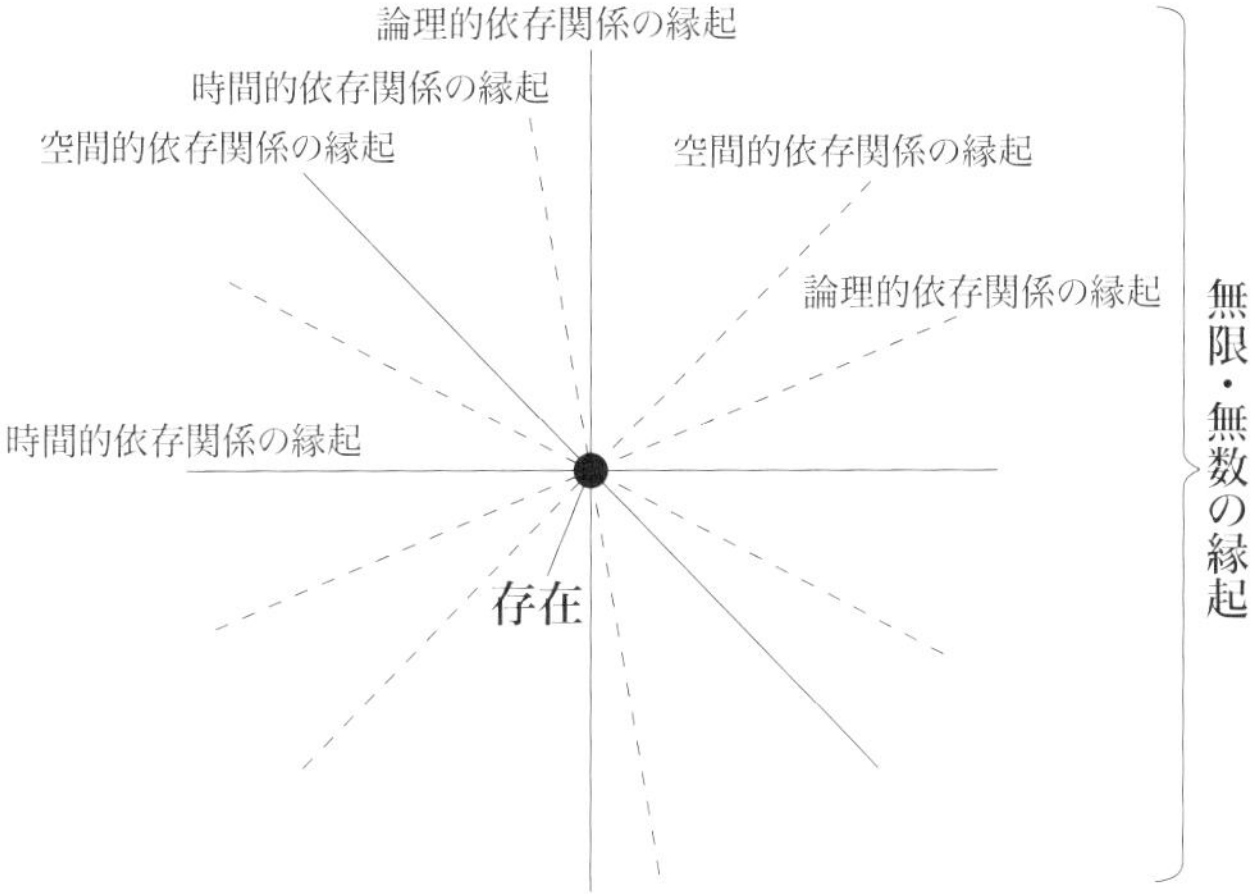

縁起の図1

　ここで相互依存や直接、間接の原因、条件と述べてきましたが、先述したようにそういった相互依存する各要素や原因、条件などが一つ一つパーツ的に存在するのではありません。それらもやはり縁起の存在です。説明する上で、便宜的に原因や条件、あるいは因や縁、相互に依存するもの等と区切って考えているにすぎません。ですから縁起、縁の連鎖は気体が広がるように無限に時間・空間・論理を越えて広がっているのです。存在を存在させている無数の縁起のさらにその中の無数の条件のわずか一つ、たとえ時間が一秒ずれただけでも（目に見える見えないは別にして）その存在は異なったものに変化します。これはそのもの自体といった永遠不滅の実体がそこになかったことを示します。

　見方を変えれば、縁起は無限に広がっているので、目の前にある花も机も全宇宙も、同じ平等の縁起の連鎖と空間をどこで切り取っているかの相違にしかすぎません。机の形に切り取り、花の形に切り取り……、あたかも海の水面（縁起している全世界、全宇宙）に棒（認識、言葉）で机の絵を描いたり、花の絵を描いたりしているようなものです。そこにはすべての海の要素が入っています。海の片鱗でも海そのものにほかなりません。つまり縁起の理論からすれば、一輪の花に全宇宙が入っているとさえ言えるのです。

本書の前半で見た煩悩も業も苦も、そして智慧も縁起の存在にほかなりません。惑業苦の三道も実はわかりやすいように苦の発生とその存在の縁起をごくごく単純化した理論といえます。苦が解消できるのも惑と業によって苦が縁起により存在しているものだからです。このためこれらを固定的にとらえ執著すると問題が生じるのです。そして智慧が獲得できるのも智慧が縁起の存在であるからこそのことです。正しい手順と修行という正しい直接、間接の原因をふめば誰でも智慧を獲得できるわけです。

〈釈尊の悟り、苦の解決〉

釈尊が苦の解決に成功したのも、苦が縁起による存在であることを発見したからにほかなりません。苦を生じさせている原因、条件、相依関係を消滅させれば苦も消滅することを発見したのです。そして苦の消滅に成功し、釈尊は仏陀となったのです。

縁起の哲学を立てる仏教は、このように苦も楽も社会現象も自然現象も物質も精神も何もかも直接間接の原因、あるいは相互依存の関係などさまざまな条件により生じ成立していると考えます。したがって直面する問題の原因や条件を見極めれば、人間は今置かれている状況を未来には変化させるこ

□寄り道⑳―慣用句、諺の中の仏教―

「生かされている自分」というような標語が寺院に掲げられていることがあります。この生かされているというのは何かによって強制的に生かされているという意味ではなく、さまざまな縁起の一つの交点に自分があり、さまざまな支え合いの中で生きることができているのだということです。

この意味で、私たちがよく使う「ご縁ですね」という言葉も、やはりこの縁起的なあり方を言っているわけです。

また「情けは人のためならず」という諺《ことわざ》も縁起の考え方により「人に親切にすれば、めぐりめぐってそれが自分に返る。だから人に親切にしたり情け深くしなさい」という意味です。人を甘やかしてはその人のためにならないので、厳しくしなさいという意味ではありません。

「一期一会《いちごいちえ》」という言葉は茶道から生まれた言葉です。茶席というものは、縁起しているがゆえに怒濤のように変化している全宇宙の一瞬をその日、その時間《とき》、その場所の一点で切り取り、自分がその空間、その一瞬《とき》のすべてを体験する、そのような一瞬としてあるわけです。ですからそのお茶席に集うことは生涯（一期）にただ一度しかない機会（一会）だということであり、そこでの一瞬一瞬を大切に味わいなさい、真剣に向き合いなさいということです。

茶人は仏教（禅）を学んだので、その精神を反映しています。

このように日本の伝統的な言葉や考え、つまり無意識のうちに出る生活や思考の形としての文化は縁起の哲学を背景にしています。仏教を知らないと日本人は無宗教、無思想だと思われるかもしれませんが、私たちは知らず知らずのうちに仏教の思想を受け継ぎ、縁起の考えを中心に暮らし、文化を形成してきているのです。

とも好転させることもできる、さらには人間の不幸と苦をも完全に消滅させ涅槃に至り得る、と考えたのです。ここに仏教の特徴があります。これらはすべて縁起の哲学によって導かれ帰結するものであるわけです。

なお、このように仏教は縁起の理法をすべての根幹にすえるので、絶対者や創造神という観念自体がありません。仏教が神を立てない宗教といわれるのは、仏を信仰するから神を否定するといった意味ではなく、このように縁起の哲学による論理的帰結なのです。

第四節　空の思想―縁起と空と中道と―

第一項　縁起と空

本章の冒頭ですでに言及したように、縁起と空は同じことの視点を変えた言い換えです。縁起によって存在しているものは、そのものを存在させている直接、間接の原因や条件が変化したり依存関係のあるものが変化したり無くなれば、その存在自体も変化し消滅していきます。こういった存在状態にあることを一言で空と表現します。また無我ともいいます。

つまり縁起によって存在しているものはすべて空であり、空であるということは縁起による存在であるということになります。無為法を除いたすべての存在は時間的、空間的、論理的縁起が無数に交わる交点の一点として存在しています。そのうちわずか一つの縁、関係性、条件が変化したり消滅したりしたとしても、自ずからそれらに依存して存在しているものはすべて変化し消滅します。ですからそこに固定した実体はありません。存在がこのような状態にあることを空といいます。つまり縁起によって存在している存在のあり方、性格を一言で空と表現しているわけです。このことからわかるように縁起は空の理論的根拠と言えるものです。また空は固定した自性（本質、実体、本性）がないことであるので無自性ともいいます。

もう少し詳しく言えば、縁起というのは以上述べてきたように存在（有為法）のあり方の原理、法則を指す言葉として使われます。空とはそのような縁起による存在（有為法）のあり方や縁起による存在状態にあること、その性格をそのまま端的に示す言葉です。同じ事柄について、法則として取り出す視点と物事の性格として取り出す視点により別の言葉で語られるのです。先に縁起と空は表裏の関係であると述べたのはこのことを言っています。ですから縁起による存在は必ず空です。同時に空ということは、それは縁起による存在であるということになります。

このように縁起による存在は数々の直接、間接の原因、条件、あるいは相互依存などの関係の中で成立し存在しています。その中の間接原因の一つ、あるいは条件の一つ、あるいは相互依存の相手が変化したり消滅したりすればそのもの自体も変化し、消滅します。それは「そのもの」に「そのもの自体」という実体や本質（自性）がないことを示します。もし実体があれば条件や縁の何が変わろうとも、そのものの実体は変化しないはずだからです。このことを空というのです。そのため現代的には空とは実体がないことと表現しています。

以上からわかるとおり、空とは何もないという存在の滅無、絶無、虚無をいっているのではありません。すべての存在は原因や諸条件が集まり、あるいは相依関係や相互依存関係によって存在している縁起による存在であるがゆえに、その存在に固定した実体、あるいはその存在がその存在であると指し示せるようなもの、本質はないということを言っているのです。そのような存在状態は、一言で空と言うか、そのように縁起している事実以外示しようがないわけです。

またこのことは、その無数の直接、間接の原因や条件といったものがあたかもパーツや要素のように何か実体をともなって存在しているということでもありません。先のコスモスの例で言えば気温や養分、日照などもまた縁起による存在であり、藁束の例で言えば藁束の一つ一つが、やはり縁起による存在です。つまり、ある存在を生じさせ存在させている直接、間接の原因自体、条件自体、また相互依存している相手方自体が、同様に無数の直接、間接の原因、条件、相互依存によって生じ存在している縁起的存在であり、さらにそれらの直接、間接の原因も条件も……と、縁起の時空は無限に広がっています。

この縁起の連鎖は無限です。ただひたすら縁起しているとしかいえない世界が広がっているのです。したがってそこには縁起している事実しかないのであり、そこには固定した実体がありません。この状態を空と言います。

龍樹《りゅうじゅ》という大乗仏教最大の仏教学者は「さまざまな縁によって生じてきたものを私は空であると説く。これはまた仮名《けみょう》であるとする。またこれは中道の意味である」と説いています。「さまざまな縁によって生じてきたもの」というのは縁起による存在のことです。それは即、空であり、仮名であり、また中道であるというのです。つまり縁起と空と仮名と中道は同じことなのです。

また、このようなわけで、縁起による存在はただ縁起しているという事実しか言えないものであって、固定的にそれが「有る」とか「無い」とかという言い方もそぐわないことがわかります。ですから存在に関して固定的にそれが「有る」というのも一つの極端であり、「無い」というのも一つの極端となります。このために「有る」や「無い」といった両極端に偏らない中道でものごとを説くということになります。

このようなことから縁起による存在は中道であるということになるわけです。

これは哲学的な中道、非有非無の中道です。そのため、釈尊はしばしば「有や無、一や異などは両極端であり、如来（この場合は釈尊の自称）は中（中道）によって教えを説く」「中道を説く」と言っています。こういった空、中道ということを実践上の姿勢、考え方として具体的に展開すると「無執著」「とらわれるな」「偏るな」ということになり、第四章で見たとおりの非苦非楽の中道ということになるわけです。

縁起の図2

このように、縁起・空・中道は同じことの視点を変えた言い換えです。つまり仏教の大系は理論的にすべてつながっているのです。この章まではどちらかといえば下から上を見上げる述べ方をしたのですが、これ以降は空・縁起・中道の高みから全体を俯瞰することになるわけです。

たとえばここまでで述べてきた苦も、業や輪廻なども同様に、すべて縁起的な存在です。ゆえに空であり、ゆえに固定した実体をもたず、ゆえにとらわれても偏ってもならないわけです。因果や業説は初歩の段階では無軌道に走ったりすることを誡め、精進努力を勧めるものとして意味がありました。そしてこれを「無い」と否定することは一つの極端であり邪見であり断見に陥ることであるとされます。断見とは誤った考えの一つで世界や我（アートマン）が断滅するという見解です。邪見や断見は因果を否定し縁起、空、中道をも否定することにつながるものです。かといって、これが「有る」というのもまた一つの極端であることがわかります。これは常見に陥る誤った考えにほかなりません。常見とは断見とは正反対の方向に誤った考えで、世界や我（アートマン）が永遠不滅に存在するという考えです。これも因果や縁起、空の否定になります。

第二項　文献に見る空の実践

さて、ありとあらゆるもの、思想から教え、概念、すべてに執著してはならないというのが仏教です。これは縁起・空の哲学に基づく仏教の根幹であり基盤です。

このような空の実践、つまり無執著、とらわれないことについてさらにもう少し具体的に見てみたいと思います。釈尊は、

上と下と横と中央とにおいてそなたが気づいてよく知っているものは何であろうと、――それは世の中における執著の対象であると知って、移りかわる生存への妄執をいだいてはならない。（中村元訳『ブッダのことば―スッタニパータ―』岩波文庫、二二四頁）

と述べ、私たちが気づいているものは何であれすべてが執著の対象となり、そういったありとあらゆるものに執著してはならないということを述べています。

さらには『大智度論』に次のような意味のことが説かれています。

仏教を除いたすべての宗教家・思想家はこのように心に思っている。「私の教え、思想こそは微妙であり清らかで第一のものである」と。このような人は自分の教え、思想を讃歎し他人の思想、教えをそしり非難する。このために、現世には紛争や争いがうち続き、後世には地獄に落ちて無量の苦を受けることになる。偈（詩文）に次のように説かれているとおりである。

自分の思想や教えを愛染（執著）するゆえに、他人の思想や教えをそしり非難すれば、たとえ戒律を厳格に守っている修行者であったとしても地獄の苦をまぬがれることはできない。

仏教以外の宗教家たちは自分の教え（宗教、思想、哲学）こそもっとも優れていると考え自画自賛し、他の教え（宗教、思想、哲学）をそしり非難、排斥する。そのためにこの世で生きているうちは争いが絶えず、死んでからは地獄に落ちて無量の苦に沈むことになるというのです。このように自分の奉じる教えに執著し他人の奉じる教えをそしり非難、攻撃するなら、たとえ戒律を厳格に守っている修行者であっても地獄に落ちるというのです。では仏教はどうであるのかといえば、

この仏教の教えでは、すべての愛、すべての見解、すべての自己中心的な驕慢を捨て去り、ことごとく断ち切って執著しない。

といいます。この内容を具体的に説明するために、

汝らが、もし私の栰喩の教えを理解したなら、そのときは善法もまさに捨て去るべきである。ま

してや不善（悪）の教えならばむろんである（捨て去らねばならぬ）。

という『栰喩経』の釈尊の教えを挙げます。そしてあらゆるものに執著することなく捨て去ることを述べます。『栰喩経』とは「筏《いかだ》の喩え」により、悟った後は仏教の教えにさえ執著してはならないことを説く経典です。川を渡るために木々を集めて苦労して筏を作った。そして筏に乗って向こう岸に渡った。そのとき、自分を渡してくれた筏であるから大切なものであると頭に筏をかついで道を行くかどうかと釈尊が弟子たちに尋ねます。弟子たちはそのようなことはないと答えます。釈尊は仏教の教えも同じであり向こう岸に渡り目的を達したならば捨て去るべきであると述べました。

釈尊はこの筏の教えを理解したなら善の教えに対する執著も捨てるべきである、いわんや悪は言うまでもなく捨てるべきであると説きました。むろんこれは仏教を捨てろとか否定せよとかいうことではありませんし、ましてや善を捨てて悪をなせという意味ではないことは言うまでもありません。また善悪を考えるなとか、無茶がよいというのでもありません。これらはむしろ善悪に執著しているのです。そのため常に従来の価値観をひっくり返せば執著でないように錯覚しているのです。高次元の境地に立てば悪はむろんのこと善にも執著してはならないのです。

どういうことかといえば、宗教や正義、善であるからといって、それに執著すると、それがいかによいものであっても、執著することによって人間は独善に陥ってしまいます。そうなると自分の考えが正義で善なので自分の考えに同意しないものはことごとく悪であると固執し攻撃、そして抹殺するといったこと、つまり悪に陥りかねないわけです。執著する対象が善や正義であれば執著にならないということはなく、やはり悪や弊害を発生させることはすでに第三章でも述べたとおりです。

当然のことながら、もし善への執著を捨てることをもって悪をすることだとか、善悪を考えないことが無執著だと考えるような思考方法を採るならば、それははなはだしい誤りであり、永遠に仏教思想は理解できないことになります。善に対してさえも執著しないことを、悪をすることであるとか善悪を考えないことであるとか、無茶苦茶することであると考えるのは、それは悪や無茶苦茶することへの執著にほかならず危険思想にほかなりません。無執著とはこういったことを言っているのではないことは十分な注意が必要です。

『大智度論』は言います。

仏は自ら般若波羅蜜においてさえも、それを思われなかったし偏られたりすることはなかった。いわんや他の教えに対して偏られたり執著などあろうか。

と。釈尊は最高の悟りの智慧である般若波羅蜜にさえ執著しなかった、ましてや他に執著することはないというのです。さらに敷衍し『阿他婆耆経《あだばぎきょう》』から摩犍提《まけんだい》（マーガンディヤ）と釈尊との対話を引きます。中村元訳の『ブッダのことば』（岩波文庫、一八六〜一八七頁）に同趣旨のものがあり、これがわかりやすいので見てみましょう。マーガンディヤは釈尊にどういう教えを説いているのか尋ねました。釈尊は、

「わたくしはこのことを説く」、ということがわたくしにはない。諸々の事物に対する執著を執著であると確かに知って、諸々の偏見における〔過誤《かご》を〕見て、固執することなく、省察しつつ内心の安らぎをわたくしは見た。

と答えます。マーガンディヤは「このことを説く」ことがないというのであれば、それはどのように

説かれるのかと尋ねます。釈尊は答えます。

「教義によって、学問によって、知識によって、戒律や道徳によって清らかになることができる」とは、わたくしは説かない。「教義がなくても、学問がなくても、知識がなくても、戒律や道徳を守らないでも、清らかになることができる」、とも説かない。それらを捨て去って、固執することなく、こだわることなく、平安であって、迷いの生存を願ってはならぬ。〔これが内心の平安である。〕」

通常、戒律を守ったり、一定の修行をしたり、教義を理解したり、学問や知識を修得したり、あるいは道徳によって心が清まっていくと考えられています。ところが釈尊はそのようには説かないと言うのです。すると、私たちは即座に「心を清めるには、戒律や教義、学問、知識、道徳は不要なのだ」と理解してしまいます。ところが釈尊は「心を清めるには、戒律や教義、学問、知識、道徳は不要なのでもない」とも言うのです。釈尊は両説ともに退けたのです。

つまり心を清めるのは「戒律や修行、道徳によってなされる」ということも、これらによって「なされない」ということも、いずれも執著であり執著の対象が変わったにすぎないのです。そしていずれも中道を逸脱した極端なのです。

よく聞くことに、社会で活躍するには学問、知識が必要だという説と、それらは別段必要ではないという説があります。どちらかといえば後者への賛同者が多いようですが、いずれにしても執著にほかなりません。執著の対象が変わったにすぎません。

マーガンディヤは釈尊の言葉が理解できず、そのような両方とも否定されるような教えは、ばかばかしい教えであると思います。ある人々は教義によって清らかになると考えていますと疑問を述べました。釈尊は言います。

あなたは〔自分の〕教義にもとづいて尋ね求めるものだから、執著したことがらについて迷妄に陥ったのです。

すでにマーガンディヤの立場は一定の思想によるものであり、それに執著した立場から答えを求めようとしているからわからないのだ、ということです。

『阿他婆耆経』を引いた後『大智度論』は次のように述べます。

私の教えは真実であり他の教えは妄語であるとか、私の教えは第一のものであり他の教えは不実のものであるというような主張は闘諍のもととなるのである。

と。一つの見解や思想、宗教をAとしますと、他は非Aです。そのときAを奉じる人がAを正・善と考え執著すれば、当然にそうではないもの、つまり非Aは邪・悪となってしまいます。そしてこの構造に固執します。ところが相手もみな自分は正・善と考えています。そのため、互いに自己が正義であり相手こそが悪である、邪であると罵り合うことになってしまいます。ひどい場合は戦争になりましょう。こういった構造によって、私たちの身のまわりにある大小のいざこざから、イデオロギーの闘争も、はては国家間の戦争や宗教戦争も起こるわけです。これらの原因は執著にあるわけです。仏教はこういった執著こそが紛争のもとであるというのです。こういったことを知らないことが無明、あるいは愚痴（おろかさ）という煩悩です。

第三項　空は空も空ずべし

さて、注意すべきは空にさえもとらわれることがよくあることです。空理解の誤りともいうべきものです。特に仏教と言えば空と考え、何でもかんでも空と言っていればよいという考え、つまり空にとらわれることが多くあります。このようなことは古来固く誡められてきました。空は空も空じる、つまり空にも執著したり、とらわれたりしてはならないのです。空も例外ではありません。これは以前述べました執著しないということは執著しないということにも執著しないことというのと同じことです。

空に執著した偏った空理解を但空《たんくう》といいます。これは部派仏教の空理解とされます。また、空に執著した誤った空理解を空執《くうしゅう》（因果の道理なども無とするような空理解）、悪取空《あくしゅくう》（空を虚無的に理解するなど）といいます。

このように空に執著し誤って空を理解すると空見や断滅論に陥ります。空見とは空をすべての空無、断滅と見る誤った考えです。すべてがないのだといったような考えです。すべてがあるのだというのも誤りですが、ないのだというのも同様に誤りであることはすでに述べたとおりです。

空に執著しこれら誤った理解をすると、また断見、虚無主義に陥ります。また空、無執著、何ものにもとらわれないことの実践を、わがまま放題、自分勝手したい放題にすることであると誤解することにもなりかねません。しかしそれは自分に強固に執著し、自分のしたいまま、煩悩のままに引きずられるにすぎません。これは無執著の立場なのではなく、まったく自己の立場や煩悩、自己中心の考えに固執したものにほかなりません。

また、当然のことながら釈尊の言う、いかなる立場にも執著しないこととは、自分の立場を曖昧にしたり、問題に対してはっきり主張をしないこと、日和見を決め込むこと、思考を停止したり、主張を留保することでもありません。これらは自分の立場や思想を曖昧にしておく、問題に対してはっきり主張をしない、日和見を決め込むなどといった一定の立場を明確に選択しているものです。そしてそれに強固に執著し固執していることにほかなりません。これらはすべて空、無執著に執著した誤った空理解、無執著理解に陥っていることにほかなりません。

ちなみに『大智度論』は次のような趣旨で誤った空理解（邪見に陥った空理解）や虚無論を批判しています。

誤った空理解により邪見に陥った人は、何もないなどとすべてを否定し、そのことをもって空であると誤解する。しかし本当に空を瞑想し理解している人は、すべての存在はそのもの自体空であるから、空たるものを否定も壊すこともできないとわかっている。また誤った空理解をして邪見に陥っている人は、すべて空であるなどと言いながら、空の姿や特徴をとらえて執著し無意義な論争にふけっている（空に姿も特徴もあるはずがない）。また口では、すべて空であるなどと言いながら、愛着する対象には愛着を生じ、怒りの対象には怒りを生じ、慢心の対象には慢心を生じ、愚痴の対象には愚痴を生じるなど自ら自己矛盾を起こして惑っている。（これは存在を空であると考えていないから、つまり空を本当は全然わかっていないから起こることである。）空を理解している仏弟子は、空を知っているから心を動揺させず、煩悩を生じさせない。あたかも虚空を煙で染めたり雨で湿らすようなことがないようなものである。真に空を理解したなら（瞑想したら）煩悩もその心にとどまらないものである。人が食物に塩をふっておいしい料理を作っていると聞いた無知な者が、それならば塩を食べればきっとおいしいだろうと口いっぱいに塩をほおばって口が痛んだのと同じである。このような無知の者は、空を瞑想し解脱へ至る教えを聞いても、功徳を実践せず、ただただ空を得たいと考えるような者である。これは邪見にほかならず善根を破壊するものである。

第四項　空のとらえ方

空をとらえ説明する仕方、空をとらえる側面などに、古来いくつかの方途があります。最後にその説を見て、この節を終わることにしましょう。

㈠　析空《しゃっくう》と体空《たいくう》

析空と体空とは二つの異なる空の理解の仕方です。

まず析空とは、存在を分析していって空を明らかにしようというものです。たとえば五蘊《ごうん》はそれぞれ極微《ごくみ》という原子ともいうべき粒子から成立しているとし、しかる後に、そのために極微の集積にしかすぎない五蘊それぞれには実体がなく空であるとするような見方です。

このような見方はわかりやすい反面、今度は極微というものが実体をもって存在しているようなことになってしまう欠陥があります。ちなみに大乗仏教の法相唯識は、この極微というものの存在自体を否定します。

これに対し体空の考え方は分析を通して空を理解するのではなく、存在を即、空と理解するという空の見方です。

析空は部派仏教の、体空は大乗仏教の空の見方であるとされます。

㈡　人空《にんくう》と法空《ほうくう》

また、しばしば語られる高名なものに人空と法空があります。二つを合わせて人法二空、あるいは二空といいます。人空と法空はまた生空と法空、我空と法空、人無我と法無我ともいいます。

人空とは、私たち有情は五蘊が縁起的に仮に和合して存在しているもので空であり（あるいは無我であり）、そこには我（アートマン）的な実体がないことをいいます。

法空とは、すでに述べたようにすべての存在は縁起による存在であり、ゆえに空であることをいいます。法空を説くことによって、人空で言われる五蘊のそれぞれもまた空であるということになり、この二つをもってすべてが空であるということがいえます。

部派仏教は人空のみを説き、大乗仏教は人法の二空を説くとされます。

〈無所得と無礙〉

仏教は単なる哲学ではありません。苦の解決を旨とし、そのための実践が空の哲学から導かれるのです。この無所得《むしょとく》と無礙《むげ》はその意味で空の実践を総括する言葉です。

空の実践、つまりいかなるものにも無執著であること、とらわれないということを無所得といいます。そして縁起の理法にかない、ゆえにあらゆるさまたげもなく自由自在なこととなります。これを無礙といいます。

この無所得と無礙は、いわば空の実践における到達点を示しているといえましょう。このような境地になれば、もはや自己にとらわれることがありませんから、自己中心性はなく保身もありませんし、ゆえに恐れるものもありません。またいかなるものにも執著しませんから、分け隔てをすることなく、すべてを平等に見て真の布施などを行ない、他者の救済に挺身し、しかもそれが自由自在になるわけです。まさしく実践においてめざす姿勢といえましょう。

第五節　十二縁起―宗教的な縁起―

以上、仏教の根幹をなす哲学である縁起・空について述べてきました。そしてそれは単に哲学なのではなく、人生の苦を解決する宗教的、実践的な意味をもつものです。その意味で特に苦を解決する縁起の見方として十二縁起《じゅうにえんぎ》という高名なものがあります。十二縁起はまた十二因縁ともいいます。釈尊が悟るときに瞑想したのがこの十二縁起であったとされます。

十二縁起は苦がいかにして生じるか、またいかにして滅するかという分析と構造を十二の条件・縁によって明らかにしたものです。この条件・縁の一つ一つを有支といいます。つまり十二縁起は十二支で示される縁起ということです。また経典には十二支だけではなく、十支や九支、あるいは五支をもって説くものもありますが、代表的なものが十二縁起です。趣旨はいずれも同じです。

さて、十二支とは無明《むみょう》・行《ぎょう》・識《しき》・名色《みょうしき》・六処《ろくしょ》・触《そく》・受《じゅ》・愛《あい》・取《しゅ》・有《う》・生《しょう》・老死《ろうし》です。この各支はこの順で並べられ順が入れ替わることはありません。

①無明とは、四諦の教えや十二縁起の教えを知らないこと（縁起を知らないこと）。愚痴と同じです。

無明に縁《よ》って行が生じます。

②行とは、行為。つまり業のことで身口意の三業。表業と無表業を含みます。

行に縁《よ》って識が生じます。

③識とは、認識する働き。心のことです。

識に縁《よ》って名色が生じます。

④名色とは、五蘊のうちの受・想・行と色の各蘊。また心身、あるいは識の対象となるすべてと説明されることもあります。

名色に縁《よ》って六処が生じます。

⑤六処とは、認識する心が働く六つの場。眼根・耳根・鼻根・舌根・身根・意根の六根のこと。

六処に縁《よ》って触が生じます。

⑥触とは、接触。心に対象が触れること。

触に縁《よ》って受が生じます。

⑦受とは、感受。

受に縁《よ》って愛が生じます。

⑧愛とは、渇愛（激しい渇望）、あるいは欲、欲求のことです。

愛に縁《よ》って取が生じます。

⑨取とは、執著。

取に縁《よ》って有が生じます。

⑩有とは、生存。存在。

有に縁《よ》って生を生じます。

⑪生とは、生まれることです。

生に縁《よ》って老死が生じます。

⑫老死とは、老いそして死ぬことです。

経典では、生に縁《よ》って老死、そして老死に並べて愁・悲・苦・憂・悩が生じるとされます。これはすでに述べた八苦などに象徴される人生の苦のさまざまな表現といえましょう。つまり生によって、苦が発生するということにほかなりません。そしてそういった老死や愁、憂、悲、悩などの苦の原因を遡ってつきつめますと①の無明であるということがわかります。

このとき、無明から老死に向かって、「無明に縁りて行あり、行に縁りて識あり……有に縁りて生あり、生に縁りて老死あり」というように、無明から老死、苦の発生へととらえていくのを流転門《るてんもん》の縁起といいます。因(原因)から果(結果)への構造です。これに対し「無明の滅によりて行の滅あり、行の滅によりて識の滅あり……有の滅によりて生の滅あり、生の滅によりて老死滅す」というように無明の滅から苦の滅への方向へとらえるのを還滅門《げんめつもん》の縁起といいます。因(原因)の消滅から果(結果）の消滅への構造といえましょう。

そして、こういった縁起を瞑想することは重要なこととされ、流転門の方向に瞑想するのを順観、還滅門の方向に瞑想するのを逆観といいます。

なお、この順逆の観についてはさまざまな異説があります。たとえば苦悩、老死がなぜ生じるのかといった点から考察を開始し「老死は生により、生は有により……行は無明により生じる」と結果から原因に向かうことを逆観とし、順観は先に逆観であった「無明の滅によりて行の滅あり、行の滅によりて識の滅あり……有の滅によりて生の滅あり、生の滅によりて老死滅す」をあてる説などがあります。単純に考えても十二支について「因から果」「果から因」「因の滅から果の滅」「果の滅から因の滅」の四通りが可能となりますので、順逆の組み合わせまで含めてさまざまな説が考えられ伝えられたと思われます。

しかし、最初に挙げた順観・逆観の説が現在一般的であり、上座仏教でも用いられています。

また、十二縁起の分類方法や説明方法を異にする以下のような諸説もあります。

(一)　四種縁起

部派仏教の説一切有部《せついっさいうぶ》では十二支について四種類の解釈をし、これを四種縁起としています。一つ目は刹那《せつな》縁起。これは一つの行為における一瞬の心を十二支で述べるものです。二つ目は連縛《れんばく》縁起。十二支が前後間隔をおかずに連続し成立すると考えるものです。三つ目は分位《ぶんい》縁起。これは十二縁起を過去・現在・未来の三世にわたって解釈するもので三世両重《さんぜりょうじゅう》の因果というものが説かれます。四つ目は遠続《おんぞく》縁起。十二縁起を時間的に無限の過去から未来への関係を説くものとするものです。

なお、説一切有部は四種のうちでは分位縁起と呼ばれる三世両重の因果を中心に述べます。すなわち、過去・現在・未来の三世について、過去・現在の因果関係と現在・未来における因果関係というように二つの因果関係の重なり（二重）に分類して十二支をとらえるのです。この構造を図示すると次頁のようになります。

図からわかるとおり、無明と行を過去の因、そして識、名色、六処、触、受を現在のその果とします。これを一重の因果とします。そして、愛、取、有を現在の三因とし、これに対する未来の果として生・老死を二果として配当し、一重の因果と見ます。合わせて過去から現在、未来へかけての三世両重の因果といわれる構造となります。このとき、十二支の内容も先と違ったもの（各支に胎内五位や年齢を配当するなどの胎生学的なもの）が用いられます。

㈡　二世一重の因果

大乗仏教の法相唯識は、三世両重の因果は仏教以外の思想と常見や断見を否定するための説であることは理解できるが無駄な説であるとします。そして二世一重の因果で十分に説明がつくとします。二世一重の因果とは無明から有までをワンセット、そして生、老死をワンセットで考えます。つまり無明から有までを過去の因（十因）とすれば、生と老死は現在の二果となります。もし無明から有までを現在の十因とすれば生と老死は未来の二果となります。この場合も十二支の名称（無明……老死）は同様ですが、内容と構造の詳細は唯識独自のものとなります。

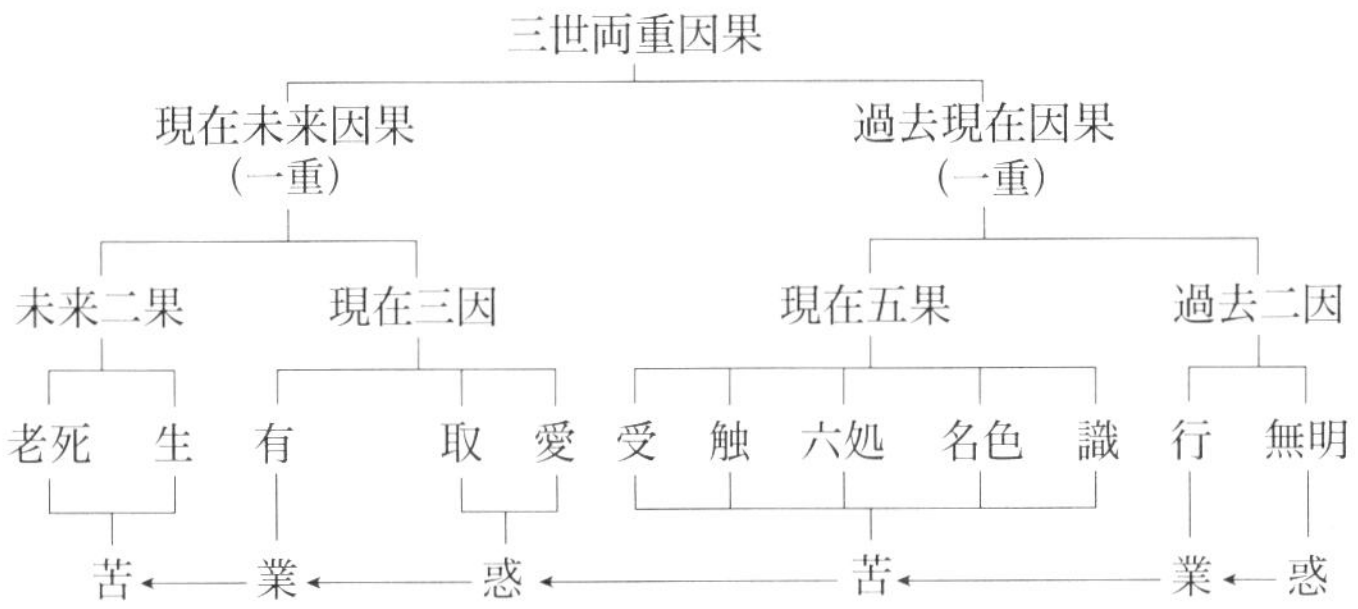

縁起の図3　三世両重の因果

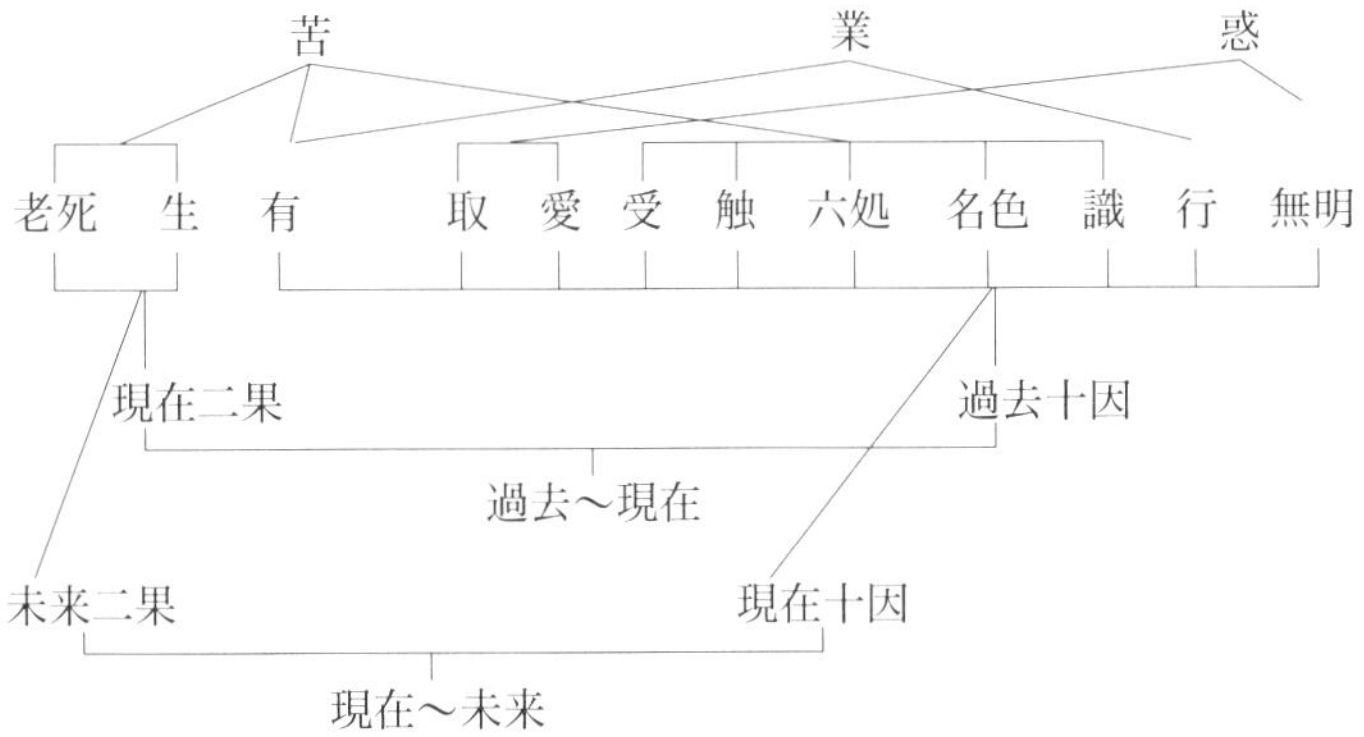

縁起の図4　二世一重の因果

このように十二縁起をめぐっては、各支の内容から十二縁起の構造の解釈、順観・逆観の説などのそれぞれにさまざまな解釈、理解があり一様ではありません。しかし分類や説明に違いはあれ、私たちの苦の発生の構造とその解消を十二支をもって論じた縁起説には違いありません。なお上座仏教にも通じて、よく用いられているのは最初に述べた十二縁起です。

また、本書の第二章で述べた苦の発生の構造である三道（惑業苦）はこの十二縁起を簡略にしたものです。

第六節　縁起理論の敷衍

第二章で触れましたが、経典に次のような問いがあります。「苦楽は自分が作ったものであるのか、それとも他者の作ったものであるのか、あるいは自分と他者が作ったものであるのか、はたまた原因がなくて生じるものであるのか。」自業自得の論理で考えれば「自分が作ったもの」という答えになるところですが、釈尊はそれを否定して、「苦楽は縁生である」とします。これはここで見てきた縁起の視点から述べたものです。

経典を見ると、苦や楽を自らが作ったと考えれば常見に陥ると批判されます。縁起の理法の視点では苦や楽はすべて縁生であり、さまざまな直接、間接の原因、条件が複雑に重なり合って生じているということです。この経典の箇所では、私たちの内面を見つめる十二縁起説を引いて説明しています。

しかし視野を広くとるならば、その他のさまざまな条件、つまり、自然現象から政治・経済・社会状況までが複雑に絡まり合っているそのすべてを射程に入れて考えることができ、またそのように考えていくべきであると言えましょう。

このように縁起を哲学的に見るならば、すべての存在には永遠不滅の実体がないという思想、言い換えれば空が導かれます。これを仏教の世界観と言ってもよいでしょう。

また縁起を実践的に見るならば、空の境地、中道の姿勢を実践することにより、無執著、とらわれない、偏らない生き方、姿勢となり、さらに苦の生じ存在する原因、条件を消滅させ、苦から解脱することが可能であるという精進努力のための論理的基礎にもなります。

以上のように縁起説は仏教の核心をなすものであり、またさまざまに説くことができます。そのため学派によって以上の縁起説の他に独自の縁起説を説く場合があります。その高名なものは法相宗《ほっそうしゅう》（法相唯識《ほっそうゆいしき》）の頼耶《らや》縁起、華厳《けごん》宗の如来蔵《にょらいぞう》縁起や法界《ほっかい》縁起、真言宗《しんごんしゅう》の六大《ろくだい》縁起などです。

これらは縁起説を各学派・宗派の哲学から論じたものといえます。

第八章　三法印

第一節　法印総論

釈尊以来、仏教は時代や地域を越えて展開し、いろいろな学派、宗派が出現してきました。そこで、端的に仏教というかぎり共通して認められる思想的な特徴を挙げるとすると、それは一体何であろうかということになります。

たしかに大乗仏教、部派仏教、上座仏教などの別があり、さらに宗派や学派、国々に分かれ一見さまざまな形で説かれているように見える仏教の教えですが、煎じ詰めると一貫した特徴を挙げることができます。

古来、仏教であるかぎり一貫してもつ端的な特徴として三つ、もしくは四つが挙げられてきました。（説によっては五つを挙げたり、あるいは一つに凝縮して語る場合もあります。）これを法印と称します。三つの特徴で述べる場合は三法印《さんぼういん》、四つ挙げる場合は四法印《しほういん》といいます。『倶舎論記《くしゃろんき》』には、「諸法を印《しるし》づけるので法印と名づける。この印にかなうものは仏の説かれた経典であり、この印に違背するものは仏説ではない（仏の説かれたものではない）」とあります。つまり法印は、その教えが仏教の教えであるかぎりは必ずもっている特徴、特質というべきものであり、これにはずれるものは仏教ではないということです。また仏教のスローガン、仏教の旗印ともされています。

ここではよく知られている代表的なものを見てみましょう。

第二節　法印各論

さて、ここでは三法印を中心に見てみたいと思います。三法印とは諸行無常《しょぎょうむじょう》・諸法無我《しょほうむが》・涅槃寂静《ねはんじゃくじょう》の三つをいいます。四法印の場合はここに一切皆苦《いっさいかいく》（一切行苦《いっさいぎょうく》）を加えます。

第一項　諸行無常印

諸行とは、因や縁、条件によって成立しているもの、つまり有為法のことを指します。言い換えれば縁起による存在です。したがって因や縁、条件によって存在するのではない無為法は諸行に含めません。しかし無為法を含めないとはいえ、諸行と言えば、それは事実上、私たちの心身を含めた現象世界のすべてといってよいでしょう。

次に無常とは、一瞬もとどまることなく移り変わり変化することをいいます。ですからこの無常とは、ある程度の期間、その存在が変わらずに存在し、そしてあるとき急に変化し、無くなるということではなく、一瞬一瞬に生滅変化し、一瞬ももとの状態にとどまっていないことを言います。存在が変化せず同じような状態にあると見えるのは、滅しても次の瞬間に縁が揃って人間の感覚からは同じように見える姿や状態に生じているからなのです。やがて縁が変化し条件が異なっていけば目に見えて違う姿に変化し、ついに二度と生じなくなります。つまり消滅します。もとの状態にあると見えるときも実は一瞬もとどまっていないのであり生滅変化し続けているのです。

したがって諸行無常とは、すべての存在（無為法を除く、つまり縁起による存在、有為法）は、移り変わり一瞬もとどまることなく生滅変化しているということを言うものです。

もし自分が執著している対象が変化すれば、そのとき、私たちは憂いや悲しみ苦悩を感じます。したがって生滅変化するもの、つまり無常であるものは苦をもたらすと仏教では言います。そのため「無常であるものは苦である」ということが定型的に説かれてきました。

仏教は人生は苦であると説き、これが教えの大前提になっていることはすでに述べたとおりです。しかし私たちの身のまわりには楽もあり、結構人々は人生を謳歌しているではないかと思われる方もおられると思いますし、またそれほど苦を感じないという場合もあるかと思います。ですから、人生は苦であるとか聞いても少々納得ができなかったり疑問に思われる場合も少なくないと思います。しかし仏教は私たちが自分の心身、あるいは今得ている状況や楽や幸福が変化したり消滅したり、あるいは望ましいものが変化したり消滅することに直面したとき、限りない苦悩、憂いを感じると見抜いたのです。つまり「無常であるものは苦である」と看破したのです。人生は「苦あれば楽あり」だから苦があってもいい、苦があるからこそ楽を感じることもでき人生を楽しめるという方もおられますが、果たして正直に考えてみて、どうでしょうか。苦や不幸はない方がいいのではないでしょうか。近親者の死や別離に涙し、大きな挫折に苦悩するときには、心は穏やかではなく、苦を深く思うのではないでしょうか。よく考えてみれば、人生には苦しみや悲しみが絶え間なく訪れるのです。望ましい状態、幸福が永遠にあればよいのですが、望ましい状態とその（未来の）衰滅は二人三脚でやってくるわけです。衰滅を見たとき私たちはやはり苦悩や憂い悲しみを感じてしまいます。

しかし同時に、こうした無常の事実を知ればこそ、私たちは自らの限界性を知り、よい状況にあってもそれは縁の重なりによって仮に出現しているものであることを知り、おごり高ぶることを誡めていくこともできるのです。

人間であろうと国家であろうと何であろうと、永遠に命脈を保ったり繁栄することなどありません。繁栄は自分の努力もありますが、それだけではなく他の縁が無数に重なって生じた縁起による存在にしかすぎません。ですから縁の変化や消滅にともなって、繁栄も衰滅変化するものであり無常なものです。しかし絶頂期に至った人間も組織も国家もそれを知らなかったり気がつかない場合が多く、あたかも繁栄は永遠のもので、しかも自分の功績である、努力の結果である、自分の優秀性のゆえである、自分の徳であるとおごり高ぶり、そのため他者を踏みにじって心も痛まないことになります。成功していない他者は努力を怠ったからだ、愚かだからだと。しかし、自らの繁栄も幸福も本当は自分のみの作り上げたもの、つまり、一つの原因のみで生まれたものではなく無数の縁の重なりによるもので無常なものです。そのため繁栄もその人の生命も何もかも、やがて生滅変化したちまちに衰滅していくということになります。

こういったさまざまな無常のありさまを目にしたり、経験したり、あるいは近親者の死などを通して私たちは今まで気づかなかった自らのあり方を顧みて反省したり、あるいは宗教心にめざめること

□寄り道㉑―いろは歌と無常偈―

無常偈というものがあります。これは、「諸行無常（諸行は無常である）、是生滅法（諸行は生滅の存在である）、生滅滅已（生滅し滅してしまう）、寂滅為楽（寂滅を楽とする）」というものです。

この無常偈を日本の言葉に変えたのがいろは歌とされます。いろは歌は、

色は匂へど散りぬるを
（いろはにほへとちりぬるを）
我が世、誰ぞ常ならむ
（わかよたれそつねならむ）
有為の奥山今日越えて
（うゐのおくやまけふこえて）
浅き夢見じ酔ひもせず
（あさきゆめみしゑひもせす）

というものです。これは諸行無常、涅槃寂静の趣旨がうたわれています。花も栄耀栄華も無常である。そういった有為法の世界を越えていこう。有為のものごと繁栄といった浅い夢にとらわれたりすることなく、涅槃の世界に至ろう、という趣旨です。知らないうちに仏教の思想は私たちの身のまわりにあるわけです。

このように仏教の思想は日本文化のはしばしに入っていることがわかります。言い換えれば美術や文化を見聞きするとき、また日本人の考え方を見るとき、仏教思想を知らないと理解しづらい面があるということになりましょう。これは欧米でキリスト教の思想や聖書に対する知識がないとその絵画や美術、また人々の主張の意味が理解しにくかったりすることと同じでしょう。

も少なくありません。こういった無常を知ること、つまり無常観は私たちが宗教的な心にめざめる大切な縁の一つとなります。

さらに無常からは、繁栄や幸福が衰滅することばかりではなく、不幸な状況もまた無常であることも理解されます。ですから不幸な状況もそのままの状況にとどまらず消滅したり変化し、いわゆる好転する可能性もあるわけです。すべて縁起の存在だからです。ですからよき縁を重ねるべく日々努力をすることにもなりましょう。

ただし、総じて言うならば、いかなるものでも一瞬ももとの状態にとどまらず必ず変化し、やがて消滅すること、そういったこと自体に仏教は苦を見いだし人生は苦であると考えているということはおさえておくべきことです。生じたものは必ず滅します。生まれたものは必ず死にます。出会ったものは必ず離れ、盛んなものは必ず衰えます。このように縁起によって存在するものは縁が解消されると滅します。しかしそうであればこそ、今の一瞬一瞬は一度しかないかけがえのないものであり、二度と来ないこの無常の世界に傲ることも嘆くこともなく（これも言うは易し行なうは難しですが）精一杯真摯に生きていくことを心がけることが導かれます。本書本文末尾に記した釈尊最後の教えがこれです。移ろい変わる生滅変化する世界であるからこそ、そういったものに振りまわされることなく、自分の努めを怠ることなく努力せよ、というのです。

また、『大智度論』に「無常を観じるのは空を観じる因縁である。色は念々無常と知るとすなわち空であると知る」とあるように、無常ということを知ることは空を知る機縁になります。

第二項　諸法無我印

諸法とは、有為法も無為法も含めたすべての存在を言います。

次に無我ですが、まず我とはアートマン（ātman）のことをいいます。インドの哲学者や宗教家たちは、永遠不滅の主体的存在が私たちに内在すると考えました。この不死であり永遠不滅の主体的存在を我といいます。

仏教ではこのインドの諸思想で言われるアートマン、我について古来、常一主宰と定義しています。「常」とは変化せず常住であること、つまり永遠不滅のことです。「一」とは独立的に存在すること、独立自存の存在のことです。言い換えれば他とかかわったり依存したり相互依存によって存在する存在、縁起による存在ではないということを示します。一と言いましても一つしかないという意味ではありません。「主」とは文字通り主体であること、中心になることです。「宰」とは支配するということです。つまり、我とは独立自存であり、ゆえに永遠不滅であり、個々の主体となって個々を支配するものです。現代の私たちにわかりやすく言えば、個々に内在する永遠不滅の霊魂ともいうべきものです。インドの諸思想はこういった我の存在を前提として展開したといえましょう。

しかし仏教は縁起の哲学に立脚し、常一主宰の永遠不滅の我を認めません。これが無我ということです。

このように仏教は、我の存在を否定し、ありとあらゆるものが常一主宰の我であることを認めないので、これを諸法無我といいます。言い換えれば、いかなるものも常一主宰の我ではないということです。私たちの心身に我という特殊な存在が内在するのでも、またある存在や心身のいずれかの部分が我であったりするのでもありません。すべてが縁起的な存在であり、我、あるいは我の性格をもった存在はあり得ないというのです。

なぜ仏教は我を認めないのかといいますと、仏教は私たちの心身は言うに及ばず何もかもが、他の存在と同じく縁起により存在しているという縁起の哲学を立てるからです。まず縁起による存在はすでに述べたように無常なので、我の定義である常一主宰の「常」に違背します。また縁起による存在は他に依存しない独立の存在ではなく、無数の因や縁、条件に依存して存在します。ですから我の定義の「一」に違背します。また存在は無数の縁起が重なり合って仮にそのような状態、姿に出現していると言え、縁起している世界の一点を切り取っているにすぎないと言えます。このような状況ではその存在が固定的に何かの中心、主体になり得ません。ですからこれも我の定義の「主」にはずれます。また無数の縁によっている存在や世界はその無数の縁に制約されて存在し変化しているのですから、自在に何かを一方的に支配することができません。ですからこれも我の定義の「宰」に違背します。つまり縁起による存在は常一主宰の我ではないわけです。

いろいろ難解に述べましたが、要するに仏教は縁起の考え方から固定した実体をもつ我の存在を否定し、ありとあらゆる存在に常一主宰の我を認めず、また、いかなる存在も我ではないとするのです。これが諸法無我です。つまり無我ということは空ということでもあります。ですから諸法無我とはすべてが空であるということとも言い換えられます。

いうなれば釈尊は縁起の哲学により従来のインドの諸思想や他の宗教や思想とまったく正反対のことを発見したことになります。釈尊は永遠不滅の固定的な我を理由も根拠もなく想定するからこそ、そこに対する執著や迷いや矛盾が生じると考えたのです。

古い経典の趣旨にありますように、無常であるものは苦であり、苦であるものは我ではありません。なぜなら、もし永遠不滅の我ならばそこには病いも苦も生じないはずです。永遠不滅で変化もしなければ他からの影響も受けないからです。病いが生じる、苦が生じるということは他と関係をもって存在しているということにほかなりません。つまり縁起による存在であり無我です。無我であるからこそ病いや苦を生じるわけです。したがって無常であるものは我ではなく、また我はそこにはないというわけです。

『大智度論』にも「一切法は因縁に属す、因縁に属すがゆえに自在ならず、自在ならざるがゆえに無我なり」と述べています。我というものがあるとするなら、それは他とかかわりをもつ存在ではないので他の制約を受けず自由です。永遠不滅です。しかし現実はあらゆる存在から私たちの心身も自由ではありません。永遠不滅ではありません。永遠に生きたいと思っても不可能です。なぜなら私たちの生命も心身もすべて他に依存して存在している縁起によるものだからです。それはさまざまな条件に制約されていることでもあります。それが存在の本当のあり方、姿なのです。むしろ存在が縁起による存在状態にあることこそが真理なのです。したがって、私たちの心身の全部、もしくはその一部のいずれもが我であったり我の状態にあるということはあり得ず、ゆえに自在ではなく、すべて無我、空の状態にあるのです。

よく使われる五蘊による説明を用いれば、私たちの心身は五蘊が仮に集合して（和合して）存在しているものと仏教は考えます。仮に和合している（これを仮和合《けわごう》といいます）ということは縁起による存在ということですから常一主宰の定義にはずれます。五蘊の仮の和合の中に我などありません。五蘊の集合である私たち自体は、むろん常一主宰の我ではありません。さらに五蘊の一つ一つも固定したパーツのように存在するのではなく、縁起による存在であって無常であり空であり我ではありません。したがって、私たちの心身のどこにも我が内在せず、また五蘊などのいかなるものも我でも我のような存在でもなく、また我を内在させず、すべてが無常、無我、空の存在です。

このように五蘊に代表される物質的なものから精神的なもの、そればかりではなく概念的なこと、事件などおよそ現象世界のすべてが縁起による存在ですから、我、あるいは我のような状態にはありません。すべて無我ということになります。言い換えればすべて空ということです。空と無我とは同じ意味であることもすでに述べたとおりです。以上の無我の思想もやはり縁起の哲学によって出現したものです。

宗教と言えば、霊魂の永遠不滅を説くものと考えられています。しかしその場合、永遠不滅という言葉から理解されるように名は違っても我、あるいは我と同じ性格をもつ存在を認める思想になります。しかし仏教はすべてが縁起による存在で無我、空であるとし、他の宗教や一般に言われるような永遠不滅の我の性格をもつ存在である霊魂はその存在を認めないのです。

ただし、このことは常識的な自分とか私とか他者というものを虚無であるとか、ないとか、滅無であるとすることではありません。そのようなものは五蘊仮和合の仮我として認めています。また、我

□寄り道㉒――「己を虚しうす」と無我思想――

仏教の無我を「己《おのれ》を虚しうする」ということと同じように理解されることがあるようですが、両者はまったく異なる発想によるものです。

「己を虚にする」あるいは「己を虚しうする」という言葉は中国思想の『荘子《そうじ》』に出てくる言葉です。舟で川を行くとき、ぶつかられた舟に怒りっぽい人が乗っていたとしても、ぶつかってきた舟が空《から》では怒りません。しかしぶつかってきた舟に人が乗っていれば、ぶつかられた方は怒鳴るものです。したがって人間の場合も自分をこの虚舟のように虚にしておけば、誰がその人を傷つけようか、という意味で述べられるものです。

つまり「己を虚にする」とは世渡りの上でかなり恣意的に自分というものをなくせという教えですが、これは我（アートマン）的なものの存在を前提にしていてこそ出てくる思想といえましょう。

これに対して仏教は、縁起のものは空であり無我であり本来執著すべきものは何もない、にもかかわらず私たちは心身や物事に執著し苦しんでいるのだと教えます。そして、あらゆるものへの執著を除くべきであり、そのために智慧を獲得すべきである、そして涅槃をめざすべきであるというのです。

ただし、日本の武道などで「己を虚しうする」ということが語られる場合、荘子の思想ではなく、むしろ仏教的な理解で述べられているように思われます。つまり事に臨んで自己はむろん相手や技、勝敗にさえとらわれない境地に立つべきことを述べているようです。もしそうであれば、言葉は荘子でも内容は仏教の哲学で理解されていることになります。それほどに仏教の哲学が、私たちの生活や日々の価値観、発想の隅々まで入り込んでいるということでしょう。

ちなみに、最近では荘子も仏教思想も知られなくなり、意味を混同された上、さらにそのまま字面通り読んで、無我を放心状態、茫然自失のような状態と理解したり、自分自身や主体性をなくせと言っているように誤解されることもあるようです。特に個の確立を説く欧米の思想に対比して批判の的とされるようですが、その批判自体が誤りです。

や我的な性格をもつ存在、霊魂などを仏教は認めませんが、それは精神や心の存在の全面的な否定ではなく、縁起による存在である私たちの深い精神や心の存在は認めています。唯識思想では阿頼耶識《あらやしき》というものでこれを説明します。縁起や中道で述べたように縁起による存在は、自分も五蘊も阿頼耶識も無我であり空であり有とか無を離れた中道としか言えないものです。それをあえて仮我や阿頼耶識と表現していると考えてよいでしょう。しかし縁起の理法を知らない人は、縁起による存在にすぎない仮我や阿頼耶識を永遠不滅の存在である常一主宰の性格のある我と誤認し執著し迷い、その結果さまざまな苦を招いているというのです。つまり本当は縁起による存在であるために無我、空である存在であるにもかかわらず、その上に我の姿、我の相を帯びさせ我であると誤認してしまうのです。ちなみにこのようなことを法相唯識《ほっそうゆいしき》では増益《ぞうやく》の執（執著）といいます。逆に仮我もない、すべて無だとすることを損減《そんげん》の執（執著）といいます。ともに誤りであり迷いです。空の所で述べたように、有無を離れた中道ということで理解するべきことなのです。

　空の所で述べたように無我あるいは空の理論は難解です。空・無我自体にとらわれたり執著すると悪取空、虚無主義に陥り、かといって我や存在の実体性を見いだし執著すると我見や常見などに陥ります。

　したがって古来、無我の理解は牝虎の子をくわえる如くと注意を促しています。何らかを我であると誤認して執著するのは、牝虎がくわえている子虎を強く咬んで傷つけるのと同じであるといいます。つまり身見《しんけん》（我や我に属するものがあるという誤った見解）や有見《うけん》（我が常住で永遠不滅であるとする誤った見解である常見のこと）という誤った見解に陥りその牙に傷つけられることになります。かといって仮我も何もかも無く虚無である、滅無である、すべてがないのだという具合に無我、空に執著すれば今度は子虎を落としてしまうのと同じことになります。つまり善根という子虎を落とし壊してしまうとされます。つまりすべてが無く虚無、滅無という考えは、人も存在しないから何をしてもいいとか、修行をしようが善をしようが何もないから無意義であり、悪行をしようが何をしようがすべて無であり、涅槃も何もないからかまわないのだといった邪見にほかならないわけです。このように空、無我、無執著の理解は難解であり、十分な慎重さが要請されます。空、無我は、有や無を言うものではなく中道のことであるということを忘れるべきではないと思います。

さて、先の諸行無常という場合の諸行とは有為法にかぎりましたが、この諸法無我の場合の諸法には有為法ばかりではなく、真理や涅槃といった無為法も含まれると述べました。つまりありとあらゆる存在すべてです。したがって諸法無我とは真理も涅槃も何もかもがすべて無我、空であるということを言うものです。

以上の縁起の哲学を通した無我の説明は、有為法の無我の説明にはなっても無為法は説明がつかないと思われるかもしれません。なぜなら真理は縁起による存在ではないからです。無為法の無我、空とはどういうことでしょうか。

無為法である真理とは、有為法のあり方である縁起の理法であり空そのものです。つまり真理とは空そのものです。有為法の真のあり方が空であり、その空ということは空に違いないからです。とすれば、空と無我は同じことですから真理も無我であるということができるのです。

また古来、三法印は存在の分析的な視点（法相の理）から述べられるものではなく、瞑想の視点（観心の理）から述べられるものとされています。そのため、真理や涅槃であっても執著の対象となるような自性（その存在固有の実体、本性）は否定され、これに執著してはならず、無我と観ずべしとされてきたのです。

このように有為法・無為法のありとあらゆる存在が我ではない、無我であるということを諸法無我といいます。言い換えれば有為法・無為法のすべてが空であるということになります。

したがって、当然のことながらすべての存在や現象、縁起の理、真理、涅槃に至るまでのありとあらゆるものに執著してはならないのです。これは空の所で述べたとおりです。（無我の思想は我の否定のみならず、すべてに固定的な実体を認めない大乗仏教の空思想へと発展したといえます。）

なお、無我には人無我と法無我の二無我が説かれますが、内容は空の所で説明した人空、法空の二空と事実上同じですのでご参照ください。また無我・空はあらゆるものに執著しない、偏らないという実践上の重要な姿勢、中道を導き出します。この無我、空、中道の実践についてはすでに述べたとおりです。

第三項　涅槃寂静印

涅槃については第一章で説明したとおりです。寂静とは、どちらの字も静かという意味で、ここでは心の平安を言います。ですから寂静も涅槃と同じ意味で、涅槃寂静といっても涅槃のことであると理解していいわけです。これは仏教のめざすところ、目標、目的です。そのため仏教とは何かを知るために本書では最初にこの目標、目的を明らかにしたわけです。涅槃は煩悩の炎が吹き消された絶対安楽な状態のことです。

第三節　まとめ

以上が三法印です。ここに一切皆苦印（一切行苦印）が加わると四法印になります。一切皆苦とは、有為法、つまり諸行がすべて苦であるということです。先の諸行無常印で述べたように無常であるものは苦であるということに相当します。

これら三法印、四法印が仏教を一貫する思想上の特質、特徴ということになります。言い換えればこれらが説かれないもの、またこれらに違背するものは仏教ではないということになります。

たとえば、先に述べたように霊魂の不滅ということが宗教を語るときよく言われますが、これを三法印に照らすと諸行無常と諸法無我、特に諸法無我に違背します。したがって霊魂不滅は仏教の説く思想ではないということがわかります。我を想定したり我と名づけられないでも、私たちに最後まで残る我的なものや永遠不滅の霊魂などの何か存在を想定したりすることは仏教ではありません。

また、涅槃や悟りが説かれず、ただ目先の富や財物、地位、名誉などの獲得、人生での成功、出世や人生の闘争による勝利者をめざすなどといったことが目標として説かれるものも涅槃寂静印に違背しますから仏教の思想ではありません。さらに諸行無常印、四法印では一切皆苦印にも違背します。つまり人生に疑問を懐かず、苦ではないとし、むしろ他をけ落とす闘争を推奨しているとすれば、それはそもそも根本的に仏教の姿勢に相入れず、そもそもの仏教の問題意識自体に違背するものです。他者に無慈悲になる原因になります。それは人生の苦を知らしめず、ひたすら闘争と煩悩を増幅させているようなものです。

そもそも成功とか勝利とかといったものは実体の不明な縁起のもの、無常で虚妄とさえ言えるものです。その端的な証拠に、人によってとらえ方や尺度も異なります。その尺度自体が虚妄で、それにとらわれるのは中道に違背します。

先人に学び、自らも後世に残る仕事をしたり自らの技術を高めることに意義を見いだす職人もいます。難関の試験に合格して社会的地位の高いといわれる職業につくことを人生の成功と考える人もいるでしょう。あるいは高学歴、学閥を武器に大企業に就職しその組織での役職と権力と収入を増やすことに意義を見いだす人もあるでしょう。また仕事がステータスであると考える人もあれば、やりがいそのものと考える人もあれば、仕事は最低限生きるためで趣味に重きを置く人もあります。趣味が仕事になっているとか、逆に仕事が趣味になっている人もいるでしょう。仕事よりバカンスが大切だと思う人もいるでしょう。まさに人によって千差万別です。ですから、満足できる状況さえ違ってきます。

そもそもそういった一定した価値をどこかに見いだそうとか、ましてや価値を論じること自体が執著で煩悩にほかなりません。実体もなく人によっても異なる虚妄なものの一つを実体的に絶対的な価値をもった世界標準の尺度であるかのごとくいい、絶対的な成功とか勝利とかがあるかのように設定し、人々を煽り争わせるようなこと自体、諸行無常・諸法無我、涅槃寂静、一切皆苦などのいずれにも違背し仏教の教えに背くことです。ですからよくいわれるような絶対的な成功の哲学などあろうはずがありません。そもそも何をもって成功としているのでしょうか。限界性ある私たちは無常を知り目の前に過ぎ去っていく一瞬一瞬とその縁とそこで出会った人、もの、事象などあらゆる対面するものに対し一期一会の機会であると真摯に向き合い尊びながら、かつとらわれることなく努力するしかないのではないでしょうか。

釈尊が王子の身分と将来に約束された王位とこれらに付随する権力、名誉、名声、領土、富、快楽などの一切を捨てたということは示唆的です。釈尊はそれらは真の幸福にも安らぎにもならない、また絶対的なものでも、絶対的な価値あるものでもないと考えたのです。よく煽られる人生の勝利者、成功、名誉、名声の獲得というものは、実は釈尊が弊履のように捨てた地位や権力、名誉、名声、富などに含まれるか、それにさえ達しないものにすぎないのです。もしそういったものに価値や安らぎがあるなら、釈尊は国王にとどまっていたでしょう。仏教はあくまで究極的には悟り、涅槃をめざすのです。

なお、無常や涅槃という言葉は仏教以外のインドの思想でもいわれないことはありません。ただし内容はまったく異なっています。涅槃については業などとともにすでに述べました。無常について言いますと、サーンキヤ学派では転変無常を説きます。これは表面的には無常なのですが、自性は無常ではなく常住なのです。ですから仏教の言う無常ではありません。諸行の無常を説くのは仏教のみといえます。

さて、三法印、もしくは四法印中、もっとも顕著に仏教の特徴を表わすものは何かと言えば諸法無我印です。無我、言い換えれば縁起、空の考え方の有無が仏教と他思想、他宗教を大きく峻別するものといえます。

長々と述べてまいりましたが、以上で終わりです。そこで釈尊が涅槃に入る（亡くなる）直前の言葉を引用して結びとします。

「さあ、修行僧たちよ。お前たちに告げよう、『もろもろの事象は過ぎ去るものである。怠ることなく修行を完成なさい』と。」

これが修行をつづけて来たものの最後のことばであった。

（中村元訳『ブッダ最後の旅』岩波文庫、一五八頁）

あとがき

本書は数多くの先学の著作、論文などの学恩を受けてなったもので、一々を記すことはできませんが衷心より謝意を表するものです。主たるものは参考文献の中に挙げています。

本書は入門でもあるので、わかりやすくまとめるために、多数の異説がある場合は、一つにしぼり、煩瑣なものは単純化し、また私の理解で述べている面がありますす。このような点があることをご了解ください。

現在、世相は混乱しているようで、さまざまな問題が起こり、またそれに対し識者による批判も数多く出ております。しかしいずれも批判で終わるのみで代わるもの、よるべきもの、混乱しているからこそ提示され振り返られるべきものが示されたり言及されることはありません。

本当に私たちには振り返るべきものが何もないのでしょうか。そうではありません。社会をリードしてきた識者が実はこういった仏教などの文化を知らなかったため提示できなかったのです。こういった人々が社会をリードしてきたがために今の倫理の破壊と無用の混乱を社会に招いたといえます。

社会や世相がいかに混乱し経済力が落ちても、そうであるからこそ立ち止まって振り返るべきものがあるはずです。仮に経済力が消滅し皆無となったときに私たちに残るものは何でしょうか。私たちの祖先が営々と築き上げ伝えた文化をそう易々と失念したり捨て去ってよいものでしょうか。

本書の願いは読む方々に何か資するところがあればということにつきます。日本をはじめアジアの国が経験し、あるいは発想や思想の基盤としてきた仏教とはどういうものかアウトラインでもつかんでいただき、後世に伝えるよすがともなればと思っております。またこれらを手がかりとし自らの生き方のヒントとしたり、それを資糧として世界に雄飛する人、いかなる混乱にあっても毅然として自信をもって主張する人、あるいは文化を伝え、あるいは伝統文化を手がかりに世界に通用する新たな文化を創造する人の出ることを願っております。特に先入観が少なく感性豊かな現在の若い世代はそれが可能であると私は確信しております。

本書の出版にあたっては笠原芳光先生にご尽力をいただきました。

また、本書は講義内容にのっとっておりますが、学生諸君は講義時に常に有意義な指摘、問題意識、すばらしい感性をぶつけてくれました。

さらに春秋社の方々、特に編集部の上田鉄也氏には編集の目はむろん、専門の目をもって細密で有意義なアドバイスをいただくなど大変お世話になりました。

こういった方々なしには本書を上梓することはできなかったと思っています。ここに記して感謝の意を表わします。

もし本書で入門され、仏教を研鑽された結果、本書の謬を指摘される人が出れば、それは本書の最高の栄誉であると考えております。

最後に修験無双をうたわれた行尊の歌を記することをもって本書を閉じます。

諸共に哀れと思え山桜
花より他に知る人ぞなし

平成十四年二月

城福　雅伸

◎主要参考文献

【仏教の基本・入門】

水野弘元『仏教の基礎知識』（春秋社）一九七一年
水野弘元『仏教要語の基礎知識』（春秋社）一九七二年
水野弘元『原始仏教』サーラ叢書（平楽寺書店）一九五六年
平川彰『仏教入門』（春秋社）一九九二年
渡辺照宏『仏教』岩波新書（岩波書店）一九七四年
渡辺照宏『仏教を知るために』（大法輪閣）昭和四十九年
高崎直道『仏教入門』（東京大学出版会）一九八三年
三枝充悳『仏教入門』岩波新書（岩波書店）一九九〇年
北畠典生『仏教の基礎入門』（永田文昌堂）一九九一年
相馬一意『仏教がわかる本』（教育新潮社）一九九二年
龍谷大学編『仏教要論』（百華苑）昭和二十八年
仏教大学仏教学科編『仏教入門』（東方出版）昭和五十九年
中央仏教学院編『仏教要説』（浄土真宗本願寺派出版部）昭和四十四年

【釈尊・釈尊の生涯】

水野弘元『釈尊の生涯』（春秋社）一九六〇年
中村元『ゴータマ・ブッダ』（法蔵館）昭和三十三年

増谷文雄『仏陀』（角川書店）昭和四十四年

【南方仏教】
池田正隆『ビルマ仏教』（法蔵館）一九九五年
石井米雄『タイ仏教入門』（めこん）一九九一年
青木保編『聖地スリランカ』（日本放送出版協会）昭和六十年

【仏教の歴史】
平川彰『インド・中国・日本　仏教通史』（春秋社）一九七七年
平川彰『インド仏教史』上・下（春秋社）一九七四、一九七九年
佐々木教悟・高崎直道・井ノ口泰淳・塚本啓祥『仏教史概説 インド篇』（平楽寺書店）一九六六年

【唯識思想】
横山紘一『唯識とは何か』（春秋社）昭和六十一年
竹村牧男『唯識の構造』（春秋社）昭和六十年
竹村牧男『唯識の探究』（春秋社）平成四年
太田久紀『観心覚夢鈔』（大蔵出版）昭和五十六年
太田久紀『凡夫が凡夫に呼びかける唯識』（大法輪閣）昭和六十年（改題新装版『唯識の読み方』）
山崎慶輝『大乗伝通要録講読』（永田文昌堂）一九六四年

【その他】

宇井伯寿・渡辺照宏『現代仏教名著全集』第十巻（隆文館）昭和四十九年
水野弘元『修証義の仏教』（春秋社）一九六八年
中村元『人生を考える』（青土社）一九九一年
中村元『原始仏典を読む』岩波セミナーブックス10（岩波書店）一九八五年
中村元・三枝充悳『バウッダ・仏教』（小学館）昭和六十二年
平川彰『八宗綱要』上・下（大蔵出版）昭和五十五年
渡辺照宏『お経の話』岩波新書（岩波書店）一九六七年
辻直四郎『ウパニシャッド』講談社学術文庫（講談社）一九九〇年
梶山雄一『「さとり」と「廻向」』講談社現代新書（講談社）昭和五十八年
竹村牧男『「覚り」と「空」』講談社現代新書（講談社）一九九二年
花山勝友『輪廻と解脱』講談社現代新書（講談社）一九八九年
横山紘一『十牛図・自己発見への旅』（春秋社）一九九一年
湯田豊『インド思想史』（大東出版社）昭和五十九年
『仏教の思想』（角川書店）シリーズ全十二巻（『存在の分析〈アビダルマ〉』『空の論理〈中観〉』『絶対の真理〈天台〉』『無限の世界観〈華厳〉』など分野ごとにまとまっています）
『仏典講座』（大蔵出版）シリーズ全四十二巻（仏教の戒律・経典などを講読できます）

【専門的ですが本格的に仏教を学ばれるとき手元におかれるとよい本】

宇井伯寿『仏教汎論』（岩波書店）一九六二年（合本）
山口益・横超慧日・安藤俊雄・舟橋一哉『仏教学序説』（平楽寺書店）一九六〇年

中村元『決定版 中村元選集』（春秋社）全三十二巻別巻八
平川彰『平川彰著作集』（春秋社）全十七巻
木村泰賢『木村泰賢全集』（大法輪閣）全六巻
『講座大乗仏教』（春秋社）シリーズ全十巻（『大乗仏教とは何か』『法華思想』『浄土思想』などテーマごとにまとまっています）

●著者紹介

城福　雅伸（じょうふく　まさのぶ）

昭和34年　大阪生まれ
平成元年　龍谷大学大学院文学研究科博士課程満期退学
現　　在　岐阜聖徳学園大学教授
論　　文　「『唯識論同学鈔』についての一考察」「仏教における死の哲学——法相唯識から見た脳死」「仏教とキリスト教の比較——仏教における無執着とキリスト教における離脱を手がかりとして」ほか多数。

明解【仏教】入門

2002年3月30日　第1刷発行
2024年5月30日　第10刷発行

著　　者　城福雅伸
発 行 者　小林公二
発 行 所　株式会社 春秋社
〒101-0021 東京都千代田区外神田2-18-6
電話 03-3255-9611（営業）03-3255-9614（編集）
https://www.shunjusha.co.jp/ 振替00180-6-24861
装　　幀　本田　進
印 刷 所　信毎書籍印刷株式会社
製 本 所　ナショナル製本協同組合

定価はカバー等に表示してあります　　2002 © ISBN978-4-393-13250-0